国家林业和草原局普通高等教育"十四五"规划教材

林业投资项目评估

（第 2 版）

刘燕 支玲 主编

中国林业出版社
China Forestry Publishing House

内 容 简 介

本书系统地介绍了林业投资项目评估的理论与方法。全书共十四章，分别介绍概论、林业投资项目可行性研究与评估、投资项目建设环境与条件评估、林业投资项目技术与规模评估、林业项目成本与效益确定、资金时间价值、林业项目成本与效益比较、林业投资项目融资、PPP 模式在林业项目投资中的应用、林业投资项目财务评价、林业投资项目的国民经济评价、林业投资项目不确定性分析、林业投资项目社会及环境影响评价、林业投资备选项目选择。

本书结构完整、内容丰富、方法具体，兼顾理论的系统性和方法的可操作性，适合作为农林高等院校经济管理、工程类专业本科生、农业推广硕士和部分专业科学硕士的教学用书，也可供农林类工程咨询、投资建设、项目管理人员及管理类干部进修班的学员参考。

图书在版编目(CIP)数据

林业投资项目评估 / 刘燕，支玲主编. — 2 版. — 北京：中国林业出版社，2024.6
国家林业和草原局普通高等教育"十四五"规划教材
ISBN 978-7-5219-2731-3

Ⅰ.①林… Ⅱ.①刘… ②支… Ⅲ.①林业-投资-项目评价-中国-高等学校-教材 Ⅳ.①F326.23

中国国家版本馆 CIP 数据核字(2024)第 111647 号

策划编辑：丰　帆
责任编辑：丰　帆
责任校对：苏　梅
封面设计：时代澄宇

出版发行：中国林业出版社
　　　　（100009，北京市西城区刘海胡同 7 号，电话 83223120,83143558）
电子邮箱：cfphzbs@ 163.com
网　址：https://www.cfph.net
印　刷：北京中科印刷有限公司
版　次：2013 年 4 月第 1 版（共印 3 次）
　　　　2024 年 6 月第 2 版
印　次：2024 年 6 月第 1 次印刷
开　本：787mm×1092mm　1/16
印　张：17.5
字　数：432 千字
定　价：56.00 元

《林业投资项目评估(第2版)》编写人员

主　　编：刘　燕　支　玲
副 主 编：钟　美　李　谦　崔庆波
编　　者：(按姓氏拼音排序)
　　　　　崔庆波(云南大学)
　　　　　党国英(西南林业大学)
　　　　　高云霞(西南林业大学)
　　　　　龚直文(西北农林科技大学)
　　　　　李　谦(西南林业大学)
　　　　　李　洋(西南林业大学)
　　　　　刘　燕(西南林业大学)
　　　　　夏　凡(西南林业大学)
　　　　　杨　芳(西南林业大学)
　　　　　印中华(北京林业大学)
　　　　　张　媛(西南林业大学)
　　　　　支　玲(西南林业大学)
　　　　　钟　美(西南林业大学)
　　　　　周　凯(浙江农林大学)

第2版前言

《林业投资项目评估》是云南省普通高等学校"十二五"规划教材,《林业投资项目评估(第2版)》又获得国家林业和草原局普通高等教育"十四五"规划教材立项。林业投资项目评估是在项目可行性研究的基础上,对拟建项目的建设必要性、技术的先进适用性、经济的合理性、社会的有效性和生态环境的适应性等各方面可行性的可靠程度,进行全面审核和评估,以实现用最少的投入取得最大效益的预期目标。林业投资项目评估是农林经济管理专业核心课。西南林业大学农林经济管理专业既是云南省特色专业,也是云南省一流专业,编写林业投资项目评估教材是建设农林经济管理一流特色专业的重要内容之一。

林业在贯彻可持续发展战略中具有重要地位,在生态建设中具有首要地位,在西部大开发中具有基础地位。党的二十大报告明确提出,要积极稳妥推进碳达峰碳中和,林业在我国实现"双碳"目标中也具有特殊地位。加大林业投资是林业高质量发展的必然要求。编写林业投资项目评估教材是培养适应现代化林业发展人才的需要。

《林业投资项目评估》(第2版)是第1版的基础上的进一步修订完善。林业投资项目评估是研究林业投资项目评估理论与方法的科学。本教材在阐明林业投资项目评估的概念、分类及在经济工作中的作用的基础上,分别介绍林业投资项目可行性研究与评估、投资项目建设环境与条件评估、林业投资项目技术与规模评估、林业项目成本与效益确定、资金时间价值、林业项目成本与效益比较、林业投资项目融资、PPP模式在林业项目投资中的应用、林业投资项目财务评价、林业投资的国民经济评价、林业投资项目不确定性分析、林业投资项目社会与环境影响评价、林业投资备选项目选择等。本教材对我国林业项目投资管理人员也有重要参考价值。

本教材由刘燕和支玲任主编,钟美、李谦、崔庆波任副主编。编写工作具体分工如下:刘燕编写第九章第一节和第二节;支玲编写第一章、第五章、第十三章;钟美编写第三章、第四章、第六章;李谦编写第二章;夏凡编写第七章、第十章;张媛编写第八章;党国英编写第十四章;李洋编写第十一章、第十二章;杨芳编写第九章第三节。刘燕负责审订第一章、第五章、第九章、第十三章;崔庆波负责审订第二章、第三章、第四章;龚直文负责审订第六章和第七章;印中华负责审订第八章、第十章;周凯负责审订第十一章和第十二章;高云霞负责审订第十四章。刘燕和支玲负责全书的统稿工作和全书的最终审定。

编者衷心地感谢所有指导、帮助、关心和支持本书编写工作的同仁和单位,同时,编写过程中参阅了世界银行及国内外有关出版物,在此特别感谢所有相关著作的作者!

本教材力图反映林业投资项目评估的特点与规律,但由于编者的学识和能力有限,书中错误与不足之处在所难免,欢迎读者批评指正,以便今后修订,使之日臻完善。

编　者

2023年9月于昆明

第1版前言

《林业投资项目评估》是云南省普通高等学校"十二五"规划教材。林业投资项目评估是在项目可行性研究的基础上，对拟建项目建设的必要性、技术的先进适用性、经济的合理性、社会的有效性和生态环境的适应性等各方面可行性的可靠程度，进行全面的综合审核和评估，以实现用最少的投入取得最大效益的预期目标。林业投资项目评估是农林经济管理专业核心课程，而目前农林经济管理专业是云南省特色专业建设点，编写《林业投资项目评估》教材是建设农林经济管理特色专业的重要内容之一。

林业在贯彻可持续发展战略中具有重要地位，在生态建设中具有首要地位，在西部大开发中具有基础地位，在应对气候变化中具有特殊地位。加大林业投资是提升现代林业发展步伐的必然要求。编写《林业投资项目评估》教材是培养适应现代化林业发展人才的需要。

林业投资项目评估是研究其理论与方法的科学。本教材在阐明林业投资项目评估的概念、分类及在经济工作中的作用的基础上，分别介绍林业投资项目可行性研究与评估的关系、林业投资项建设环境与条件评估、林业投资项目技术与规模评估、林业投资项目成本与效益的确定、资金的时间价值原理与计算、林业投资项目成本与效益的比较、林业投资项目投资的融资渠道与成本分析、林业投资项目的财务评价及国民经济评价、林业投资项目的不确定性分析与备选项目的选择、林业投资项目的环境及社会影响评价等内容。本教材对我国林业项目投资管理人员也有重要参考价值。

本教材由西南林业大学经济管理学院的教师编写，支玲任主编，李谦、钟美任副主编。参编的人员有：支玲，编写第一、五、十二章，并负责全书的修订总纂工作；李谦，编写第二章；钟美，编写第三、四、六章；夏凡，编写第七、九章；张媛，编写第八章；党国英，编写第十三章；李洋，编写第十、十一章。

本教材的编写得到了云南省高校农林经济管理教学团队项目的赞助。编写过程中参阅了世界银行及国内外有关出版物。编者衷心地感谢所有指导、帮助、关心和支持本教材编写工作的同仁和单位。

本教材反映林业投资项目评估的特点与规律，在国内属首版，但由于编者的学识和能力有限，书中疏漏与不足之处在所难免，欢迎读者批评指正，以便今后修订，使之日臻完善。

编者
2012 年 12 月于北京

目 录

第 2 版前言

第 1 版前言

第一章 概 论	1
第一节 林业投资项目概念及标准	2
一、林业投资项目概念	2
二、林业投资项目标准	3
第二节 林业投资项目的分类及特点	4
一、林业投资项目分类	4
二、林业生态工程概念及特点	9
三、林业生态工程投资项目特性	10
第三节 林业投资项目管理周期	11
一、世界银行项目管理周期	11
二、我国林业投资项目管理周期	12
第四节 林业投资项目评估在经济工作中的作用	14
第二章 林业投资项目可行性研究与评估	16
第一节 林业投资项目可行性研究	16
一、项目可行性研究概念	16
二、可行性研究的管理政策	16
三、项目可行性研究工作程序	19
四、项目可行性研究主要内容	21
五、可行性研究报告编制	26
第二节 林业投资项目评估	29
一、项目评估概述	29
二、项目评估与可行性研究的关系	32
第三章 投资项目建设环境与条件评估	34
第一节 项目投资必要性评估	34
一、项目投资必要性评估的含义	34
二、项目建设必要性评估	34
第二节 项目投资环境评估	35

目 录

  一、投资环境的分类 ………………………………………………………………… 35
  二、项目投资宏观环境评估 ………………………………………………………… 36
  三、项目投资微观环境评估 ………………………………………………………… 38
 第三节 投资项目建设市场调查与市场预测 ………………………………………… 39
  一、项目市场调查 …………………………………………………………………… 39
  二、市场预测 ………………………………………………………………………… 40
 第四节 项目投资建设条件评估 ……………………………………………………… 42
  一、项目厂（场）址选择评估 ……………………………………………………… 42
  二、项目建设实施条件评估 ………………………………………………………… 46
 第五节 项目生产条件评估 …………………………………………………………… 47
  一、资源条件评估 …………………………………………………………………… 47
  二、原材料供应条件评估 …………………………………………………………… 48
  三、燃料、动力供应条件评估 ……………………………………………………… 48
  四、交通运输、通信等基础条件评估 ……………………………………………… 48
  五、外部协作配套条件和同步建设评估 …………………………………………… 48
  六、人力资源配置评估 ……………………………………………………………… 49
  七、数字化条件评估 ………………………………………………………………… 49
  八、建设管理方案评估 ……………………………………………………………… 49

第四章 林业投资项目技术与规模评估 …………………………………………… 52

 第一节 林业投资项目技术评估 ……………………………………………………… 52
  一、项目技术评估原则 ……………………………………………………………… 52
  二、项目技术评估内容 ……………………………………………………………… 52
 第二节 林业投资项目规模评估 ……………………………………………………… 53
  一、确定生产规模应考虑的因素 …………………………………………………… 53
  二、确定生产规模的方法 …………………………………………………………… 54
  三、建设规模合理性分析 …………………………………………………………… 55
 第三节 营造林项目建设方案评估 …………………………………………………… 56
  一、项目建设总体布局 ……………………………………………………………… 56
  二、项目区区划 ……………………………………………………………………… 56
  三、项目建设内容 …………………………………………………………………… 56
  四、营造林技术措施 ………………………………………………………………… 57
  五、项目可行性分析 ………………………………………………………………… 58

第五章 林业项目成本与效益确定 ………………………………………………… 59

 第一节 林业项目经济评价内容 ……………………………………………………… 59
  一、项目经济评价概念 ……………………………………………………………… 59
  二、项目经济评价内容 ……………………………………………………………… 60
  三、项目财务分析与经济分析关系 ………………………………………………… 61

四、林业项目经济评价特点 ………………………………………………… 62
第二节　林业项目成本与效益的确定 ………………………………………… 62
　　一、确定项目成本与效益原则 …………………………………………… 62
　　二、财务成本与效益确定 ………………………………………………… 64
　　三、经济成本与效益确定 ………………………………………………… 67

第六章　资金时间价值 ……………………………………………………………… 72
第一节　资金时间价值概述 …………………………………………………… 72
　　一、资金时间价值概念 …………………………………………………… 72
　　二、静态分析与动态分析 ………………………………………………… 73
　　三、资金时间价值在林业投资项目评估中的意义 ……………………… 73
第二节　资金时间价值计算 …………………………………………………… 74
　　一、资金时间价值基本要素 ……………………………………………… 74
　　二、资金时间价值计算 …………………………………………………… 74
　　三、贴现率选择 …………………………………………………………… 79

第七章　林业项目成本与效益比较 ………………………………………………… 81
第一节　林业投资项目现金流量 ……………………………………………… 81
　　一、现金流量含义 ………………………………………………………… 81
　　二、现金流量确定原则 …………………………………………………… 82
　　三、林业投资项目评估中现金流量基本内容 …………………………… 83
　　四、现金流量的计算和图示表示 ………………………………………… 84
第二节　现金流量表 …………………………………………………………… 85
　　一、现金流量表概念和意义 ……………………………………………… 86
　　二、现金流量表基本结构 ………………………………………………… 86
　　三、现金流量表实例 ……………………………………………………… 86
第三节　静态比较分析指标 …………………………………………………… 88
　　一、静态投资回收期 ……………………………………………………… 88
　　二、固定资产投资借款偿还期 …………………………………………… 89
　　三、投资收益率 …………………………………………………………… 89
第四节　动态比较分析指标 …………………………………………………… 90
　　一、动态投资回收期 ……………………………………………………… 90
　　二、费用现值和费用年值 ………………………………………………… 91
　　三、净现值 ………………………………………………………………… 92
　　四、净年值 ………………………………………………………………… 94
　　五、内部收益率 …………………………………………………………… 95
　　六、效益-费用比 ………………………………………………………… 97

第八章　林业投资项目融资 ……………………………………………………… 100

第一节　林业投资项目融资概述 …………………………………………… 100
一、林业投资项目融资概念 …………………………………………… 100
二、林业投资项目融资原则 …………………………………………… 100
三、林业投资项目融资方式 …………………………………………… 101

第二节　林业投资项目融资渠道及选择 …………………………………… 101
一、林业投资项目融资渠道 …………………………………………… 101
二、林业投资项目融资渠道选择 ……………………………………… 102

第三节　林业投资项目融资成本分析 ……………………………………… 107
一、林业投资项目融资成本含义 ……………………………………… 107
二、林业投资项目融资成本计算方法 ………………………………… 107
三、林业投资项目评价中对融资成本处理 …………………………… 111
四、贷款方式及贷款利息计算 ………………………………………… 115

第九章　PPP 模式在林业项目投资中的应用 ……………………………… 118

第一节　PPP 模式概述 ……………………………………………………… 118
一、PPP 模式的内涵、特征及应用范围 ……………………………… 118
二、PPP 模式发展历程 ………………………………………………… 120
三、PPP 模式对林业项目投资意义 …………………………………… 125

第二节　PPP 项目融资方式与运作流程 …………………………………… 126
一、PPP 项目融资的方式 ……………………………………………… 126
二、PPP 项目的运作流程 ……………………………………………… 127

第十章　林业投资项目财务评价 …………………………………………… 134

第一节　林业投资项目财务评价概述 ……………………………………… 134
一、林业投资项目财务评价概念和作用 ……………………………… 134
二、林业投资项目财务评价内容和程序 ……………………………… 135

第二节　林业投资项目财务估算 …………………………………………… 136
一、财务估算概述 ……………………………………………………… 136
二、项目寿命期估算 …………………………………………………… 138
三、项目投资与资金筹措估算 ………………………………………… 138
四、项目成本费用估算 ………………………………………………… 145
五、项目营业收入和税金估算 ………………………………………… 149

第三节　林业投资项目财务评价报表 ……………………………………… 152
一、现金流量表 ………………………………………………………… 152
二、利润与利润分配表 ………………………………………………… 155
三、资金来源与运用表 ………………………………………………… 156
四、借款还本付息计划表 ……………………………………………… 157

　　　　五、资产负债表 ··· 158

　　第四节　林业投资项目财务分析 ··· 160

　　　　一、盈利能力分析 ··· 160

　　　　二、清偿能力分析 ··· 160

　　　　三、生存能力分析 ··· 162

第十一章　林业投资项目的国民经济评价 ··· 181

　　第一节　国民经济评价作用与步骤 ··· 181

　　　　一、国民经济评价定义 ··· 181

　　　　二、国民经济评价作用 ··· 182

　　　　三、国民经济评价步骤 ··· 182

　　第二节　国民经济评价参数确定 ··· 182

　　　　一、社会折现率 ·· 183

　　　　二、影子价格 ··· 183

　　　　三、影子汇率 ··· 183

　　　　四、影子工资 ··· 184

　　　　五、土地影子费用 ··· 184

　　　　六、贸易费用和贸易费用率 ··· 184

　　第三节　国民经济评价指标 ·· 184

　　　　一、综合经济现金流量表 ·· 184

　　　　二、国民经济评价的指标 ·· 185

第十二章　林业投资项目不确定性分析 ··· 188

　　第一节　林业投资项目不确定性分析概述 ··· 188

　　　　一、不确定性与风险的含义 ··· 188

　　　　二、不确定性分析与风险的关系 ·· 188

　　　　三、不确定性分析的作用 ·· 189

　　　　四、不确定性分析方法的类型与程序 ··· 190

　　第二节　盈亏平衡分析 ··· 190

　　　　一、盈亏平衡分析概述 ··· 190

　　　　二、盈亏平衡分析的一般方法 ··· 191

　　　　三、应用举例 ··· 192

　　第三节　敏感性分析 ·· 192

　　　　一、敏感性分析概述 ·· 192

　　　　二、敏感性分析方法 ·· 194

　　第四节　概率分析 ··· 197

　　　　一、期望值分析 ·· 197

　　　　二、标准差分析 ·· 198

　　　　三、离散系数分析 ·· 198

  四、可能性分析 ······ 199

第十三章　林业投资项目社会及环境影响评价 ······ 201

第一节　林业投资项目的环境影响评价 ······ 201
  一、林业投资项目环境影响评价概述 ······ 202
  二、环境污染 ······ 204
  三、环境质量评价 ······ 205
  四、环境影响评价 ······ 208

第二节　投资项目社会评价概述 ······ 211
  一、投资项目社会评价发展历史 ······ 211
  二、社会评价概念 ······ 213

第三节　林业投资项目社会评价概述 ······ 214
  一、林业投资项目社会评价必要性 ······ 214
  二、林业投资项目社会评价研究进展与发展趋势 ······ 215
  三、林业项目社会评价概念 ······ 216
  四、林业项目社会评价与其他评价之间关系 ······ 216
  五、林业项目社会评价特点 ······ 217

第四节　林业项目社会评价基本定量指标设置与计算 ······ 218
  一、林业项目社会评价程序 ······ 218
  二、林业项目社会评价范围与内容 ······ 219
  三、设置林业项目社会评价指标体系基本要求 ······ 220
  四、林业项目社会评价基本定量指标设置与计算 ······ 221
  五、林业项目社会评价定性分析 ······ 230
  六、林业项目社会评价方法 ······ 232

第五节　综合评价内容及方法 ······ 233
  一、综合评价内容 ······ 233
  二、综合评价方法 ······ 234

第十四章　林业投资备选项目选择 ······ 235

第一节　相同计算期互斥项目选择 ······ 236
  一、效益不同的互斥项目 ······ 236
  二、效益相同或难以估算的互斥项目 ······ 238

第二节　不同计算期互斥项目选择 ······ 239
  一、年值法 ······ 239
  二、方案重复法 ······ 240
  三、给定分析期法或最短计算期法 ······ 241

第三节　组合互斥项目选择 ······ 242
  一、枚举法 ······ 242
  二、建模法 ······ 243

第四节　多目标项目与互斥单一目标项目选择···244
　　　一、净现值法···244
　　　二、差额内部收益率法··245

参考文献···249

附　录··252
　　附录一　复利终值系数表···252
　　附录二　贴现系数表··254
　　附录三　年金现值系数表···256
　　附录四　年金终值系数表···258
　　附录五　偿债基金系数表···260
　　附录六　投资回收系数表···262

第一章 概 论

林业是一项重要的基础产业，是一项具有特殊功能的公益事业，是推动社会发展的基础行业。林业的公益性质和社会属性，林业的基本功能及其在生态、经济、社会可持续发展中的纽带作用，是国际社会所关注的重点。我国林业既承担着为国家经济建设和人民生活需要提供丰富林产品的重任，又承担着国家生态建设与保护国土生态安全的神圣使命。2009年，中央林业工作会议上确立了林业的"四大地位"："林业在贯彻可持续发展战略中具有重要地位，在生态建设中具有首要地位，在西部大开发中具有基础地位，在应对气候变化中具有特殊地位。"2023年，习近平总书记在参加首都义务植树活动时强调，森林既是水库、钱库、粮库，也是碳库。生动形象地阐明了森林在国家生态安全和人类经济社会可持续发展中的基础性、战略性地位与作用。我国林业经过70多年的发展，总体成绩相当显著。"三北"防护林、天然林资源保护、退耕还林、防沙治沙、国家储备林建设等重点工程深入实施，进展顺利，生态状况明显改善。目前，我国森林覆盖率达到了24.02%，森林面积$2.31 \times 10^8 hm^2$，同时森林面积还在逐年增加，人工造林保存面积居世界第一位。

林业产业稳步壮大，形成了经济林、木材加工、森林旅游3个年产值超万亿元的支柱产业。林产品生产、贸易居世界第一。生态扶贫成效显著，改革开放持续深化。林业在建设生态文明、决战脱贫攻坚、决胜全面小康中做出了重要贡献。

随着经济发展、社会进步和人民生活水平的提升，高质量改善生态状况的要求越来越迫切，林业在经济社会发展中的地位和作用越来越突出。林业不仅要满足社会对木材等林产品的多样化需求，更要满足改善生态状况、保障国土生态安全的需要。目前我国森林资源总量不足、质量不高、承载力不强，生态系统不稳定。西部、北部干旱半干旱地区自然条件恶劣，国土绿化难度大。林业改革有待深化，执法体系和基层队伍弱化；政策支撑体系不健全，生态产品价值实现机制尚未建立；科技创新和技术装备落后。

碳达峰碳中和纳入经济社会发展和生态文明建设整体布局。"十四五"时期，生态文明建设从认识到实践都发生了历史性、转折性、全局性的变化。国家"十四五"规划纲要要求提升生态系统质量和稳定性，促进人与自然和谐共生。立足新发展阶段，贯彻新发展理念，构建新发展格局，推动林业高质量发展的任务比以往任何时候都更加繁重。

从2020年到2035年，是我国进入基本实现社会主义现代化的战略实施时期。发展现代林业、加快转变林业发展方式，践行绿水青山就是金山银山的理念，实现兴林富民目标，增加对林业的投资是一个关键措施。新中国成立以来，国家、林区集体经济以及农民群众对林业进行了大量的投资，对于改善林业生产条件、发展林业生产起到了十分重要的作用。

我们所谓的林业投资是指为林业扩大再生产（即改善生产条件、扩大生产能力）而投入的全部资源，它是在原来基础上的增量投入，包括追加的人力、物力、财力和科技等资源。这种投资有来自企业和农民个人的，也有来自国家和农村集体经济组织的，还有来自国际的投资。除农民个人的投资外，其他来源的投资规模较大，范围较广，投资量较多，常常以项目投资的形式出现。如三北防护林工程、国家林业综合开发项目、国家天然林资源保护工程、中国退耕还林工程、国家储备林建设等项目的投资，都是涉及大量人力、物力、财力、技术投入的林业项目投资，为改善有关地区的农业生产条件、扩大农业再生产能力、提高农民生活水平，起了重要作用，并为国家带来了极大的社会经济效益。

对于这种大型林业项目的投资，不仅应提高农民的收入，而且必须给国民经济带来更大的利益，这都是投资决策应十分关心的问题。因此，项目投资不仅要站在企业、农民的立场上，而且要站在整个国家利益的立场上来考虑。在投资经济行为发生之前的决策过程中，投资决策者应对所要进行的投资项目进行十分周密的考察分析，从而做出正确决策，避免重大失误，以保投资取得更好的效益。尤其在我国人口众多、资源相对不足、资金严重短缺的条件下，提高投资的效益尤为重要。可以说，提高资金使用效益和资源利用效率，是关系我国经济建设能否高效、快速、持续地进行的关键问题。提高林业投资效益是这个关键问题中的重要组成部分，而这正是林业项目投资评估这门课程所要研究的核心问题。

第一节　林业投资项目概念及标准

一、林业投资项目概念

(一) 项目概念

在当今的社会经济环境中，"项目"一词被广泛使用，但作为一个专业术语，不同的专业机构和专家对其有不同的定义。

①美国项目管理学会(Project Management Institute)在PMBOK2000中的定义，项目(project)是"提供独特的产品或服务的、在确定的时间内完成的工作"。

②德国DIN(Deutsches Institut für Normung)69901认为，项目是指在总体上符合如下条件的唯一性的任务即具有预定的目标；具有时间、财务、人力和其他限制条件；具有专门的组织。

③国际标准化组织(ISO10006)认为，项目是由一组有起止时间的、相互协调的受控活动所组成的特定过程，该过程要达到符合规定要求的目标，包括时间、成本和资源的约束条件。

④世界银行认为："所谓项目，一般系指同一性质的投资，或同一部门内一系列有关或相同的投资，或不同部门内的一系列投资。"

⑤《中国项目管理知识体系纲要》(2002版)中对项目的定义为："项目是创造独特产品、服务或其他成果的一次性工作任务。"

⑥项目管理学者哈罗德·科茨纳(Harold Kerzner)认为，项目是具有以下条件的任何活动和任务的序列即有一个将根据某种技术规格完成的特定目标；有确定的开始和结束日期；有经费限制；消耗资源(如资金、人员、设备)。

⑦格雷厄姆(R. J. Graham)认为，项目是为了达到特定目标而调集到一起的资源组合，它与常规任务之间关键的区别是，项目通常只做一次；项目是一项独特的工作努力，即按照某种规范及应用标准导入或生产某种新产品或某项新服务。这种工作努力应当在限定的时间、成本费用、人力资源及资财等项目参数内完成。

⑧梅瑞狄斯(J. R. Meredith)和曼特尔(S. J. Mantel Jr)认为，项目是具有以下特性的、必须完成的、特殊的优先任务即目的性；相互依赖性；独特性；冲突性；寿命周期。

⑨克莱兰(Cleland)和哈罗德·科茨纳把项目定义为人力资源和非人力资源组合而成临时性组织以获得特定的目标。该定义认为项目既是一个临时组织，也有生产功能，还是资源配置的工具。

⑩世界银行前副行长鲍姆(W. C. Baum)和托尔伯特(S. M. Tolbert)所著的《开发投资》一书中称"项目是作为包括投资、政策措施、机构以及其他为在规定期限内达到某项或某系列发展目标所设计的活动在内的独立的整体"。

从以上的各种定义之中，我们可以发现一种共性。第一，项目必须具有一个目标，即提供特定的工作结果，即"项目交付物"。第二，项目与一般的业务过程相比，或者说项目交付物与一般的商品相比，均有其本身的特点，一是"独特性"，一是"过程性"。第三，项目有特定的资源和时间约束，需要在一定的组织机构内，利用有限资源(人力、财力、物力等)在规定时间内完成任务。第四，项目的系统性，在现代社会中，一个项目往往由许多单体组成，同时又要求几十、几百甚至上千个单位共同协作，由成千上万个在时间、空间上相互影响制约的活动构成。第五，项目的最终结果需要满足一定的性能、数量、技术指标等要求。第六，项目是临时性组织，项目是由母本组织(委托人)建立的代理机构以获得特定目标，委托人组织可以是稳定的，其组织结构也是给定的。项目的支持者可以构造组织结构确保目标达成，也可以破坏它。第七，项目诸要素的冲突性，项目内部诸要素之间以及内部要素与项目所处的企业或社会环境间由于项目的不确定性，存在着资源冲突以及主导权等方面的冲突，项目协调与沟通管理对提高项目的成功率发挥着日益重要的作用。

因此，所谓项目是指在一定约束条件下，一个组织为实现既定目标的具有一定独特性的一次性任务。项目是人们行为的主要对象。

(二)林业投资项目概念

投资项目是一种既有投资行为又有建设行为的项目的决策与实施活动。多数情况下，投资是建设项目的起点，没有投资就不可能进行建设，而没有建设行为，投资的目的也无法实现。因此，投资项目有时也称建设项目。

林业投资项目或林业建设项目(简称林业项目)概念的理解有狭义和广义之分。狭义上来理解，林业投资项目也称营林项目或林业建设项目，它是指某一机构、单位或个人为完成某项预定的林业生产目标而规划投入一定的资金或劳务，用于林业项目的经营与管理等扩大再生产，并最终获得预期收益的活动，这里所讲的林业投资项目是指属于种植业范畴的林业项目。广义上理解的林业投资。投资项目可以是一个大型的项目，既有营林项目，又有后续工业项目，也可以是各自分开建设的项目。《林业建设项目可研报告编制规定(试行)》(简称《可研报告编制规定》)中林业建设项目包括营造林项目和非营造林项目。因此，林业投资项目可以界定为是指通过增加人力、物力、财力和技术投入，改善生产条件，增加生产手段，提高综合生产能力，在预定的时间和空间范围内达到预期效益的一种扩大再生产经济行为。

二、林业投资项目标准

作为林业投资项目应符合以下标准：

①投资项目必须是扩大再生产的经济行为　投资项目不是作为维持简单再生产而发生的

种子、化肥等日常费用支出的经济行为，而是通过增量投入，增加生产手段，改善生产条件，提高林业综合生产能力的扩大再生产的经济行为。

②投资项目必须有具体的建设内容和明确的效益目标　作为投资项目要马上付诸实施，其建设内容必须具体，如修多少千米的林区道路，造多大面积的林，打多少眼机井，种植多少公顷果园等，必须规定得非常具体。同时，投资项目的效益目标要明确。

③投资项目要有确定的开发治理区域范围和明确的项目建设起止时间　作为一个林业项目，有明确的投资、生产、收益的时间顺序，有特定的地理位置和明确的地区范围。

④投资项目必须有确定的参加项目建设并且从中受益的目标人　作为林业项目，目标人就是一定数量的农户。他们在同一项目的经济活动中，为了共同的经济利益（同时包含他们自身的利益）而协同工作。

⑤投资项目必须有可靠的投资资金来源和切实可行的投资计划安排　没有资金的投入就没有投资项目。投资项目资金的筹集、分配、运用、管理，是投资项目管理的核心问题。对于林业外资项目来说，外资来源与国内配套资金来源都应落实；对于国内国家级林业投资项目来说，国家投资与地方配套资金来源要落实，并做出切实可行的投资计划安排，保证资金及时足额投入项目建设。项目才能成立并正常顺利地进行。

⑥投资项目应有明确的投资主体和承担风险的责任人　随着我国投资体制改革的不断深化，企业的投资主体地位将得到确立，它是投资决策者、效益享受者和风险承担者。任何一个投资项目都应建立风险约束机制，必须有承担风险的责任人，负责项目建成并达到预期目标。

⑦投资项目是一个相对独立的执行单位，有健全的组织管理机构　作为一个林业项目，它是林业发展总体规划中，在经济上、技术上、管理上能够实行独立设计、独立计划、独立筹资、独立核算、独立执行的业务单位。作为一个独立业务单位，它有相对的完整性，不容分割。可以说，林业发展总体规划包括若干具体的项目，而项目的实施则是保证林业发展总体规划得以实现的具体措施，它使得总体规划中预计的经济行为更为明确和具体化。健全的科学合理的项目组织管理机构是独立执行项目建设任务的组织保证，项目管理工作的高效率，有利于促进项目目标顺利实现。

第二节　林业投资项目的分类及特点

一、林业投资项目分类

林业是一个非常繁杂的综合性行业，它包括营林业、森林采运业、林产化工业、木材加工业、林区多种经营业、自然保护区和国家森林公园以及林产品营销等方面的内容。林业具有自然力作用强、生产周期长、地域跨度大、涉及范围广等特点，与其他行业有明显的区别。林业一方面是一个非常重要的物质生产部门，管理着逾 $3 \times 10^8 hm^2$ 国土资源（是农耕地的2倍多），半数以上的农业人口居住在这一范围，并在不同程度上依赖于林业生产活动而生存，另一方面林业又是一项宏大的公益事业，森林作为陆地生态系统的主体，在改善和保护环境的作用上是不可替代的。

(一)林产品概念及特征
(1)林产品概念
林业既是一项重要的公益事业,又是一个基础产业,推动着社会发展的基础行业。因此,现代林业意义上的林产品概念是指整个林业产业全部生产活动所形成的总和(图1-1)。这样,就完全突破了传统林业意义上的林产品概念:以木材为主的各种主、副产品,即从"林木"和"森林"狭隘观念出发所界定的林产品。

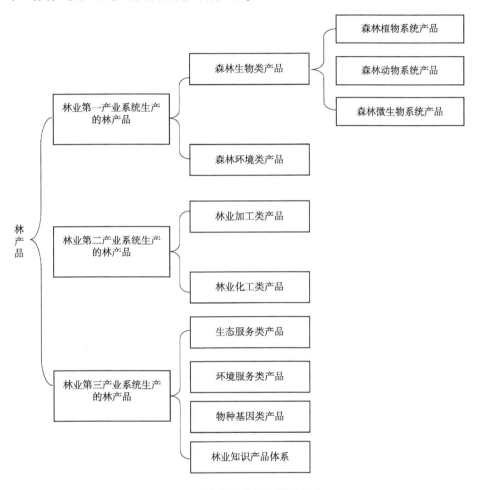

图1-1 林产品种类多样性示意

(2)林产品特征
从林产品生产过程和林产品的用途分析,林产品具有以下4个特征。

①林产品种类的多样性 由于森林资源具有多样性的特点,而林业以森林资源为主要经营对象,在林业生产经营活动中生产的林产品必然具有多样性的特征,而且随着生产技术的发展和人们对森林资源及其形成的生态环境认识的提高,林产品的种类日益增多。林业第一、二、三产业系统的林产品如图1-1所示。

②林产品生产过程的系统性 森林资源中被开发利用的叶、花、果、根、树皮、树液、林内草本植物、林内动物、林内微生物及其组成部分的各种林产品都是按照一定的秩序,同处于一个有机的森林生态系统之中,彼此之间都存在不可分割的系统联系。其中,一个产品

的生产,联系着系统内其他产品的生产和再生产,具有"牵一发而动全身"的特点。以森林资源为原料的加工产品和其他林产品也是如此。森林植物系统产品、森林动物系统产品与森林微生物系统产品互为关系。

③提供林产品的连续性　在开发利用森林资源的过程中,林业能够连续不断地提供多种多样的林产品来满足社会及人们生活的多方面需要。营林生产从育苗到造林、育林、护林等过程中,不同的阶段可以提供不同的林产品。在育苗阶段,可以为市场提供苗木,在"育、管、护"阶段,可以为市场提供间伐木材及其他林产品。因此,林产品的连续性,存在于营林生产过程中。

④生态效益、经济效益和社会效益的统一性　林产品既能满足人们物质和文化生活的需要,具有使用价值,林产品在交换过程中,一方面满足了社会及人们物质文化的需求,又为林业生产经营者创造了价值;另一方面,作为林产品特别是营林产品具有特殊的效用,具有保护国土安全,为社会提供绿色景观的生态效益,是陆地生态系统的主体。因此,林产品具有生态、经济和社会三大效益,是三大效益的统一。

(二)林业投资项目分类

林业投资项目按照不同的标准可以划分为不同的类型。

(1)按总投入量规模大小划分

按总投入量规模大小划分,林业投资项目有大型项目、中型项目、小型项目之分。大中小是个相对的概念,根据不同的生产力水平发展程度而不同。但不论是大、中、小项目中的哪种,都应该是扩大再生产的投资行为。小项目投资也是小规模的扩大再生产投资,与维持原生产规模的简单再生产有着本质的区别。

(2)按投资使用性质划分

按投资使用性质划分,林业投资项目有新建、改建、扩建、重建、迁建、更新改造等不同用途的投资项目。新建项目的投资是指对全新项目的投资;改建扩建项目投资是在原有基础上对项目进行增补而发生的投资,如扩大林化企业规模的投资;重建项目是指报废工程的恢复建设,如大型水利灌溉工程由于自然或人为原因造成报废而重新修复;迁建项目是由于项目改换地区而发生的投资,如人造板厂从某一地迁至另一地;更新改造项目是原有项目的更替和内含扩大而发生的投资,如原有人造板企业的更新改造。

(3)按投资使用的途径划分

按照投资使用的途径划分,林业投资项目可分为营林业、木材和竹材采运业、木材加工和竹藤棕草制品业以及文教卫生、智力开发等项目,如兴办林业技术学校、培训林业技术人员和林农等。

(4)按林业投资项目形成的结果划分

按林业项目投资形成的结果划分,林业投资项目可分为有形投资项目和无形投资项目。有形投资项目的结果能增加林业生产经营过程的固定资产,如土木工程的建设、林业机械设备的增加、水库水渠的修建、林区公路、电网通信网的建设等投资,都会形成有形的结果,并发挥其在扩大再生产中的作用。无形投资项目的结果不形成有形固定资产,如兴办教育、培训干部和农民等方面的智力投资,支持政策调整、制度改革方面的投资,这种投资虽然不形成有形的财产,但它仍然在扩大再生产中有着不可忽视的作用。

(5)按林业投资项目的资金来源划分

按林业项目投资的资金来源划分,林业投资项目有国家投资项目、地方投资项目、引进外资项目、联合投资项目等种类。国家投资项目指由国家财政投资兴办的林业项目。地方投资项目指地方筹资兴办的林业项目。引进外资项目指外国政府提供，或外国私人企业集团提供，或国际机构如世界银行、联合国粮农组织、农业发展基金组织等提供的无偿援助、无息贷款、有息贷款资助的项目等。联合投资项目则有不同形式的联合，如中央、地方合资项目，中央、地方、个人合资项目，地方横向联合投资项目，中外合资项目等。

(6) 根据项目的目标划分

根据项目的目标划分，林业投资项目有经营性项目和非经营性项目两类。经营性项目通过投资以实现所有权益的市场价值最大化为目标，以投资牟利为行为倾向。例如，速生丰产林基地建设、干果基地建设、林产品加工、森林旅游等投资项目属于这类项目。非经营性项目不以追求营利为目标，其中包括本身没有经营活动、没有收益的项目，例如林区道路、公共绿化等，也包括本身有生产经营活动，但产品价格不由市场机制形成的为公众提供基本生活服务的项目。

(7) 按项目的产品(或服务)属性划分

按照项目的产品(或服务)属性划分，林业投资项目有公共项目和非公共项目两类。

①公共项目　指为满足社会公众需要，生产或提供公共物品(或服务)的项目。公共物品一般由政府或社会提供的产品，这种产品具有非排他性和竞争性。例如，公共场所的电梯、市政工程的路灯和灯塔等产品大家都可以享用、谁也无权拒绝别人使用，而个人使用也不会影响(不排斥)别人的使用。

②非公共项目　除公共项目以外的其他项目。与公共项目相对应的是"私人部门或民间提供的商品"(含私人和企业、事业单位或社会团体、机构)投资项目。其主要特征是：投资商要向接受这种项目产出(商品或服务)的消费者收取费用因而获得利润。

(8) 按项目投资主体和管理形式划分

按项目投资主体和管理形式划分，将项目分为政府投资项目、企业投资项目、利用外资的"三资"企业项目、各类投资主体联合投资项目。

①政府投资项目　指使用政府性资金的投资项目，以及与此相关的投资活动。这类项目包括国家投资项目、各级地方政府投资项目。例如，天然林保护工程、退耕还林工程、生态环境治理工程、防护林体系建设工程等项目。

②企业投资项目　不使用政府性资金的投资项目。主要指企业(包括国有企业、民营企业、企业集团等)用自有资金或自筹资金投资建设的项目。例如，速生丰产林基地建设、干果基地建设、林产品加工、森林旅游等项目。

③利用外资的"三资"企业项目　主要形式有中外合资企业、中外合作企业、外商独资企业投资的项目。

④各类投资主体联合投资项目　主要形式有生产联合体、资源开发联合体、科研与生产联合体和产销联合体等投资项目。

(9) 按项目投融资方式及使用方式分类

按照项目投融资方式及使用方式分类，林业投资项目包括竞争性项目、基础性项目、公益性项目3类(表1-1)。

①竞争性项目　主要指投资收益比较高、市场调节比较灵敏、具有市场竞争能力的项目，主要包括加工业、建筑业、商业、房地产、公用业、服务业、咨询业及金融保险业等。竞争性

项目以企业作为基本的投资主体，主要向市场融资。融资方式主要是通过商业银行进行间接融资，也可按国家规定通过发行企业投资债券、股票或联合投资等方式，进行直接融资。

②基础性项目　主要指建设周期长、投资额度大、收益比较低、需要政府扶植的基础设施和一部分基础产业项目，以及直接增强国力的符合经济规模的支柱产业项目。基础性项目大部分属于政策性投融资范围，主要由政府集中必要的财力物力，通过经济实体进行投资，同时，广泛吸引地方、企业及外商参与投资。

③公益性项目　主要指科技、教育、文化、卫生、体育、环保等公益事业的建设项目，以及政府机关、公检法办公设施，国防设施的建设项目。公益性项目投资主要由政府用财政资金安排，同时广泛地吸引社会各界资金参与。

林业投资项目按投融资方式划分，以上3类项目都有，但随着市场经济的发展由国家财政全部包干的投资项目会越来越少。要确立企业和农户在竞争性领域的投资主体地位，形成企业和农户自主决策、自担风险，银行独立审贷，政府宏观调控的新的投资体制。林业项目投资要面向市场融资，有借有还，承担风险，讲求投资的效益是十分重要的。为了提高林业项目投资的经济效益，做好投资决策前的准备工作，搞好投资项目的可行性研究和评估就显得更加必要和重要。

表1-1　投资项目投资主体、投融资方式及使用方式

项目	竞争性项目投融资	基础性项目投融资	公益性项目投融资
投资主体	主要由企业、个人投资	政府与企业投资	主要由政府投资
投资筹措方式	经营性筹资	政策性与经营性投资相结合	主要是政策性投资
投资使用方式	风险性和规模性投资	有偿重点投资	主要是无偿投资
涉及行业	工业、建筑业、商业、房地产、公用业、服务业、咨询业及金融保险业	农、林、牧、渔、水利设施、能源、交通、邮政、电信业、地质普查和勘探业	科技、教育、文化、卫生、体育、环保、政府机关、公检法司、国防等设施

(10)按林业项目投资的管理特点划分

按照林业项目投资的管理特点可以划分为一般工程项目、林业生态工程项目等种类（表1-2）。

表1-2　一般工程项目与林业生态工程项目的比较

项目	一般工程项目	林业生态工程项目
产品属性	完整的产品和服务	不完整的产品和服务
建设周期	短	长
移交方式	按合同直接移交使用	半成品移交，需要维护
建设单位	专业化建设单位	建设者和经营者是同一主体
管理方式	项目管理	森林资源管理结合项目管理
创新性	创新明确	创新思路不明
评价体系	评价指标明确	评价指标体系不完善
监督机构	专业中介机构	林业行业内部

二、林业生态工程概念及特点

(一)林业生态工程概念

林业生态工程是根据生态学、生态经济学、系统科学与生态工程原理,针对自然资源环境特征和社会经济发展现状所进行的以木本植物为主题,并将相应的植物、动物、微生物等生物种群人工匹配结合而形成的稳定而高效的人工复合系统。主要包括:天然林资源保护工程、退耕还林工程、京津风沙源治理工程、三北及长江中下游地区等重点防护林体系建设工程、野生动植物及自然保护区建设工程、重点地区速生丰产用材林基地建设工程。它与传统的森林培育与经营技术相比具有5个明显的区别(表1-3)。

表1-3 林业生态工程的特点比较表

项目	传统造林与经营	林业生态工程
对象	宜林地或有林地	多种地类的区域(如流域)
培育目的	提高林地生产率、林地的可持续利用与经营	提高整个系统的经济效益与生态效益、实现系统的可持续经营
培育类型	森林生态系统(人工或天然)	人工复合生态系统,如农林复合、林牧复合
培育结构	以木本植物为主;关心木本植物与环境,木本植物间关系,林分结构功能、物流与能流	以所有物种为对象;关心整个区域所有物种间关系与物质循环,整个系统的结构功能、物流与能流
培育措施	只考虑采用林业的综合技术措施	考虑采用各类土地上采用的综合措施,即山水田林路综合治理

(二)林业项目投资特点

林业项目投资的特点是与林业生产本身的特点密切相关的。正确认识这些特点,对于把握项目投资评估的重点具有重要作用。

(1)林业项目投资的综合性强

与工业项目相比较,许多林业项目与周围的自然条件、生态环境联系更为紧密。常常是一业为主多种经营,植物、动物、微生物生产相互结合,农林牧副渔同时并举,能取得更好的经济效果。因此,林业项目投资评估中,既要注意一个林业项目的独立性,又要考虑该林业项目与其他方面的关系,注意它的综合性。在投资的方向、数量、时间先后等方面统筹兼顾各方面的需要,站在国民经济整体的高度进行林业项目投资的经济分析也显得尤为重要。

(2)林业项目的投资受资源的限制性比较强

木材加工厂要考虑森林资源、造林办厂等需要土地等。尤其是土地,它是生产中不可替代、不可增量、不可搬移的重要生产资料,有许多项目受此限制。尤其在我国人多地少的情况下,任何一项林业项目投资的评估都要特别重视土地资源利用的有效性。

(3)林业项目投资的效益具有较大的不稳定性

林业再生产过程是社会经济再生产与自然再生产交织进行的过程,生产受自然因素尤其是气候因素变化的影响较大,因此林业项目投资的效果往往带有较大的不稳定性。为此,一方面林业项目投资要本着实事求是、因地制宜的原则,因时因地因对象确定投资方向、数量和时间;另一方面,投资评估时还应特别注意林业项目投资敏感性的分析,预测不确定因素变化可能带来的后果。

(4) 林业项目投资的内容比较广泛

林业作为综合性物质生产部门，包括生物生产事业的营林生产和野生动物培育，采掘工业性质的木材采运生产，加工工业性质的木材机械加工和再加工生产，化工工业性质的林化工生产等。林业具有寿命周期不确定性、产品多样性和效益目标多重性等特点，因此有的项目投资见效较慢，时间较长。例如，大型的林业生态项目投资，就要在一段相当长的时期内才能显出效果，然而它对于林业扩大再生产具有长效的作用，是造福子孙后代的投资行为。也有的林业项目的投资见效较快，如林产品加工项目的投资，可以当年见效。因此，在林业项目投资评估中要注意林业项目投资长效性和速效性同时并存的特点，不可因某些林业项目投资的回收期长而加以否定。对那些对林业扩大再生产具有关键意义的长效项目应站在战略的高度进行投资。同时，因其发挥效益时间长，更应该采取科学严谨的态度，对其做好投资评估。另外，林业项目投资也应长效性、速效性相结合，以求获得更好的投资效益。

(5) 林业项目投资与千千万万的林农或农民利益紧密相关

我国集体林地占58%，对农村生活水平有潜在的巨大贡献。许多林业项目的参加者是分散而独立经营的林农或农民，可以说，在很多情况下林业项目投资面对着千家万户的农业经营者，这就增加了林业项目投资评估的复杂性与重要性。在林业项目投资评估中，既要注意项目投资能给林农或农民带来真正的利益，又要注意项目投资对国民经济带来效益。一项重大的林业项目投资，它既造福于社会，为国民经济增长做出贡献，同时又给千家万户的农民带来实惠，提高林农或农民的生活水平，刺激他们的生产积极性，其意义是十分重大的。

三、林业生态工程投资项目特性

林业生态工程投资项目是政府或公共投资项目的一部分，它的特性也类似于政府投资项目，是由该项目产出的基本特性和投资目标的基本方向两个方面的因素决定的，从经济学意义上分析有以下特点。

(1) 产出具有非私有品性

私有产品的使用具有明显的竞争性和排他性，即一旦某人有了消费某物品或服务的权利，就排除了他人对这种权利的拥有。相反，公共物品的特征是非竞争性和非排他性，即公共物品可以集体消费，而且是免费消费。如城市的一条收费公路可以集体使用，但是并不把不交费者排除在外。政府投资项目所提供的产品或服务往往具有较强的公共品性质，这是此类项目的显著特点之一。

(2) 较大的外部性

外部性是指项目投资对其他生产者或消费者产生的无补偿的影响。如农田防护林林网的建立，可以通过防护林在防风固沙改善地方小气候的同时可以获取林木收益，而当地居民也能从中免费获得增产农作物，减少沙暴灾害的受益。这种受益尽管可能很大，但是当地居民却是免费获得的。公益性项目往往具有较强的外部性。

(3) 投资项目的目标与竞争性建设项目的目标不同

政府投资项目的基本目标有两个：一是效率目标，即促进社会资源的有效配置，促进国家或地区的经济增长；二是公平目标，即促进社会福利的公平分配，普遍改善人民的福利水平。林业生态工程投资项目往往同时具有以上两个目标。

(4)投资项目的成本与收益构成复杂

政府提供公共物品所考虑的成本是社会成本。社会成本不仅包括直接消耗的经济资源，还包括对区域生物多样性的影响，土壤肥力的影响等。所考虑的投资收益是社会收益，它不仅包括经济上的直接收益，还包括整个经济体系的发展、公众文化水平和健康水平的提高、社会秩序的安定。同时政府投资项目具有较强的外部效应。因此，项目的经济效益，除了项目直接获得的内部效益外，还涉及项目对外部社会环境发生的间接影响，而且有些很重要的外部影响很难用货币来衡量，从而使得政府投资项目的成本和收益具有不可计量性，比一般项目复杂。

第三节 林业投资项目管理周期

林业项目投资评估是林业投资项目管理周期中极为重要的环节。在对林业项目投资评估的各种技术问题作详细讲述之前，有必要对管理周期作一概括了解。

所谓投资项目管理周期是根据项目建设过程的活动规律，分阶段地对项目活动进行规范的程序化管理。每阶段管理活动前后有序，完成前一阶段活动才能顺序进入下一阶段活动，各阶段有机联系，构成完整严密的项目管理周期。

投资项目从投资行为发生开始，经过建设到项目建成，投入营运、受益直至项目终止的整个时期称为项目生命周期。它包括项目建设期和营运受益期两个阶段。项目管理一般是对前一阶段项目建设期的管理；项目建成交付使用，进入运营受益期，则要进行现代企业管理。显然，项目管理是项目生命周期中基础环节的管理，为今后的企业营运低耗高效打下良好基础，其作用是十分重要的。

对于项目建设过程中活动的阶段划分不同，构成不同的项目管理周期，但其管理的内容是大致相同的。世界银行的项目管理周期在国际投资管理中是有代表性的，许多国际性组织如联合国粮食及农业组织（FAO）、国际农业发展基金（IFAD）、联合国开发计划署（UNDP）、亚洲开发银行（ADB）等组织的投资项目管理周期，都与世行项目管理周期大同小异。我国自1980年改革开放、引进外资，同时也引进科学先进的投资项目管理办法以来，逐渐形成我国林业投资项目管理周期。

一、世界银行项目管理周期

世界银行成立半个多世纪以来，向世界各国提供了几千项贷款，上千亿美元的开发基金，对世界经济的复兴与发展给予了有力的支持。在所有这些贷款中，90%以上是以项目贷款的形式投放的。在过去的几十年中，世界银行不断总结经验，改善项目贷款的管理方法，形成了一套完整、科学的投资项目管理方法。世界银行的不少高级官员和经济顾问称"项目方法是世界银行对全世界开发过程中最重要的独一无二的重要贡献"。自我国执行改革开放政策以来，世界银行及其他国际金融组织对我国的投资，也多是以项目贷款的方式进行的，不少投资项目建设已取得了很好的效果。世界银行投资项目管理严格地遵循项目管理周期各阶段的要求，构成一个完整严密科学的项目管理体系。

世界银行项目管理周期包括项目选定、项目准备、项目评估、项目谈判、项目执行与监测、总结评价6个阶段。这6个阶段，最重要的是项目准备和执行监测。

(1)项目选定阶段

申请贷款国根据自己经济发展的计划和世界银行的贷款原则,提出若干项目。世界银行根据申请,收集有关自然资源、人力资源、社会经济状况等资料,对申请项目进行初步分析和筛选,选定项目后,申请国编制《项目选定报告》,说明项目的目标、项目概要、完成项目的关键问题,投资需求及预期效益,项目执行的时间安排等,经世界银行批准,正式列入世界银行"贷款计划"。

(2)项目准备阶段

这是项目管理周期中的重要阶段,花费时间长,一般1~2年,花费费用多,一般可从世界银行"项目准备融通资金"或其他国际金融组织取得援助。准备的核心内容就是对项目进行可行性分析研究,将在第二章详细讲述。

(3)项目评估阶段

项目评估是在项目准备完成以后,组织有关方面的专家对项目进行实地考察,并着重从国家宏观经济的角度全面系统地检查项目涉及的各个方面,对项目准备阶段提出的项目可行性研究报告的可靠程度作出评价。它对于项目是否执行有至关重要的作用。

(4)项目谈判阶段

项目评估通过以后,申请贷款国和世界银行要就贷款内容细节进行谈判,签订贷款协议书。具体说明贷款金额、贷款方式、利率、贷款期限、贷款偿还安排,并在协议中确认评估报告中规定的主要内容。

(5)项目执行监测阶段

这是项目管理周期中又一重要阶段。项目组织管理机构,必须严格按评估报告和贷款协议书的要求组织项目执行。在整个执行的过程中,都有严密科学的监测检查,以保证项目按规定执行,发现问题,及时进行调整,以求达到预期目标。监测检查的具体措施一般有:①建立技术、经济监测点;②执行工作记录;③项目进度报告;④财务报账制度;⑤派员实地检查。

(6)项目总结评价阶段

一般在项目贷款全部发放完毕后一年左右,对执行完成的项目要进行总结评价。它由世界银行的项目主管提出《项目完成报告》,由银行董事会责成"业务评议局"对项目执行情况及成果进行总结评价。主要有两方面的工作:

①按照项目评估报告、贷款协议,全面检查项目的执行情况,评价项目评估工作的准确程度。

②总结项目执行过程中的经验教训,应该注意的问题以及改进的意见,为今后开展项目管理工作提供借鉴。

二、我国林业投资项目管理周期

我国林业投资实行项目管理还处在起步阶段,有些关系还没有理顺,也没有形成规范化的严密完整的管理周期。总结以往的经验,我国林业投资实行项目管理,其程序大致可以分3个阶段:

(1)前期准备阶段

包括提出项目建议书(机会研究-项目设想、初步可行性研究-项目初选);进行项目可行性研究(详细可行性研究-项目准备);进行项目评估;正式立项、签订投资(或贷款)协议书;进行项目扩初设计等工作。通过这一阶段的准备,使项目的开展建立在科学民主决策的基础上,促进项目顺利进行。

本阶段所提出的项目建议书,是初步确立投资意向。它必须符合当地经济发展规划的要求;符合国家的产业政策和投资政策;符合因地制宜的原则。然后经过项目可行性研究和评估(详见第二章),为决策是否立项提供科学依据。

(2)项目实施阶段

严格按项目评估报告及扩初设计的要求实施项目。为保证项目实施的高质量,达到预期的目标,在整个实施过程中重点工作是加强管理:实行科学有效的计划管理、资金管理、物资管理、工程技术管理,建立健全统计、会计核算制度,实行严密的科学监测,保证项目顺利实施。

(3)竣工验收阶段

应按项目文件提出的目标检查验收项目完成的内容、数量、质量及效果。评价评估报告的质量,总结项目实施过程的经验教训,并颁发项目竣工验收证书。

由于我国林业投资实行项目管理处于初级阶段,管理体制没有理顺,以上管理程序各地在实际工作中有很大差异。在这方面,世界银行的经验比较成功,应引以为鉴。

综上所述,项目管理周期与项目生命周期的关系如图1-2所示。

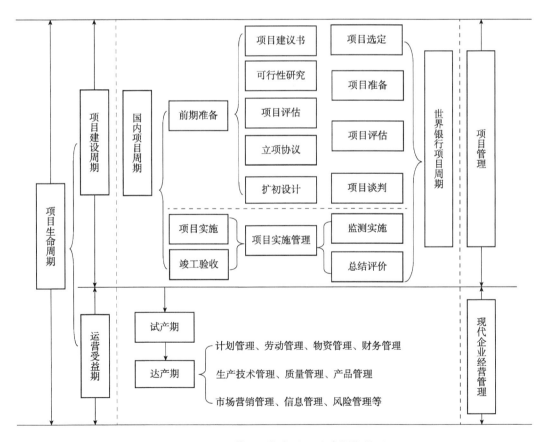

图1-2 项目管理周期与项目生命周期关系

图 1-2 所示,在项目建设期中实行科学严密的项目管理,按项目周期规律办事;一旦项目建成投产,进入运营受益期,该企业的运作则应进行现代企业经营管理。这是从项目管理和企业管理的内涵和特点来区分的,有利于加强项目管理和企业管理。可以说,这是一种狭义的项目管理概念。然而,广义地说,项目建设期和运营受益期是紧密联系的。我国实行项目法人责任制后,项目法人应对项目建设和项目运营全程负责,因此,项目管理周期应覆盖整个项目生命周期。但为了切实加强项目管理,世界银行的项目管理周期是取狭义概念,本书也采用这一概念。

第四节 林业投资项目评估在经济工作中的作用

从以上分析叙述中不难看出,搞好投资项目评估工作,为项目决策提供全面、系统、可靠的科学依据,为项目的执行奠定了良好基础,其作用是非常大的。这可归纳为以下几个方面:

(1)项目评估是避免投资决策失误的关键环节

项目评估应有专门机构的专家依据客观实际情况,采用科学的方法,对项目的技术、管理、财务、经济诸方面作出分析评价。这种评价的结论比较客观、全面、系统、科学,有助于克服"长官意志项目""伸手要钱项目""随风上马项目"等方面的决策盲目性,这就从根本上保证了项目实施的顺利进行并取得预期的经济效果,从而避免投资浪费,提高投资效益。

(2)项目评估是实施项目管理的基础保证

进行项目评估需要搜集拟建项目所在地的自然、社会、经济等方面的大量资料,这些资料是实施项目管理的基本依据和基础保证。在项目实施过程中,管理人员可以把实际发生的情况和数据与评估师所掌握的资料进行对比分析,及时发现设计施工、项目进展、物资供应等方面的问题,以便采取措施,纠正偏差,促进项目顺利完成。

(3)项目评估可使项目的微观效益和宏观效益两者之间得到统一

社会主义经济工作的基本原则之一就是正确处理国家、集体及个人三者之间的利益关系,也就是既要在宏观上有利于国家,又要在微观上有利于企业、家庭林场及农民个人,宏观利益和微观利益要统筹兼顾,这是由我国经济的社会主义性质所决定的。项目的微观效益与宏观效益之间常常会产生矛盾,其根源是投资结构不合理,这是当前投资领域中最突出的问题。项目评估工作,既要评价企业、林农微观效益,也要重视评价国民经济效益。而且两者都要得到满足才是合乎要求的项目。如果只是企业、林农微观效益好,而国民经济效益很差,则该项目就不能通过。

(4)项目评估是投资项目获得社会资金来源的重要依据

现代化经济如果没有金融机构参与活动是不可思议的。可以说,没有金融机构和金融活动的经济不是现代化经济。一个大中型项目,其大部分资金来源于银行贷款。银行部门为保证资金能够及时收回,从而保证资金的正常周转,对每一笔贷款都采取谨慎的态度,都要有科学的依据。实际工作中,对每一笔贷款都要根据投资项目评估的结果进行监督。目前,银行部门规定,不经过投资评估的项目,一律不予贷款。可见,投资项目评估是投资项目获得资金来源的重要依据。

复习思考题

1. 明确下列概念：
   投资项目、投资项目标准、项目生命周期、项目管理周期。
2. 简述如何理解林业项目投资的特点，它对项目投资评估的影响。
3. 简述林业投资项目按照不同的标准划分的类型。
4. 简述一般工程项目与林业生态工程项目比较的区别。
5. 简述世界银行投资项目管理周期分几个阶段。
6. 简述我国林业投资项目管理周期分几个阶段及各阶段的任务。
7. 简述林业项目投资评估在经济工作中的作用。
8. 简述项目管理周期与项目生命周期的区别与联系。

第二章 林业投资项目可行性研究与评估

第一节 林业投资项目可行性研究

高质量发展需要高质量的投资，高质量的投资需要高质量的决策。可行性研究是投资决策的核心环节，加强投资项目可行性研究是提升投资决策科学化水平的必然要求。投资项目可行性研究与评估是投资项目周期中前期准备阶段的核心工作内容。项目可行性研究与评估报告既是投资决策的重要依据，又是项目投资后对实施过程进行管理的重要指导性文件和项目竣工验收的主要依据。林业投资项目包括林业生态工程项目、荒漠化防治项目、林业生产与林业产品项目。项目投资前，须对项目进行可行性研究和评估。

一、项目可行性研究概念

可行性研究（feasibility study）是运用多种科学手段（包括技术科学、社会学、经济学及系统工程学等）对一项工程项目的必要性、可行性、合理性进行技术经济论证的综合科学。通常是在项目拟建之前，对与项目有关的市场、资源、工程技术、经济和社会等方面的问题进行全面分析、论证，并做多方案比较和评价，从而保证拟建项目在政策、技术和经济上可行。

可行性研究在各国称谓不同，西方国家称可行性研究，苏联称为技术经济论证，日本称投资前研究，印度等国称投资研究或费用分析。20世纪30年代美国开发中部的田纳西河流域时开始运用，第二次世界大战以后得到广泛发展，目前已成为一门运用多种科学手段，实现投资项目决策科学化、规范化、程序化、民主化和制度化，并取得最佳投资效益的综合性新兴科学。

二、可行性研究的管理政策

本教材按时间轴线，结合我国经济发展的阶段，将可行性研究管理政策按3个阶段进行梳理。

（一）计划经济时期（1949—1984年）

（1）新中国成立初期至改革开放前

新中国成立初期，我国经济百废待兴，建立国营工业，掌握国民经济命脉，开始建立社会主义公有制，逐步走上计划经济体制的轨道。实行全国财政经济统一管理，并加强对国营工业生产和基本建设的计划管理。工厂实行以生产计划为中心，基本建设方面把建设单位划分为"限额以上"和"限额以下"两种具体投资额。

计划经济时期，对生产、资源分配以及产品消费事先进行计划，又称为指令性经济，由政府分配资源，不受市场影响，在该时期，我国不开展投资项目的可行性研究工作，主要开展以马克思主义劳动价值论为理论基础的工程项目投资效果论证工作。这是项目可行性研究评价工作的萌芽，当时称为技术经济论证。早在1951年3月，中央人民政府财政经济委员会(简称：中财委)颁布了《基本建设工作程序暂行办法》，其中第九条指出："初步设计应先勘察关于设计所必需之各种资料情况，然后据以考虑技术上的可能性与经济上的合理性，作出初步设计，确定建设规模和标准，以作为技术设计的依据。"1952年1月中财委又对上述办法进行了较大的修改与补充，颁布了新的《基本建设工作暂行办法》，特别强调"所有甲、乙、丙三类的建设单位在进行设计之前，应先经调查研究，提出计划任务书经批准后方得开始设计。"计划任务书必须符合国家建设的方针和国家长期建设的规定，强调除生产规模、建设地点、协作配合、建设期限、投资估算之外，还要求分析资源与经济等建设条件，而初步设计的目的在于阐明设计对象在技术上的可能性与经济上的合理性。

这个阶段的技术经济论证已基本具备了项目可行性研究的雏形。

(2)改革开放初期(1978—1984年)

20世纪70年代，我国引进可行性研究，并于1981年开始实施投资项目的可行性研究工作，颁布了系列文件规范项目管理。

1981年3月3日，国务院颁发《关于加强基本建设计划管理，控制基本建设规模的若干规定》指出，"所有新建、扩建的大中型项目以及所有利用外资进行基建的项目都必须有可行性研究才能列入计划"。

1983年2月2日，国家计划委员会(简称：国家计委)正式颁发《关于建设项目进行可行性研究的试行管理办法》，办法提出："建设项目的决策和实施必须严格遵守国家规定的基本建设程序。可行性研究是建设前期工作的重要内容，是基本建设程序中的组成部分。利用外资的项目、技术引进和设备进口项目、大型工业交通项目(包括重大技术改造项目)，都应进行可行性研究。其他建设项目有条件时，也应进行可行性研究。"

1984年8月，根据改进计划体制的精神，国家计委发布《关于简化基本建设项目审批手续的通知》，规定所有需要国家审批的基本建设大中型项目实行项目建议书和设计任务书两阶段审批，即审批程序由原来的5个阶段(项目建议书、可行性研究报告、设计任务书、初步设计以及开工报告)简化为两个阶段，从而项目建议书和设计任务书成为政府管理投资项目前期工作的主要抓手。

(二)有计划的商品经济时期(1985—1992年)

1984年10月，党的十二届三中全会通过了《中共中央关于经济体制改革的决定》，明确提出我国的社会主义经济实行公有制基础上的有计划的商品经济。指明了国有企业"两权分离"的改革思路，企业被赋予更多的自主权，实行自主经营、自负盈亏，是具有一定权利和义务的法人。这一阶段，可行性研究工作得到重视，在对过去实践工作进行总结的基础上，1985年，国家科学技术委员会和国务院技术经济社会发展研究中心(国务院发展研究中心的前身)共同组织编写了《工业建设项目可行性研究经济评价方法—企业经济评价》，并经国家计委审核，推荐给有关单位试行。1987年，国家计委和建设部发布《建设项目经济评价方法与参数》第一版，这项成果是在吸收和借鉴国际经验的基础上，结合中国自身国情研究制定而成；至此，可行性研究和经济评价已进入项目投资建设的法定程序。

1991年12月4日，国家计委发布《关于报批项目设计任务书统称为报批可行性研究报告的通知》，提出："国内投资项目的设计任务书和利用外资项目的可行性研究报告二者内容和作用大致相同，为了规范建设程序，将二者统称为可行性研究报告，取消设计任务书的名称。"相关文件的颁布实施,推动了可行性研究方法工具的引入及借鉴应用,这标志着我国可行性研究进入规范化轨道。

(三)社会主义市场经济时期(1993—2012年)

1993年11月,党的十四届三中全会通过了《中共中央关于建立社会主义市场经济体制若干问题的决定》,指出社会主义市场经济体制由市场主体、市场体系、宏观调控体系、收入分配制度和社会保障制度"五大支柱"构成,并制定了总体实施规划。我国社会主义市场经济确立并逐步发展完善。

2002年1月为指导投资项目的可行性研究工作,国家发展计划委员会出版《投资项目可行性研究指南(试用版)》,适用于政府、企业和私人等各类投资主体投资兴建工业、交通运输、农林水利、城市基础设施等基本建设项目和技术改造项目。

随着全面深化经济体制改革的推进,2004年国务院颁布《国务院关于投资体制改革的决定》(以下简称《决定》),进一步落实企业的投资决策权,发挥市场配置资源的基础性作用,《决定》明确指出:彻底改革现行不分投资主体、不分资金来源、不分项目性质,一律按投资规模大小分别由各级政府及有关部门审批的企业投资管理办法。对于政府投资项目,采用直接投资和资本金注入方式的,从投资决策角度审批项目建议书和可行性报告;对于企业投资建设的项目,区分两种情况,一是对于企业不使用政府投资建设的项目,区别不同情况分别实行核准制和备案制。其中,重大项目和限制类项目采用核准制(核准的目录参照《政府核准的投资项目目录》执行,该目录于2016年第三次进行修订),实行核准制的项目,仅需向政府提交项目申请报告,不再经过批准项目建议书、可行性研究报告和开工报告的程序。其他项目无论规模大小,均改为备案制,项目的市场前景、经济效益、资金来源和产品技术方案等均由企业自主决策、自担风险,并依法办理环境保护、土地使用、资源利用、安全生产、城市规划等许可手续和减免税确认手续。二是对于企业使用政府补助、转贷、贴息投资建设的项目,政府只审批资金申请报告。

为进一步规范林业建设项目可研报告的编制,2006年8月,国家林业局*出台《林业建设项目可行性研究报告编制规定(试行)》。2007年11月,国务院办公厅发布《关于加强和规范新开工项目管理的通知》,进一步严格规范投资项目新开工条件,并要求各级发展改革、城乡规划、国土资源、环境保护、建设和统计等部门要加强沟通,密切配合,明确工作程序和责任,建立新开工项目管理联动机制,实行审批制的政府投资项目,完成相关手续后,项目单位应根据项目论证情况向发展改革等项目审批部门报送可行性研究报告,并附规划选址、用地预审和环评审批文件。2009年7月,国家林业局发布《农业综合开发名优经济林花卉示范项目 可行性研究报告》编写参考大纲。这些法规的颁布和实施说明我国的林业建设项目可行性研究正逐步步入科学化、制度化和规范化。

(四)加快完善社会主义市场经济体制改革时期(2013年至今)

2012年11月,党的十八大召开,提出经济体制改革是全面深化改革的重点,而经济体制改革的重点是处理好政府与市场的关系,党中央、国务院大力推进简政放权、放管结合、优化服务改革,投融资体制改革取得新的突破,投资项目审批范围大幅度缩减,投资管理工作重心逐步从事前审批转向过程服务和事中事后监管,企业投资自主权进一步落实。

---

* 现国家林业和草原局

2016年7月5日,《中共中央 国务院关于深化投融资体制改革的意见》提出进一步改进和规范政府投资项目审批制,采用直接投资和资本金注入方式的政府投资项目,对经济社会发展、社会公众利益有重大影响或者投资规模较大的,要在咨询机构评估、公众参与、专家评议、风险评价等科学论证的基础上,严格审批项目建议书、可行性研究报告和初步设计。至此,对政府投资项目的可行性研究内容和质量提出新的更高要求。对于企业投资项目,按照2016年11月国务院发布的《企业投资项目核准和备案管理条例》执行核准和备案程序。

2018年12月5日,《政府投资条例》发布,这是我国关于政府投资进行法治化管理的一项重大举措。该条例从行政法规层面要求政府投资项目必须编制项目建议书、可行性研究报告、初步设计。其中,可行性研究报告需要分析项目技术经济可行性、社会效益以及资本金等主要建设条件的落实情况,在政府投资项目的前期论证中,要提出切实可行的政府投融资模式,论证项目实施对当地经济社会和公共财政等的影响,从项目选址、工程技术方案、征地拆迁、移民安置、环境保护、资源综合利用、投融资和组织管理等角度研究政府投资项目方案的可行性,并根据工程项目的特点研究政府投资项目的风险防范机制。这一举措体现了将新理念、新方法引入我国投资项目可行性研究理论方法体系中的必要性和紧迫性。

2023年3月23日,在2002年印发的《投资项目可行性研究指南(试用版)》基础上,国家发展和改革委员会发布了《政府投资项目可行性研究报告编制通用大纲(2023年版)》《企业投资项目可行性研究报告编写参考大纲(2023年版)》和《关于投资项目可行性研究报告编写大纲的说明(2023年版)》。新版指南对政府投资项目、企业投资项目的可行性研究分类管理更具有规范性,必将提升我国投资项目前期论证的水平和质量,促进投资高质量发展。

可行性研究是一个系统性、专业性要求很高的工作。特别是在我国市场经济进入高质量发展的新阶段,项目投资理念、思路和方法都在发生深刻变化,可行性研究也迎来了高质量发展的黄金期。

三、项目可行性研究工作程序

项目单位报送的项目建议书获批后即成为立项项目,除了向城乡规划、国土资源和环境保护部门申请办理规划选址、用地预审和环境影响评价审批手续外,根据我国现行的投资项目建设程序和项目可行性研究的试行管理办法,应着手进行项目的可行性研究(表2-1)。可行性研究的工作程序通常包括5个阶段。

(1)筹划阶段

筹划阶段的主要任务是确定进行项目可行性研究的主体。该主体的确定可以采取两种方式:一种是采用公开的竞争性招标方式,将可行性研究工作委托给有能力的专门咨询设计单位,由专门咨询设计单位承包可行性研究任务,同时双方签订委托协议合同。在协议合同中双方应规定研究工作的依据、研究的范围和内容、前提条件、研究工作的质量和深度要求、完成时间和工作进度安排、研究费用预算与支付办法,以及合同双方的责任、协作方式和关于违约处理的方法等内容。另一种是由项目单位组织有关专家参加的项目可行性研究工作小组承担可研任务。采取何种方式应根据投资方对项目承担单位的要求而定。

(2)调查研究与收集资料

根据项目建设的意图和要求,可行性研究工作进入调查研究与收集资料阶段。本阶段的主要任务是组织收集和查阅与项目有关的各种资料。通过拟定调查研究提纲,组织人员(参与可行性研究工作的人员应具有所从事专业的中级以上专业技术职称,并具有相关的知识、技能和工作经验)实地踏勘和专题调查及专项调查的方式,获取以下信息:国家和地方的经济和社会发展规划、行业部门发展规划;国家有关法律、法规和政策;有关机构发布的项目建设方面的标准、规范和定额;以及项目地区的历史文化、风俗习惯、自然资源条件、社会经济状况、国内外市场状况,以及项目地区最新的森林资源调查资料,了解林业资源现状,如宜林荒山、采伐迹地、低产林改造的情况和分布、森林病虫害和森林火灾发生的情况、伐区的数量和分布、树种组成、总出材率等,了解当地土地利用与农业方面的信息、森林及林产品方面资料、森林组织管理方面的信息等。

(3)初步可行性研究

初步可行性研究也称预可行性研究。初步可行性研究的主要任务是:第一,分析项目建议书的可靠性,并在详细资料的基础上分析判断投资项目的可行性。第二,对关键性问题进行辅助性研究。如市场供需情况的调查与预测、建设规模的确定等。第三,确定是否应进行下一步的详细可行性研究。

初步可行性研究与详细可行性研究的结构相同,但在细节和精度上要求不同,本阶段进行的是项目初步评价,所以要求的精确度一般要求控制在±20%以内即可,因此,本阶段的费用占总投资的百分比通常在0.25%~1.5%。

(4)详细可行性研究

详细可行性研究也称技术经济可行性研究,或者正式可行性研究、最终可行性研究。本阶段的主要任务是对项目进行技术方案和经济效益分析,例如,市场需求预测、投资估算、资金筹措方案的评估、成本收入的估算、财务分析、不确定性分析等,并对多方案进行比较,选择最佳方案,为项目投资提供决策依据。

本阶段是对项目进行全面、深入地论证,因此,精确度要求控制在±10%以内。本阶段的费用较前一阶段多,一般而言,大项目的费用占总投资的百分比通常在0.8%~1%,中小项目占1.0%~3.0%。

(5)编写可行性研究报告

对项目进行初步和详细可行性分析后,证明了项目建设的必要性、技术上的可行性、经济上的合理性和环境影响的可行性后,即可编制可行性研究报告。在报告中应推荐一个以上项目建设可行性方案和实施计划,提出结论性建议和重大措施建议,为决策部门的最终决策提供科学依据。也可提出项目不可行的结论意见或对项目的改进建议。可行性研究的工作程序见表2-1所列。

表2-1 可行性研究的工作程序

工作程序	主要任务	备注
筹划阶段	确定进行项目可行性研究的主体	
调查研究与收集资料	组织收集和查阅与项目有关的各种资料	
初步可行性研究	分析项目建议书的可靠性;对关键性问题进行辅助性研究;确定是否应进行下一步的详细可行性研究	所需时间为4~6个月
详细可行性研究	对项目进行技术方案和经济效益的分析	所需时间为8~12个月或更长
编写可行性研究报告	拟定报告提纲,整理分析资料,撰写报告	

四、项目可行性研究主要内容

项目可行性研究内容丰富,根据我国《政府投资项目可行性研究报告编写通用大纲(2023年版)》《企业投资项目可行性研究报告编写参考大纲(2023年版)》和《关于投资项目可行性研究报告编写大纲的说明(2023年版)》的要求,坚持推动高质量发展、政府投资项目和企业投资项目分类管理、以"三大目标、七个维度"为核心内容。政府投资项目可行性研究报告原则上需要按照《政府投资项目可行性研究报告编写通用大纲(2023年版)》编写,企业投资项目则是在落实企业投资自主权的基础上,引导企业参考《企业投资项目可行性研究报告编写参考大纲(2023年版)》编写,以加强企业内部的投资管理水平。上述两个大纲结构基本相同,但是内容对政府投资项目和企业投资项目进行了区分,由于林业项目多属于政府投资项目,因此,下面主要介绍《政府投资项目可行性研究报告编写通用大纲(2023年版)》要求的研究内容。

(一)概　述

(1)项目概况

项目全称及简称。概述项目建设目标和任务、建设地点、建设内容和规模(含主要产出)、建设工期、投资规模和资金来源、建设模式、主要技术经济指标、绩效目标等。

(2)项目单位概况

简述项目单位基本情况。拟新组建项目法人的,简述项目法人组建方案。对于政府资本金注入项目,简述项目法人基本信息、投资人(或者股东)构成及政府出资人代表等情况。

(3)编制依据

概述项目建议书(或项目建设规划)及其批复文件、国家和地方有关支持性规划、产业政策和行业准入条件、主要标准规范、专题研究成果以及其他依据。

(4)主要结论和建议

简述项目可行性研究的主要结论和建议。

(二)项目建设背景和必要性

(1)项目建设背景

简述项目立项背景,项目用地预审和规划选址等行政审批手续办理和其他前期工作进展。

(2)规划政策符合性

阐述项目与经济社会发展规划、区域规划、专项规划、国土空间规划等重大规划的衔接性,与扩大内需、共同富裕、乡村振兴、科技创新、节能减排、碳达峰碳中和、国家安全和应急管理等重大政策目标的符合性。

(3)项目建设必要性

从重大战略和规划、产业政策、经济社会发展、项目单位履职尽责等层面,综合论证项目建设的必要性和建设时机的适当性。

(三)项目需求分析与产出方案

(1)需求分析

在调查项目所涉产品或服务需求现状的基础上,分析产品或服务的可接受性或市场需求潜力，研究提出拟建项目功能定位、近期和远期目标、产品或服务的需求总量及结构。

（2）建设内容和规模

结合项目建设目标和功能定位等，论证拟建项目的总体布局、主要建设内容及规模，确定建设标准。大型、复杂及分期建设项目应根据项目整体规划、资源利用条件及近远期需求预测，明确项目近远期建设规模、分阶段建设目标和建设进度安排，并说明预留发展空间及其合理性、预留条件对远期规模的影响等。

（3）项目产出方案

研究提出拟建项目正常运营年份应达到的生产或服务能力及其质量标准要求，并评价项目建设内容、规模以及产出的合理性。

（四）项目选址与要素保障

（1）项目选址或选线

通过多方案比较，选择项目最佳或最合理的场址或线路方案，明确拟建项目场址或线路的土地权属、供地方式、土地利用状况、矿产压覆、占用耕地和永久基本农田、涉及生态保护红线、地质灾害危险性评估等情况。备选场址方案或线路方案比选要综合考虑规划、技术、经济、社会等条件。

（2）项目建设条件

分析拟建项目所在区域的自然环境、交通运输、公用工程等建设条件。其中，自然环境条件包括地形地貌、气象、水文、泥沙、地质、地震、防洪等；交通运输条件包括铁路、公路、港口、机场、管道等；公用工程条件包括周边市政道路、水、电、气、热、消防和通信等。阐述施工条件、生活配套设施和公共服务依托条件等。改扩建工程要分析现有设施条件的容量和能力，提出设施改扩建和利用方案。

（3）要素保障分析

①土地要素保障　分析拟建项目相关的国土空间规划、土地利用年度计划、建设用地控制指标等土地要素保障条件，开展节约集约用地论证分析，评价用地规模和功能分区的合理性、节地水平的先进性。说明拟建项目用地总体情况，包括地上（下）物情况等；涉及耕地、园地、林地、草地等农用地转为建设用地的，说明农用地转用指标的落实、转用审批手续办理安排及耕地占补平衡的落实情况；涉及占用永久基本农田的，说明永久基本农田占用补划情况；如果项目涉及用海用岛，应明确用海用岛的方式、具体位置和规模等内容。

②资源环境要素保障　分析拟建项目水资源、能源、大气环境、生态等承载能力及其保障条件，以及取水总量、能耗、碳排放强度和污染减排指标控制要求等，说明是否存在环境敏感区和环境制约因素。对于涉及用海的项目，应分析利用港口岸线资源、航道资源的基本情况及其保障条件；对于需围填海的项目，应分析围填海基本情况及其保障条件。对于重大投资项目，应列示规划、用地、用水、用能、环境以及可能涉及的用海用岛等要素保障指标，并综合分析提出要素保障方案。

（五）项目建设方案

（1）技术方案

通过技术比较提出项目预期达到的技术目标、技术来源及其实现路径，确定核心技术方案和核心技术指标。简述推荐技术路线的理由。对于专利或关键核心技术，需要分析其取得方式的可靠性、知识产权保护、技术标准和自主可控性等。

对于林业投资项目而言,技术方案主要包括以下3个方面:

①苗种场生产技术与生产流程　林木良种壮苗是林业可持续发展的保障,是森林效益得以发挥的物质基础,是持续提供林产品的保障。因此,技术方案中应有良种采集与管理的生产技术和流程、培育壮苗的方法。林木种子生产的一般程序:林木良种基地的选择和建立—林木种子采集—种子加工调制(种子与肉壳的分离)—种子精选—林木种子检验及其品质鉴别—种子入库贮存。而林木种苗培育的一般程序:苗圃的建立—圃地区划—作业计划—土壤管理—施肥—作业方式—播种育苗—移植育苗—灾害防治—苗期调查与出圃—科学实验。

②低产林改造工程技术　低产林改造对象包括郁闭度在 0.2 以下的疏林地、经过多次破坏性采伐的残林或多代萌生无培育前途的林分、遭受严重病虫害、火灾等自然灾害的林分、速生树种的中龄林阶段,每公顷年生长量在 $3m^3$ 以下及中、慢生树种的中龄林阶段,每公顷年生长量在 $1.5m^3$ 以下的低产林、没有特殊用途而立地条件优越的大片灌丛。低产林的改造应本着改疏林变密林、改纯种变混交林、改多代萌芽林变实生林、改低产林变高产林的原则进行,技术方案中应针对低产林形成原因,制定针对性的改造措施。

③工程造林技术　包括根据立地条件、林地状况、树种根型,以及经济条件等因地制宜选定适合的整地方式和方法,在播种造林、植苗造林、分殖造林技术中选择适宜的造林方法,以及幼林抚育管理的方法和技术。

(2)设备方案

通过设备比选提出所需主要设备(含软件)的规格、数量、性能参数、来源和价格,论述设备(含软件)与技术的匹配性和可靠性、设备(含软件)对工程方案的设计技术需求,提出关键设备和软件推荐方案及自主知识产权情况。对于关键设备,进行单台技术经济论证,说明设备调研情况;对于非标设备,说明设备原理和组成。对于改扩建项目,分析现有设备利用或改造情况。涉及超限设备的,研究提出相应的运输方案,特殊设备提出安装要求。林业行业的设备方案主要包括育种设备、林(副)产品加工设备、仓储设备等。

(3)工程方案

通过方案比选提出工程建设标准、工程总体布置、主要建(构)筑物和系统设计方案、外部运输方案、公用工程方案及其他配套设施方案。工程方案要充分考虑土地利用、地上地下空间综合利用、人民防空工程、抗震设防、防洪减灾、消防应急等要求,以及绿色和韧性工程相关内容,并结合项目所属行业特点,细化工程方案有关内容和要求。涉及分期建设的项目,需要阐述分期建设方案;涉及重大技术问题的,还应阐述需要开展的专题论证工作。

(4)用地用海征收补偿(安置)方案

涉及土地征收或用海海域征收的项目,应根据有关法律法规政策规定,提出征收补偿(安置)方案。土地征收补偿(安置)方案应当包括征收范围、土地现状、征收目的、补偿方式和标准、安置对象、安置方式、社会保障、补偿(安置)费用等内容。用海用岛涉及利益相关者的,应根据有关法律法规政策规定等,确定利益相关者协调方案。

(5)数字化方案

对于具备条件的项目,研究提出拟建项目数字化应用方案,包括技术、设备、工程、建设管理和运维、网络与数据安全保障等方面,提出以数字化交付为目的,实现设计—施工—运维全过程数字化应用方案。

(6)建设管理方案

提出项目建设组织模式和机构设置,制定质量、安全管理方案和验收标准,明确建设质量和安全管理目标及要求,提出拟采用新材料、新设备、新技术、新工艺等推动高质量建设的技术措施。根据项目实际提出拟实施以工代赈的建设任务等。提出项目建设工期,对项目建设主要时间节点做出时序性安排。提出包括招标范围、招标组织形式和招标方式等在内的拟建项目招标方案。研究提出拟采用的建设管理模式,如代建管理、全过程工程咨询服务、工程总承包(EPC)等。

(六)项目运营方案

(1)运营模式选择

研究提出项目运营模式,确定自主运营管理还是委托第三方运营管理,并说明主要理由。委托第三方运营管理的,应提出对第三方的运营管理能力要求。

(2)运营组织方案

研究项目组织机构设置方案、人力资源配置方案、员工培训需求及计划,提出项目在合规管理、治理体系优化和信息披露等方面的措施。

(3)安全保障方案

分析项目运营管理中存在的危险因素及其危害程度,明确安全生产责任制,建立安全管理体系,提出劳动安全与卫生防范措施,以及项目可能涉及的数据安全、网络安全、供应链安全的责任制度或措施方案,并制定项目安全应急管理预案。

(4)绩效管理方案

研究制定项目全生命周期关键绩效指标和绩效管理机制,提出项目主要投入产出效率、直接效果、外部影响和可持续性等管理方案。大型、复杂及分期建设项目,应按照子项目分别确定绩效目标和评价指标体系,并说明影响项目绩效目标实现的关键因素。

(七)项目投融资与财务方案

(1)投资估算

对项目建设和生产运营所需投入的全部资金即项目总投资进行估算,包括建设投资、建设期融资费用和流动资金,说明投资估算编制依据和编制范围,明确建设期内分年度投资计划。

(2)盈利能力分析

根据项目性质,确定适合的评价方法。结合项目运营期内的负荷要求,估算项目营业收入、补贴性收入及各种成本费用,并按相关行业要求提供量价协议、框架协议等支撑材料。通过项目自身的盈利能力分析,评价项目可融资性。对于政府直接投资的非经营性项目,开展项目全生命周期资金平衡分析,提出开源节流措施。对于政府资本金注入项目,计算财务内部收益率、财务净现值、投资回收期等指标,评价项目盈利能力;营业收入不足以覆盖项目成本费用的,提出政府支持方案。对于综合性开发项目,分析项目服务能力和潜在综合收益,评价项目采用市场化机制的可行性和利益相关方的可接受性。

(3)融资方案

研究提出项目拟采用的融资方案,包括权益性融资和债务性融资,分析融资结构和资金成本。说明项目申请财政资金投入的必要性和方式,明确资金来源,提出形成资金闭环的管理方案。对于政府资本金注入项目,说明项目资本金来源和结构、与金融机构对接情况,研究采用权益型金融工具、专项债、公司信用类债券等融资方式的可行性，主要包括融资金额、融资期限、融资成本等关键要素。对于具备资产盘活条件的基础设施项目，研究项目建成后采取基础设施领域不动产投资信托基金（REITs）等方式盘活存量资产、实现项目投资回收的可能路径。

(4) 债务清偿能力分析

对于使用债务融资的项目，明确债务清偿测算依据和还本付息资金来源，分析利息备付率、偿债备付率等指标，评价项目债务清偿能力，以及是否增加当地政府财政支出负担、引发地方政府隐性债务风险等情况。

(5) 财务可持续性分析

对于政府资本金注入项目，编制财务计划现金流量表，计算各年净现金流量和累计盈余资金，判断拟建项目是否有足够的净现金流量维持正常运营。对于在项目经营期出现经营净现金流量不足的项目，研究提出现金流接续方案，分析政府财政补贴所需资金，评价项目财务可持续性。

(八) 项目影响效果分析

(1) 经济影响分析

对于具有明显经济外部效应的政府投资项目，计算项目对经济资源的耗费和实际贡献，分析项目费用效益或效果，以及重大投资项目对宏观经济、产业经济、区域经济等所产生的影响，评价拟建项目的经济合理性。政府林业投资项目多属于经济外部性较强的类型，需要详细分析项目的经济影响。

(2) 社会影响分析

通过社会调查和公众参与，识别项目主要社会影响因素和主要利益相关者，分析不同目标群体的诉求及其对项目的支持程度，评价项目采取以工代赈等方式在带动当地就业、促进技能提升等方面的预期成效，以及促进员工发展、社区发展和社会发展等方面的社会责任，提出减缓负面社会影响的措施或方案。

(3) 生态环境影响分析

分析拟建项目所在地的环境和生态现状，评价项目在污染物排放、地质灾害防治、防洪减灾、水土流失、土地复垦、生态保护、生物多样性和环境敏感区等方面的影响，提出生态环境影响减缓、生态修复和补偿等措施，以及污染物减排措施，评价拟建项目能否满足有关生态环境保护政策要求。

(4) 资源和能源利用效果分析

研究拟建项目的矿产资源、森林资源、水资源（含非常规水源）、能源、再生资源、废物和污水资源化利用，以及设备回收利用情况，通过单位生产能力主要资源消耗量等指标分析，提出资源节约、关键资源保障，以及供应链安全、节能等方面措施，计算采取资源节约和资源化利用措施后的资源消耗总量及强度。计算采取节能措施后的全口径能源消耗总量、原料用能消耗量、可再生能源消耗量等指标，评价项目能效水平以及对项目所在地区能耗调控的影响。

(5) 碳达峰碳中和分析

对于高耗能、高排放项目，在项目能源资源利用分析的基础上，预测并核算项目年度碳排放总量、主要产品碳排放强度，提出项目碳排放控制方案，明确拟采取减少碳排放的路径与方式，分析项目对所在地区碳达峰碳中和目标实现的影响。

（九）项目风险管控方案

（1）风险识别与评价

识别项目全生命周期的主要风险因素，包括需求、建设、运营、融资、财务、经济、社会、环境、网络与数据安全等方面，分析各风险发生的可能性、损失程度，以及风险承担主体的韧性或脆弱性，判断各风险后果的严重程度，研究确定项目面临的主要风险。

（2）风险管控方案

结合项目特点和风险评价，有针对性地提出项目主要风险的防范和化解措施。重大项目应当对社会稳定风险进行调查分析，查找并列出风险点、风险发生的可能性及影响程度，提出防范和化解风险的方案措施，提出采取相关措施后的社会稳定风险等级建议。对可能引发"邻避"问题的，应提出综合管控方案，保证影响社会稳定的风险在采取措施后处于低风险且可控状态。

（3）风险应急预案

对于拟建项目可能发生的风险，研究制定重大风险应急预案，明确应急处置及应急演练要求等。

（十）研究结论及建议

（1）主要研究结论

从建设必要性、要素保障性、工程可行性、运营有效性、财务合理性、影响可持续性、风险可控性等维度分别简述项目可行性研究结论，评价项目在经济、社会、环境等各方面效果和风险，提出项目是否可行的研究结论。

（2）问题与建议

针对项目需要重点关注和进一步研究解决的问题，提出相关建议。

（十一）附表、附图和附件

根据项目实际情况和相关规范要求，研究确定并附具可行性研究报告必要的附表、附图和附件等。

五、可行性研究报告编制

（一）编制可行性研究报告工作程序

可行性研究报告的编制者依项目可行性研究的主体不同而不同，由承担项目可行性研究的单位或项目单位组织的专家组编制，然后由项目委托单位或组织研究单位评审修改定稿。其工作程序包括以下几个步骤：

（1）选定编制人员

报告编制人员必须从参与项目实地考察准备工作的人员中选定。由于林业投资项目可行性研究的涉及面大，因此需要各方面的专家或专业人士协同完成。包括林业专业工程技术人员（如森林资源资产评估方面的专家、病虫害防治专家、森林培育方面的专家）、财务会计方面的专家、经济管理方面的专家、市场分析方面的专家等。

（2）确定报告的内容及深度

不同项目对可行性研究的广度和深度要求不同，因此在可行性研究及其报告编制中均应体现出不同的特点，满足不同类型需要。

(3) 拟定报告提纲

根据项目对可行性研究的要求，在可行性研究报告的内容和深度确定后，编制人员需拟定报告提纲，统一认识并明确各自分工。

(4) 整理分析资料

可行性研究报告是对可行性研究的总结，故报告所有资料均来自可行调查研究的结果。编制人员应根据报告提纲对与各自承担部分相关的资料进行分析，使之符合报告格式要求。

(5) 报告的撰写

各编制人员行文编写，经指定人员（负责人）衔接协调综合汇总形成初稿，并组织讨论，修改形成报告文件。

(6) 与委托单位交换意见，修改形成正式报告

报告初稿形成后，应与委托单位交换意见，修改完善后形成正式可行性研究报告。

(二) 撰写可行性研究报告基本要求

可行性研究报告的编制单位及人员应坚持"独立、公正、科学、可靠"的原则，实事求是地进行编写。总体而言，所编写的可行性研究报告应能充分反映项目可行性研究工作的成果，内容齐全，结论明确，数据充分，满足决策者确定方案要求。具体而言，包括：

(1) 编制依据可靠

编制可行性研究报告所依据的信息资料应充分、可靠，并保证信息资料发布的时效性，特别是有关预测结论的时效性。

(2) 结构内容完整

完整的可行性研究报告一般包括文字报告、附表、附图和附件。实际工作中可根据实际情况的要求有所调整，突出重点，照顾全面。但一般重大投资项目可行性研究报告的各项内容都应包含，有些小型投资项目可视情况适当酌减。

(3) 文本格式规范

可行性研究报告内容应按照国家《政府投资项目可行性研究报告编制通用大纲》(2023年版)《企业投资项目可行性研究报告编写参考大纲(2023年版)》和《关于投资项目可行性研究报告编写大纲的说明(2023年版)》的要求进行正文的编写。文本装订顺序如下：

①封面　项目名称、研究阶段、编制单位、出版年月，并加盖编制单位印章。

②封一　编制单位资格证书。如工程咨询资质证书、工程设计证书。

③封二　编制单位的项目负责人、技术管理负责人、法人代表名单。

④封三　编制人、校核人、审核人、审定人名单。

⑤目录。

⑥正文。

⑦附图、附表、附件。

同时，可行性研究报告文本的外形尺寸统一为A4(210mm×297mm)。

(4) 附图附表附件齐全

规范的可行性研究报告应有有关的附图、附表和附件。

附图一般包括项目位置布局地图、不同方案的总平面布置图、技术工艺流程图、项目进度条形图、组织机构系统图等，具体到不同的林业建设项目需提供不同的附图：

①国有林区管理局以上行政事业单位、森工企业非经营性建设项目及学校、医院、科研、调查规划、设计、公检法、新闻、出版、博物馆等单位建设项目　现状平面图，总平面布置图，主体建筑平、立、剖面方案图；生活用水项目需附井位及供水管网(长度、管径)布置图。

②林业有害生物防治建设项目　项目区森林资源现状图、林业有害生物危害情况现状分析图、总体建设布局图。

③森林防火治理和森林公安建设项目　项目区森林火险情况现状分析图、森林防火治理项目总体建设布局图、森林公安建设项目布局图。

④自然保护区建设项目　自然保护区动、植物资源分布现状图，自然保护区基础设施现状图，自然保护区功能分区图，自然保护区总体建设布局图，自然保护区局(处)、站(点)址总平面布置图。

⑤林木种苗建设项目　项目区林木种苗生产及基础设施现状布局图、林木种苗建设项目功能分区图、林木种苗建设项目总体布局图。

⑥国家林业和草原局直属单位基础设施建设项目　建设单位基本建设现状平面图，建设单位基础设施建设总体布局图或总平面布置图，主体工程(建、构筑物)平、立、剖面图。

⑦营造林项目　项目区森林资源现状图、营造林项目建设总体布局图、主要造林模型典型设计图。

附表作为文字报告的有益补充可以提供各种结论计算的依据。营造林项目以及非营造林项目中的自然保护区建设项目、林木种苗建设项目和森工非经营性项目、国家林业和草原局直属单位基础设施建设项目等涉及建设用地的附表，必须落实到具体山头地块(是林地的落实到林班)。营造林项目附表包括项目区各类土地面积现状统计表、项目区域森林面积蓄积量统计表、项目建设内容、进度一览表、项目区各类土地面积综合利用规划表、营造林任务量与布局表、种苗需求平衡量表、营造林成本费用估算表、项目投资估算表。非营造林项目基本附表为项目建设投资估算表、主要设施设备清单(可选)。同时根据林业投资项目的不同，按以下附表：

①森林防火治理和森林公安建设项目　项目区森林防火治理区、森林公安建设现状(森林防火和森林公安队伍、装备、设施、林火阻隔系统)统计表，森林火灾统计表，森林防火治理和森林公安建设项目内容、任务一览表(森林防火队伍和森林公安队伍建设、队伍装备、基础设施和设备、林火阻隔系统等)。

②林业有害生物防治建设项目　项目区森林面积统计表，项目区近3年各类林业有害生物危害情况统计表(分年度)，项目区现状表(组织机构、人员素质、队伍装备、基础设施、设备等)，项目区工程建设内容、任务一览表。

③自然保护区建设项目　保护区各类土地面积现状统计表，保护区森林面积蓄积量统计表，保护区各类生物资源统计表(动、植物名录)，保护区现状统计表(组织机构、人员素质、队伍装备、基础设施、设备等)，保护区各类土地面积综合利用规划表，保护区工程建设内容、任务一览表。

④林木种苗建设项目　项目区各类土地面积统计表，项目区各类林木种苗生产能力及基础设施现状情况统计表，项目区造林任务及种苗需求情况统计表，项目建设现状情况统计表(管理组织机构、人员素质、基础设施、设备等)，林木种苗工程建设内容、任务一览表。

⑤森工非经营性项目　建设单位现状情况统计表(组织机构、人员素质、队伍装备、基础设施、设备等)，建设项目建设内容、任务一览表。

⑥国家林业和草原局直属单位基础设施建设项目　建设单位现状情况统计表(组织机构、人员素质、队伍装备、基础设施、设备等)，基础设施建设项目建设内容、任务一览表。

⑦其他类别的建设项目　根据项目建设的实际情况，主要有建设单位现状情况统计表(组织机构、人员素质、队伍装备、基础设施、设备等)，建设项目建设内容、任务一览表。

⑧有收益(产品)建设项目　总成本费用估算表，固定资产折旧及其他费用摊销估算表，产品销售收入和销售税金及附加估算表，损益表，现金流量表(全部投资)，资金来源与运用表，资产负债表，流动资金估算表。

⑨无收益(产品)建设项目　年运行(经营)费用估算表。

附件主要是专家评审意见及有关技术鉴定书，投资单位或贷款银行审批意见，有关可行性研究工作依据的各种文件、来往函件、会议纪要、调查报告及项目的各种合同协议，以及其他必要批文。一般有土地管理部门批文、环保部门的环境影响评价报告、技术依托单位协作合同、配套资金承诺文件、其他相关批文等。

第二节　林业投资项目评估

一、项目评估概述

(一)项目评估基本概念

项目评估是指在可行性研究的基础上，根据国家有关部门颁布的政策、法规、方法、参数和条例，从项目(或企业)、国民经济和社会的角度出发，由有关部门(包括银行、中介咨询机构等)对拟投资的项目建设的必要性、建设条件、生产条件、产品市场需求、工程技术、财务效益、经济效益和社会效益等进行全面分析论证，并就该项目是否可行提出相应职业判断的一项技术经济评价工作。它是对可行性研究的再研究。

(二)项目评估应遵循的原则

项目评估是投资决策的重要手段，投资者、决策机构、金融机构通常都以项目评估的结论作为实施项目决策和提供贷款的主要依据。所以，为保证项目评估结论的客观性、可靠性，需要遵循以下原则：

(1) 系统性原则

影响投资项目可行与否的因素很多，既有项目本身的内部因素，如生产条件、生产工艺、技术水平、产出物和投入品的价格等，又有与项目相关的外部因素，如市场需求、资源供给、国家金融政策、税收政策以及一定时期内的区域规划等，所以，要求我们在项目评估中必须遵循系统分析的原则，在错综复杂的环境因素中，把项目建设的目的、功能、环境、费用、效益等联系起来进行综合的分析和判断，保证项目方案选择的科学性。

(2) 最优性原则

投资决策的实质在于选择最佳投资方案，使投资资源得到最佳使用。项目评估应符合投资决策的要求，在多个备选方案中进行比较和最优选择，选出成本最低、风险最小、效益最大的最优方案。

（3）统一性原则

统一性原则实质项目评估中使用的各项参数及指标应规范统一。国家有关部门正式颁布实施的有关项目经济评价的规定，如由国家发展和改革委员会与住房和城乡建设部联合颁布实施的《建设项目经济评价方法与参数（第3版）》和由国家发展和改革委员会颁布实施的《投资项目可行性研究指南》等，应成为项目评估工作及评估指标选用的基础。

（4）合理性原则

投资项目涉及大量的价格问题，要是评估科学，必须采用合理的价格，即采用既符合价值又反映供求关系的价格。目前我国的价格体系仍然不尽合理，针对这一国情，对涉外项目的主要投入及产出，可采用国际市场价格；对产品主要在国内市场销售的项目，可参照国际市场价格进行调整，以保证评估工作符合实际。

（5）科学性原则

项目评估中需要进行大量的分析和判断，既涉及传统的经验判断法，又涉及现代科学方法，既要考虑定性分析，又要考虑定量分析，更要考虑定性与定量相结合的分析方法。因此，进行项目评估采用的方法必须符合客观实际，并能揭示事物内在的规律。

（6）谨慎性原则

谨慎性原则要求进行项目评估时要充分估计各种可能发生的风险及其可能带来的损失，不要人为夸大所评估项目的收益水平。

（三）项目评估内容

项目评估是在可行性研究报告的基础上进行的，因此，评估不必像可行性研究那样详尽，而是根据项目的具体情况及评估部门的要求有重点地进行评估。就目前来看，评估涉及的主要内容如下：

（1）项目建设的必要性评估

项目建设的必要性评估是项目评估的第一步，应认真审查、分析项目可行性研究报告关于项目必要性的论证，采用定性分析与定量相结合的方法，从宏观和微观两方面全面分析论证与评估。

①宏观必要性评估 应重点考察项目建设是否符合国民经济平衡发展和布局经济的要求，是否符合国家产业政策的要求，是否有利于合理配置和有效利用资源，并改善生态环境。

②微观必要性评估 主要考察项目产品是否适销对路，符合市场的需求，是否符合地区或部门的发展规划和企业发展的要求，是否有助于把科研成果转化为社会生产力，项目投资的总体效益如何。

（2）项目建设条件评估

主要评估项目实施的资源条件、所需投入物的供给条件、产出品的销售条件、科学技术条件、政策环境条件和组织管理条件。

（3）项目技术评估

主要评估项目所采用的工艺技术及设备是否具备先进性、经济性、合理性和安全性的要求，是否符合国家的科技政策和技术发展方向，是否有利于资源的综合利用。

(4)项目财务效益评估

项目财务效益评估就是根据可行性研究报告中财务评价的内容,在评估可行性研究报告数据的客观性、真实性、谨慎性的基础上,重点考察项目的财务可行性。具体内容参见本书第十章。

(5)项目经济效益评估

项目经济效益评估就是根据可行性研究报告中国民经济评价的内容,站在国家的立场来考虑项目对国民经济所做的贡献,以考察项目的经济可行性。具体内容参见本书第十一章。

(6)项目不确定性评估

项目的不确定性评估主要是针对项目面临的不确定性因素,分析项目可能面临的风险,在一定程度上避免决策失误导致的巨大损失。项目的不确定性分析包括盈亏平衡分析、敏感性分析和概率分析。具体内容参见本书第十二章。

(7)项目总评估

在上述各项评估的基础上,汇总各方面的分析论证结果,通过综合研究得出项目评估的结论,并提出相应的意见和建议。

(8)项目后评估

后评估是相对于项目事前评估的一项工作,是对已建成投产或交付使用的建设项目实际取得的经济、社会及环境效益进行综合评估,以此判断项目是否实现预期目标。

(四)项目评估程序

项目评估是一项经济技术性很强的工作,涉及面广、内容复杂,所以要按照科学的程序来进行。

(1)准备阶段

组织成立评估小组,明确人员分工,并根据项目的性质、特点、评估内容和时间要求,制订切实可行的工作计划。

(2)搜集整理资料

尽管可行性研究报告中已提供大量数据和资料,但为保证评估的科学性,进行项目评估还需广泛搜集资料,如向银行搜集利率资料,向税务部门搜集税收资料,向设计部门搜集工艺技术标准、定额,向规划部门搜集产业政策、发展规划等资料。

(3)系统分析并编写评估报告初稿

根据前期收集的资料,在可行性研究报告的基础上,进行再分析得出相关的结论,编写项目评估报告的初稿。

(4)论证与修改

邀请相关专家,对项目评估报告的初稿进行充分认证,得出最终的评估结论,进而修改报告,完成最终项目评估报告。

(五)项目评估依据

(1)有关部门颁布的项目评估方法。

(2)国家发展和改革委员会、住房和城乡建设部联合颁布实施的《建设项目经济评价方法与参数(第3版)》。

(3)审批的项目可行性研究报告、初步设计说明书。

(4)投资协议、合同、章程。

(5)有关的方针、政策、法规、规定、办法。

二、项目评估与可行性研究的关系

(一)项目评估与可行性研究的共同点

(1)均处于项目投资的前期

两者都是前期工作中不可缺少的重要准备工作阶段,可行性研究是对项目可行与否进行的全面分析论证,而项目评估是通过对项目的可行性研究进行审查分析来判断其是否可行。

(2)研究方法、内容基本相同

两者均是根据国家颁布的统一评价方法和技术标准、经济参数等对项目建设的必要性、需求与产出方案、项目选址与要素保障、项目建设方案、项目运营方案、项目投融资与财务方案、项目影响效果、项目风险管控方案等进行测算、验证、权衡和比较来判断项目是否可行。

(3)工作目标相同

可行性研究和项目评估的目标都是提高项目投资决策前的技术经济分析水平,在调查研究的基础上进行客观公正的分析、预测,据此判断项目可行与否,实现投资决策的科学化、程序化和民主化,减少投资风险,提高投资效益。

(二)项目评估与可行性研究的不同点

(1)执行主体不同

可行性研究是由项目建设单位(项目业主)及其主管部门来主持,并委托给有资格的工程咨询公司或设计单位等中介机构去执行的。而项目评估是由政府决策机构(如国家主管投资综合计划部门)和贷款决策机构(如银行)组织实施或授权给专门咨询机构或有关专家,代表国家和地方政府对上报的可行性研究报告进行评估。委托机构和人员在执行过程中应体现国家和地区发展规划目标与政策,明确宏观调控意见,向投资和贷款的决策机构负责。

(2)立足点不同

可行性研究是立足于直接投资者的角度进行考察,而项目评估是站在政府决策机构或贷款决策机构的角度来进行考察。由于立足点分别处于宏观和微观的层面,所以,结论未必一致。

(3)侧重点不同

由于可行性研究主要从项目建设单位角度进行分析,所以其研究侧重点是微观效益,主要考察项目的盈利能力,对项目建设的必要性、建设条件、技术可行性和财务效益合理性进行研究。

项目评估主要由国家投资决策部门主持,更侧重于项目的国民经济效益和社会效益。如果是由贷款银行进行项目评估,更侧重于项目贷款资金的安全性和项目的偿还能力。

(4)时序不同

可行性研究处于投资前期的项目准备工作阶段,主要为项目决策提供可靠的科学依据和建议,属于项目规划和预测工作,是项目决策活动中不可忽略的重要步骤,是投资决策的首要环节。

项目评估处在投资前期的项目审批决策阶段,是对项目可行性研究报告提出评审意见,最终确定项目投资是否可行,并选择最佳投资可行方案。项目评估是投资决策的必备条件,是可行性研究的延伸和再研究。

(5)报告撰写内容格式和成果形式不同

可行性研究报告主要包括概述、项目建设背景和必要性、项目需求分析与产出方案、项目选址与要素保障、项目建设方案[技术方案、设备方案、工程方案、用地用海征收补偿(安置)方案、数字化方案、建设管理方案]、项目运营方案、项目投融资与财务方案、项目影响效果和项目风险管理方案、研究结论及建议、附表、附图和附件等内容。

项目评估报告主要对项目建设必要性、建设与生产条件、技术方案、经济效益和项目总评估5个方面进行评估,对可行性研究报告的全部情况的确实性进行全面审核。此外,还要分析各种参数、基础数据、定额费率和效果指标的测算和选择是否正确,而且在报告中必须附有关于企业资信、产品销售、物资供应、建设条件、技术方案专利与生产协作、资金来源等一系列的证明和协议文件,以判断和证实项目可行性研究的可靠性、真实性和客观性,以有利于决策机构对项目投资提出决策性建议。

复习思考题

1. 简述项目可行性研究的内容。
2. 简述项目评估与可行性研究之间的联系与区别。
3. 简述规范的项目可行性研究报告应包括的内容。

第三章 投资项目建设环境与条件评估

第一节 项目投资必要性评估

一、项目投资必要性评估的含义

项目投资必要性评估又称项目投资背景分析，是指将项目提出的背景、依据、投资理由和项目设想、预期目标等基本情况做系统地分析评估。其中重点审查、分析和评价投资项目是否有必要确立或兴建。

二、项目建设必要性评估

这是投资项目首先要解决的问题，也是项目评估首先要解决的问题，项目建设的必要性分析主要包括：

（一）项目建设的背景

项目建设背景主要评估项目提出背景、前期工作进展等情况，便于项目决策机构掌握项目来源、工作基础和需要解决的重要问题等。说明项目投资管理手续办理情况，如建设项目用地预审与选址意见书、环境影响评价、排污许可、文物保护、矿产压覆、水土保持、地震安全性评价等行政审批手续，以及相关手续取得的保障条件。

（二）项目建设的必要性分析

项目建设的必要性分析主要从以下3个方面进行：

(1) 从国民经济和社会发展的宏观角度论证项目建设的必要性

主要阐述项目与经济社会发展规划、区域规划、专项规划、国土空间规划等重大规划的衔接性，与扩大内需、共同富裕、乡村振兴、科技创新、节能减排、碳达峰碳中和、国家安全和应急管理等重大政策目标的符合性。从重大战略和规划、产业政策、经济社会发展、项目单位履职尽责等层面，综合论证项目建设的必要性和建设时机的适当性。

(2) 项目需求分析和预测

在调查项目所涉产品或服务需求现状的基础上，分析产品或服务的可接受性或市场需求潜力，研究提出拟建项目功能定位、近期和远期目标、产品或服务的需求总量及结构。

需求分析要根据经济社会发展规划、国家和地方标准规范以及项目自身特点，通过文案资料、现场调研、数字化技术等方法，分析需求现状和未来预期等情况，研究提出拟建项目近期和远期目标、产品或服务的需求总量及结构，为研究确定项目建设内容和规模提供支撑。对于重大项目，应立足于构建以国内大循环为主体、国内国际双循环相互促进的新发展格局，研究两个市场、两种资源，促进畅通循环，论证产业链供应链的韧性和安全性。企业投资项目以满足市场需求为导向，应结合"企业发展战略需求分析"，更多从"项目市场需求分析"、市场竞争力等角度研究论证项目建设的必要性。

(3) 分析投资项目的总体效益

结合项目所在地政府或相关单位可以提供的条件，提出商业模式及其创新需求，研究项目综合开发等模式创新路径及可行性。分析项目能否合理有效地利用资源并改善生态环境；能否促进农村地区经济发展和整个国民经济的发展，从而判断投资项目建设的必要性。

特别地，对于营造林项目在初步调查分析项目区生态环境、自然灾害现状及生态需求的基础上，描述项目拟解决的主要生态问题、进行项目必要性分析。

对于关系企业长远发展的重大项目，还要论述企业发展战略对拟建项目的需求程度和拟建项目对促进企业发展战略实现的重要性和紧迫性。

第二节　项目投资环境评估

投资环境是指影响和制约项目投资活动全过程的各种外部环境和条件的总和，它是决定和影响项目投资资金增值的各种政策、自然、经济和社会因素相互作用而形成的矛盾统一体。

一、投资环境的分类

投资环境涉及人类社会的各个方面，这些构成要素可按不同的层面进行分类。

(一) 按其与投资的关系划分

按照环境与投资的关系划分，投资环境可分为广义投资环境和狭义投资环境。狭义的投资环境主要是指经济环境，主要包括投资项目建设环境、经营环境、社会基础设施环境等；广义的投资环境是指包括自然、经济、社会、政治4个因素在内的综合的复杂系统。

(二) 按投资环境要素所具有的不同特点和作用划分

按投资环境要素所具有的不同特点和作用分为"硬环境"和"软环境"。所谓硬环境是指影响项目投资的各种外部物质条件，主要包括自然地理条件、基础设施和配套设施。其中首要是自然地理条件，包括所在地块的地质、地貌、水文、植被、山川、气候等；基础设施主要有交通运输、邮电通信、能源、给排水等；配套设施主要有商业网点、文化娱乐设施、医疗卫生及其他服务设施。所谓软环境是指除自然环境和基础设施以外的其他环境，主要包括影响项目投资的各种社会政治、经济、文化条件。

(三) 按投资环境各要素存在的范围大小划分

宏观投资环境一般是指一个国家的投资环境，如政治环境中的政治制度、政局稳定性；经济环境中的社会经济发展状况、经济政策、经济制度；社会文化环境中的社会制度、社会信誉、语言、宗教；技术环境中的科技水平和科技发展趋势；自然环境中的地理、人口、气候条件等，都是从一个国家的角度进行研究和评价的。

微观投资环境是指进行投资活动具体场所的自然、经济及社会条件以及拟投资地区或行业的投资环境。主要包括该建筑地块的基础设施条件、地质、地貌、水文条件；

当地的社会及经济条件；行业发展规模、行业竞争状况；项目产品质量、项目经营管理能力等。

（四）从投资环境各因素的稳定程度来划分

从投资环境各因素的稳定程度来划分，可以分为自然因素、人为自然因素和人为因素3类。自然因素是相对稳定因素，主要包括自然资源、人力资源和地理条件等，人为自然资源是中期可变因素，主要包括实际增长率、经济结构和劳动生产率等，人为因素是短期可变因素，主要包括一国的开放程度、投资政策和政策连续性等。

二、项目投资宏观环境评估

宏观环境的变化要求企业经营管理者在选择经营战略时必须认真分析政治法律环境、技术环境、经济社会文化环境等因素变化的影响，明确企业自身面临的机遇和危机，以便利用机遇，避免或消除危机。企业只有在把握宏观环境发展变化趋势的基础上顺势而为，才能在专业化经营和多元化发展中做出最佳的决策。

（一）政治法律环境

政治法律环境是指对企业生产经营活动具有实际与潜在影响的政治力量和对企业生产经营活动加以限制和要求的法律法规等因素。企业在进行经营战略选择时，首先要考虑的问题是拟投资企业所在国家和地区政局的稳定性和安全性，在此基础上，要着重考虑政府对发展地方经济的支持力度和政务工作的效率。为了促进当地经济的发展，一般来说，所在地方政府会出台一系列优惠政策来吸引投资者，为企业提供优质、高效的行政服务，切实保障企业的利益。但企业在某些地区也会遇到一些地方政府部门存在官僚主义，直接干预过多，办事效率低，地方保护主义严重等现象。企业应选择稳定安全、能提供高效优质服务的政治环境。国际化经营的企业还需要考虑目标国对外来企业和外来商品的政策及态度等。

随着中国企业"走出去"进程加快，国际政治法律环境对中国企业越来越重要。企业需要注意拟投资国家和地区法律体系的完备性、法律仲裁的公正性和法制的稳定性等。对从事国际化经营的企业来说，在遵守不同东道国法律法规的同时，还要遵守世界范围内共同的行为准则。随着国际相互投资的增加，为了给投资者提供充分的法制保护，坚定其投资信心，国家和地方政府必须不断健全法制，完善投资规范，形成一个宜于国际资本流动的良好的法律环境。

（二）经济环境

经济环境是指直接影响企业生存和发展的国家经济发展状况及趋势、经济体制与其运行状况、国家的经济政策及措施等因素。企业要密切关注国家经济政策的变化，因为，政府制定的经济政策对某一行业及其企业的影响，既可以是鼓励和保护性的，也可以是限制和排斥性的。对鼓励类产业投资项目，国家制定优惠政策支持，以消除经济持续发展的瓶颈；对于限制类项目，国家督促改造和禁止新建；而对于淘汰类项目，国家禁止投资，可以采取高税收、行业管制等政策，如金融机构可停止各种形式的授信支持、有关部门可依法吊销生产许可证等。经济环境分析主要包括以下几方面的内容：

（1）GDP分析

GDP是反映经济发展状态的重要指标，GDP总量反映经济整体发展能力，GDP人均量反映经济增长的效果，GDP增长率反映经济整体的发展速度。

(2)可支配收入分析

项目的经济效益最终取决于市场需求,市场需求受到市场实际购买力和购买意愿的影响。购买力受到现行收入水平、价格水平、储蓄率、负债及信贷状态等的影响,其中可支配收入决定了社会和个人的实际购买力,由此决定了潜在市场力量。

(3)金融与财政形势

银行利率、信贷规模、政府投资、税收政策、外汇变化、股票行情、国际金融形势等,是构成项目财务环境的重要宏观因素,它们都会对项目和投资者造成重大的影响。银行利率直接决定项目的筹资成本;信贷规模是项目资金及其流动性的保证;政府投资的力度是项目投资人需要权衡的;税收政策和税率的变化直接引起项目运行成本的变化;股票行情则是资本市场资金宽松度的重要标志等。

(三)社会文化环境

社会文化环境是指企业所处地区在社会与文化方面所具备的基本条件,它包括民族特征、文化传统、价值观、宗教信仰、教育水平、社会结构、风俗习惯等因素,也包括社会服务环境和社会统计数据等。社会文化因素对企业经营战略的影响是间接的、潜在的和持久的。

(四)科技环境

科技环境是指企业所处的环境中科技要素及与该要素直接相关的各种社会现象的集合,包括国家科技体制、科技政策、科技水平和科技发展趋势等因素。对各行业内的企业来说,要密切关注所在行业的技术发展动态和竞争者技术开发、新产品开发方面的动向,及时了解是否有当前技术的替代技术出现,并发现可能给企业带来竞争利益的新技术、新材料和新工艺。

(五)人口自然环境

人口自然环境主要研究地理、人口和气候3个方面。

(1)地理

地理因素包括地理位置、面积、地形条件、矿产资源、水资源、森林资源等。地理条件对一国投资者的投资活动会产生直接或间接的影响,如投资者以开发利用资源为目的就要考察东道国的各种资源情况,投资者准备投资精密仪器行业就要考察东道国的地形条件是否影响产品的精密程度等。

(2)人口

人口因素对直接投资的影响是非常重大的。人口是构成市场必不可少的条件之一,它既能决定某一产品的需求规模,又能决定需求的种类。例如,教育水平高的人口密集区对书籍、音乐和电影等各种产品的需求就与落后国家和地区有较大的差异。

(3)气候

气候主要研究气温、日照、降水量、风暴以及台风等。气候因素从不同侧面对许多行业的投资都会产生影响。气候的差异和变化不仅关系到企业的生产、运输,而且还会影响到消费市场的潜力。

特别地,对于营造林项目投资中的经济条件评估,主要包括面积、人口及结构;工农业生产情况及人均产值、收入、生活水平及经济发展水平等。在林业生产经营管理条件评估中,主要考虑林业生产、经营管理机构、人员、技术力量,营林生产情况及森林资源管理水平，森林保护与管护设施条件；生态公益林建设成就，经验及问题等。对于营造林自然条件评估主要包括：地理位置、地形地貌、河流水系、水文、气象、土壤、植被等自然地理条件分析。对于其土地资源分析则主要包括：各类土地面积、营造生态公益林的土地资源分布状况、造林地数量及立地条件分析。劳动力资源条件评估主要包括项目区劳动力就业情况分析和可供营造林生产的劳动力数量及技术素质分析。种苗供应条件评估主要从现有种苗供应能力的潜力和外调种苗的可能性及经济合理性分析两个方面进行。

三、项目投资微观环境评估

(一)项目投资场所自然条件

主要包括项目投资所在地的地形、地貌、气象条件、水文地质条件、给水、排水条件等。

(二)项目投资场所社会及经济条件

主要包括项目投资所在地原材料供应条件、动力供应条件、交通运输条件以及住宅、学校、医院及文化、娱乐、体育设施等基础设施情况。

(三)行业投资环境

(1)行业发展现状及前景

行业基础评估包括行业发展现状和未来发展前景在内的行业基本特征，行业基本状况主要包括行业规模、市场增长率、生命周期和行业盈利能力等，是项目最直接、最重要的微观环境。

(2)行业竞争能力

行业竞争是不可避免的，一个投资项目必须充分评估本项目加入的行业的竞争情况。有关行业竞争能力评估可以采用迈克尔·波特(Michael Porter)的五力分析模型。五力分析模型是迈克尔·波特于20世纪80年代初提出，用于竞争战略的分析，可以有效地分析客户的竞争环境。五力分别是：供应商的讨价还价能力、购买者的讨价还价能力、潜在竞争者进入的能力、替代品的替代能力、行业内竞争者现在的竞争能力(如图3-1所示)。5种力量的不同组合变化，最终影响行业利润潜力变化。

(3)行业主要竞争者水平

主要从竞争者目标、主要竞争者强势和弱点、主要竞争者反应型态、主要竞争者竞争战略和潜在能力等方面进行分析，从而帮助进一步做出项目投资必要性的判断。

(四)项目自身情况

主要包括项目自身的财务环境和经营管理水平。其中财务环境直接影响项目有关的资金成本、利润分配等；而经营管理水平则直接决定项目生产成本、产品质量以及项目的协作配套能力等。

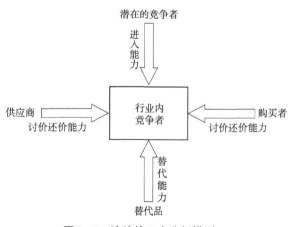

图3-1 波特的五力分析模型

第三节 投资项目建设市场调查与市场预测

项目评估的重要内容包括市场分析，市场分析是对市场规模、位置、性质、特点、市场容量及吸引范围等调查资料所进行的经济分析。它是指通过市场调查和供求预测，根据项目产品的市场环境、竞争力和竞争者，分析、判断项目投产后所生产的产品在限定时间内是否有市场，以及采取怎样的营销战略来实现销售目标。通过市场分析为确定投资项目的目标市场、生产规模和产品方案提供充分的依据。

一、项目市场调查

(一) 市场调查含义

市场调查是指利用科学的方法，搜集、记录和整理反映市场状况的历史、现状以及发展变化情况，取得市场分析第一手资料的工作。它是认识了解市场、获取市场相关信息的一种重要手段，是进行市场预测的前提和基础。

(二) 市场调查基本内容

市场调查的内容因投资项目的不同而有所差异。从投资项目评估的角度出发，市场调查应该包括市场需求调查、市场供应调查、消费调查和竞争者调查等内容。

(1) 市场需求调查

市场需求调查主要是对产品市场需求的数量、价格、质量和区域分布等内容的历史、现状和未来发展趋势进行调查分析。它包括市场有效需求调查、市场潜在需求调查和需求的增长速度调查。有效需求是指消费者在现阶段具有货币支付能力的需求。潜在需求是指消费者在现阶段无法实现，但随着收入的提高或者产品价格的下降，在未来可以实现的有效需求。需求的增长速度是影响投资项目建成投产后市场需求的主要因素，是由现时市场需求预测未来市场需求的关键因素。

(2) 市场供应调查

市场供应调查主要是调查产品的市场供应能力、生产能力以及市场供应与市场需求的差距，即调查产品的供应现状、潜在的供应能力。

(3) 消费调查

消费调查主要是了解和分析项目产品可能的消费群体、消费者的购买能力和习惯、消费演变的历史和发展趋势等。

(4) 竞争者调查

竞争者调查是对同类产品的生产企业的生产技术水平、经营状况和生产规模进行调查，包括企业数量、产品的市场占有率、生产能力、销售数量和渠道、成本状况、管理能力、盈利水平等。通过调查，了解竞争对手的状况，从而制定有效的竞争策略。

(三) 市场调查方法

市场调查的方法可以分为文献调查、实地调查、问卷调查、实验调查等几种。调查人员应根据收集信息的能力、调查成本、时间要求、样本控制以及效应的控制程度等因素合理选择调查方法。

(1) 文献调查法

文献调查法是利用企业内部和外部现有的各种信息、情报，对调查内容进行分析研究的一种调查方法。文献资料的来源渠道非常丰富，主要有：①统计部分以及各年、各类政府主管部门公布的有关资料；②各种经济信息中心、专业信息咨询机构、各行业协会和联合会提供的信息和有关行业情报；③国内外有关书籍、报纸、杂志所提供的文献资料，包括各种统计资料、广告资料、市场行情和各种预测资料等；④有关生产和经营机构提供的商品目录、广告说明书、专利资料等；⑤各种国际组织、学会团体、外国使馆、商会所提供的国际信息；⑥国内外各种博览会、展销会、交易会、订货会以及专业性、学术性经验交流会上所发放的文件和材料；⑦互联网资料。

(2) 实地调查法

实地调查法是调查人员直接到市场或某些场所，通过耳闻目睹和触摸的感受方式或借助于某些摄录设备和仪器，跟踪、记录被调查对象的活动、行为和事物的特点，来获取某些所需信息资料的调查方法。它是一种直接调查法，所获取的是第一手资料。

(3) 问卷调查法

问卷调查法也称问卷法，它是调查者运用统一设计的问卷向被选取的调查对象了解情况或征询意见的调查方法。问卷调查是以书面提出问题的方式搜集资料的一种研究方法。研究者将所要研究的问题编制成问题表格，以邮寄方式、当面作答或者追踪访问方式填答，从而了解被试对某一现象或问题的看法和意见，所以又称问题表格法。问卷法的运用，关键在于编制问卷，选择被试和结果分析。

(4) 实验调查法

实验调查法就是实验者按照一定实验假设、通过改变某些实验环境的时间活动来认识实验对象的本质及其发展规律的调查方法。

实验调查法的基本要素是：①实验者，即实验调查的有目的、有意识的活动主体；②实验对象，即实验调查者所要认识的客体，往往被分成实验组和对照组这两类对象；③实验环境，即实验对象所处的各种社会条件的总和，可以分为人工实验环境和自然实验环境；④实验活动，即改变实验对象所处社会条件的各种实验活动，在实验调查中被称为"实验激发"；⑤实验检测，即在实验过程中对实验对象所作的检查或测定，可以分为实验激发前的检测和实验激发后的检测。

实验调查法是最复杂、费用较高、应用范围有限的一种方法，但调查结果的可信度高。主要应用于消费行为的调查。

二、市场预测

(一) 市场预测含义

市场预测就是在市场调查的基础上，运用科学的方法，对影响市场供求变化的诸因素进行调查研究，分析和预见其发展趋势，掌握市场供求变化的规律，为经营决策提供可靠的依据。预测为决策服务，是为了提高管理的科学水平，减少决策的盲目性，我们需要通过预测来把握经济发展或者未来市场变化的有关动态，减少未来的不确定性，降低决策可能遇到的风险，使决策目标得以顺利实现。

(二)市场预测基本步骤

(1)确定预测目标

明确目的是开展市场预测工作的第一步,因为预测的目的不同,预测的内容和项目、所需要的资料和所运用的方法都会有所不同。明确预测目标,就是根据经营活动存在的问题,拟定预测的项目,制订预测工作计划,编制预算,调配力量,组织实施,以保证市场预测工作有计划、有节奏地进行。

(2)搜集资料

进行市场预测必须占有充分的资料。有了充分的资料,才能为市场预测提供进行分析、判断的可靠依据。在市场预测计划的指导下,调查和搜集预测有关资料是进行市场预测的重要一环,也是预测的基础性工作。

(3)选择预测方法

根据预测的目标以及各种预测方法的适用条件和性能,选择出合适的预测方法。有时可以运用多种预测方法来预测同一目标。预测方法的选用是否恰当,将直接影响到预测的精确性和可靠性。运用预测方法的核心是建立描述、概括研究对象特征和变化规律的模型,根据模型进行计算或者处理,即可得到预测结果。

(4)预测分析和修正

分析判断是对调查搜集的资料进行综合分析,并通过判断、推理,使感性认识上升为理性认识,从事物的现象深入到事物的本质,从而预测市场未来的发展变化趋势。在分析评判的基础上,通常还要根据最新信息对原预测结果进行评估和修正。

(5)编写预测报告

预测报告应该概括预测研究的主要活动过程,包括预测目标、预测对象及有关因素的分析结论、主要资料和数据,预测方法的选择和模型的建立,以及对预测结论的评估、分析和修正等。

(三)市场预测分类

(1)按预测的时间跨度划分

市场预测按预测的时间跨度划分,可以分为短期预测、近期预测、中期预测和长期预测。短期预测是根据市场上需求变化的现实情况,以旬、周为时间单位,预计一个季度内的需求量(销售量)。近期预测主要是根据历史资料和当前的市场变化,以月为时间单位测算出年度的市场需求量。中期预测是指3~5年的预测,一般是对经济、技术、政治、社会等影响市场长期发展的因素,经过深入调查分析后,所做出的未来市场发展趋势的预测,为编制3~5年计划提供科学依据。长期预测,一般是5年以上的预测,是为制定经济发展的长期规划预测市场发展趋势,为综合平衡、统筹安排长期的产供销比例提供依据。

(2)按预测的空间范围划分

按地理空间范围划分,市场预测分为国内市场预测和国际市场预测。

按经济活动的空间范围分,市场预测可分为宏观的市场预测和微观的市场预测。

(3)按预测的性质划分

按预测的性质划分,市场预测可分为定性预测和定量预测。定性预测是由预测人员凭借知识、经验和判断能力对市场的未来变化趋势做出性质和程度的预测。定量预测是以过去积累的统计资料为基础,运用数学方法进行分析计算后,对市场的未来变化趋势做出数学测算。

(四) 市场预测基本方法

(1) 定性预测方法

定性预测法也称为直观判断法,是市场预测中经常使用的方法。定性预测主要依靠预测人员所掌握的信息、经验和综合判断能力,预测市场未来的状况和发展趋势。这类预测方法简单易行,特别适用于那些难以获取全面的资料进行统计分析的问题。因此,定性预测方法在市场预测中得到广泛的应用。定性预测方法又包括:专家会议法、德尔菲法、销售人员意见汇集法、顾客需求意向调查法。

(2) 定量预测方法

定量预测法是指依据市场的历史数据,选择和建立合适的数学模型,分析研究市场的发展变化规律并对市场未来的发展做出预测。定量预测法主要包括因果性预测法、延伸预测法和其他方法等。

① 因果性预测法 主要通过寻找变量之间的因果关系,分析自变量对因变量的影响程度,利用数学模型对事物的未来进行预测。主要包括回归分析法、消费系数法、弹性系数法等。

② 延伸预测法 通过对市场上各种变量的历史数据的分析,发现变量之间的变化规律,然后利用这种变化规律,建立相应的数学模型对事物的未来进行预测。主要包括移动平均法、指数平滑法、季节变动分析法等。适用于具有实践序列关系的数据预测。

③ 其他方法 主要包括经济计量分析法、投入产出分析法等。

第四节 项目投资建设条件评估

项目投资建设条件是指项目本身的建设施工条件。其内容主要包括厂(场)址选择、建设实施条件和环境保护等方面的可行性情况。

一、项目厂(场)址选择评估

厂(场)址选择是指在一定范围内选择和确定拟建项目建设的地点和区域,并在该区域内具体选定项目的坐落位置。通过多方案比较,选择项目最佳或合理的场址或线路方案,明确拟建项目场址或线路的土地权属、供地方式、土地利用状况、矿产压覆、占用耕地和永久基本农田、涉及生态保护红线、地质灾害危险性评估等情况。备选场址方案或线路方案比选要综合考虑规划、技术、经济、社会等条件。

(一) 项目厂(场)址选择的原则

(1) 符合经济发展规划和国土资源开发管理规定。

(2) 自然条件符合建设要求。

(3) 结合区位因素分析确定。

(4) 考虑交通运输和通信设施条件。

(5) 便于利用现有设施。

(6) 保护生态平衡和名胜古迹。

(二)项目厂(场)址选择的分析内容

(1)区域位置

厂(场)址选择应遵循以下原则:

①接近原材料、燃料的产地以及产品销售地区。
②远离重要的铁路枢纽站、大型桥梁、大型储油库、重要军事工程、飞机场等。
③避开高压输电线路和城市地下管线。
④对于可能产生工业废水的项目,应该位于城镇、江河、水源地等下游。
⑤对于可能产生大量废气的项目,应该位于城镇的下风向。
⑥应该满足当地规划的要求。
⑦在保护区选址还应取得当地主管部门的批复文件。

(2)占地面积

根据项目建设规模、主要建筑物和构筑物的构成,参照同类项目计算拟建项目需要占用的土地面积,分析拟选场地面积能否满足项目的要求。

(3)地形、地貌和气象

应分析拟选厂(场)址的地形、地貌、气象条件,如标高、坡度、降水量、日照、风向等,看其能否满足项目建设的要求。

(4)工程、水文地质条件

工程地质主要分析拟选厂址的地质构造、地基承载能力、有无严重不良地质地段以及能否处于滑坡区、泥石流区等。水文地质条件主要分析拟选厂址的水文地质构造、地下水的类型及特征、土壤含水性、地下水水位、流向、流量和涌水量等。

(5)原材料供应

分析原材料的品质和数量能否满足项目的要求,供应是否可靠。

(6)动力供应

分析厂(场)址是否靠近电厂,供电、供气是否有可靠来源;自设电站或锅炉房时,燃料供应是否可靠,是否留有储煤、储灰场地。

(7)交通运输

分析厂(场)址位置与铁路车站、水运码头、公路车站的距离是否适当;铁路、公路、水路的运输能力、接卸能力能否满足大宗物资的运输要求;铁路、公路的承载能力,桥梁、隧道的宽度和净空高度能否满足运输超大、超高、超重物资的要求。

(8)给水、排水

分析厂(场)址是否靠近水源地,能否满足项目对水量、水质的要求,同时分析供水的可靠性。

(9)人力资源

分析拟选厂(场)址所在地区是否具备项目生产、经营所需要的人力资源及培训条件。以营造林为例,要分析项目区劳动力就业情况分析,可供营造林生产的劳动力数量及技术素质分析等。

(10)施工条件

分析拟选厂(场)址所在地的建筑材料供应是否充足,有无良好的施工队伍和施工机械设备,能否满足施工期用电、用水的需要。

(11)征地拆迁移民安置方案

征地拆迁移民安置方案包括移民数量、安置途径、补偿标准、移民迁入地情况,以及拆迁安置工作量和所需投资。

(12)法律支持条件

分析拟建厂(场)址所在地有关法规对项目建设和运营的支持程度及约束条件。

(13)环境保护条件

分析拟选厂(场)址的位置能否被当地环境容量所接收,是否符合国家环境保护法规的要求。

(14)生活设施依托条件

分析拟选厂(场)址所在地的生活福利设施满足项目的需要程度。其中主要包括住宅、学校、医院及文化、娱乐、体育设施等。

(三)项目厂(场)址选择的方法

(1)费用比较法

费用比较法是项目选址中比较简便的一种方法。它主要是将两个或两个以上不同地点的费用加以比较,选择其中费用较低的地点作为项目选址的一种方法。

①完全费用比较 其计算公式为:

$$F = S + P + T + Z \times EH \tag{3-1}$$

式中 F——取得一定年产量的总费用;

S——全部原料运到企业的运费;

P——一定年产量的生产成本;

T——全部产品运到消费地的运费;

Z——建设企业所必需的直接或相关的投资;

EH——投资效果系数。

分析结果表明,最佳方案是费用最低的地点。在实际中,有的投资地点可能原材料运输费用高,但产品运费较少,或投资较少;相反,有的地点投资较少,但原材料和产品的运输费用大。通过计算完全费用则可以得到综合性评价。值得指出的是,当两个地点某项或某几项成本相同时,可以只计算有差异的成本项目,从而减少计算量。

②追加投资回收期 在实际中,如果一个方案的建设费用少,而经营费用多;另一个方案的建设费用多,而经营费用少,可以采用追加投资回收期法进行方案比较。其计算公式为:

$$T = \frac{K_1 - K_2}{C_1 - C_2} \tag{3-2}$$

式中 T——追加投资回收期;

C_1,C_2——两个方案的年度产品成本或经营费用($C_1 > C_2$);

K_1,K_2——两个方案的投资额($K_2 > K_1$)。

这个公式的实质是用节省的经营费用($C_1 - C_2$)补偿多花费的投资费用($K_2 - K_1$),即增加投资额要多少年才能通过经营费用的节约收回来。

计算出追加投资回收期后,应与行业的标准投资回收期相比,如果小于标准投资回收期,说明增加投资的方案可取,否则不可取。如果备选方案超过两个,且均符合应用追加投资回收期法的条件,就需要进行两两方案比较,进行筛选。

(2)评分比较法

费用比较法的优点是比较精确,但有很大的局限性。它只考虑了费用这一因素,没有考虑其他因素。费用比较法的指标都是以价值计算出来的,但实际上有的因素无法以价值来体现,为了弥补这些缺陷,可采用评分比较法。

评分比较法一般分3步进行:①对比较方案中所需要考虑的指标,按其重要程度给予一定的比重因子;②确定各方案的评比指标,根据实际情况,分别定出评价值;③将各方案指标比重因子与其对应的评价值相乘,其乘积为评价分,评价分总和最高的方案为最优方案。

【例3-1】某项目有4个备选厂址地点:甲、乙、丙、丁,影响因素共有16个,因素评定分值分别为4、3、2、1等。各因素比重因子已由专家确定(表3-1)。

由表3-1的总计可知,根据评分比较法计算结果,丙得分最高,乙次之,甲与丁最少,故应首先考虑选择丙作为投资建厂的合适地点。

表3-1 对可选择的厂址评价矩阵

影响因素	权数	可供选择的厂址							
		甲		乙		丙		丁	
地理条件	7	14	2	21	3	28	4	7	1
气候	3	9	3	6	2	9	3	3	1
交通运输	6	12	2	6	1	18	3	12	2
资源	7	7	1	14	2	28	4	21	3
能源供应	8	16	2	24	3	32	4	24	3
水源	5	10	2	10	2	20	4	15	3
排水	5	10	2	15	3	20	4	5	1
扩展余地	2	2	1	6	3	4	2	8	4
环境保护	4	4	1	8	2	12	3	16	4
安全	3	9	3	9	3	12	4	12	4
生活条件	6	12	2	18	3	24	4	6	1
协作	4	8	2	12	3	16	4	4	1
劳动力来源	5	5	1	10	2	15	3	10	2
产品销售	3	9	3	9	3	12	4	3	1
料场	1	3	3	4	4	3	3	4	4
投资费用	6	12	2	18	3	24	4	6	1
总计		142		190		277		156	

(3)最小运输费用法

该方法的特点是把生产运输因素作为投资地点选择的重要依据,并将运输费用最低的点作为理想的厂(场)址。假定企业生产所需的原材料由不同地区供应,而产品又要向若干地区销售,根据重心原理,运输距离最短且运输费用最低的点可用下面的公式求得:

$$x_0 = \frac{\sum_{i=1}^{n} Q_i x_i}{\sum_{i=1}^{n} Q_i} \tag{3-3}$$

$$y_0 = \frac{\sum_{i=1}^{n} Q_i y_i}{\sum_{i=1}^{n} Q_i} \tag{3-4}$$

式中 x_i——第 i 种材料供应地或产品销售地横坐标；

y_i——第 i 种材料供应地或产品销售地纵坐标；

Q_i——第 i 种材料供应量或产品销售量；

n——材料和产品种类的数目；

x_0——投资地点的横坐标；

y_0——投资地点的纵坐标。

最小运输法在理论上十分精确，但实际运用上有很多局限：

①它只考虑了运输费用这个单一因素，不能综合考虑其他因素的影响。

②它假定单位运费相等，实际上采取的运输方式和运输距离不同，单位运费也可能不同。

③它所计算的距离是直线距离，实际中既定的运输路线并非都是直线的。

④它计算出来是理想的厂(场)址，实际中这一地点可能因地质、地貌或其他原因而不能作为厂(场)址，而只能在附件找一个适当的地段。

二、项目建设实施条件评估

项目建设实施条件的分析评估，主要是根据林业项目建设的特点，分析评估项目建设前的各项建设条件和外界供应厂生产条件是否具备和落实，以便确定项目实施的可行性程度。

对项目建设实施条件的分析主要是分析建设资金、建设场地、设计力量、设备制造供应、施工力量等方面条件的可行性情况。

(一)建设资金条件评估

主要包括项目所需的建设资金是否落实，资金来源是否符合国家有关政策规定，是直接关系到项目能否顺利建设和取得预定的投资效果的重要条件。如果资金不落实，则将可能由于资金短缺而停工，延长建设期，使项目不能及时建成投产。这样会直接给投资人带来财务损失。因此，在项目建设前必须对建设项目的资金条件进行认真分析。

(1)要认真核算项目建设总投资，不留缺口，并按照合理建设进度和资金来源分配年度投资使用计划。

(2)对资金来源的正当性和可靠性进行分析。根据不同资金来源渠道，分析集资条件和投资成本，资金来源要符合国家政策规定，资金数量要满足建设项目需要，并分析其合理性和可靠性。

(3)对各项资金来源的使用条件和使用可能性进行必要分析，并从时间上满足项目假设进度的要求。

(二)建设场地条件评估

主要包括项目所在地的自然条件、建设用地条件和建设现场的供电、供水条件分析。

(1)分析项目所在地的地形、地貌、工程地质和水平地质等自然条件。

(2)对建设用地的可行性分析。对于大型工程项目施工需要占用大量施工用地的,应做出建设用地的预先估算,分析施工占用工地的可能性和经济合理性。分析拟建项目相关的国土空间规划、土地利用年度计划、建设用地控制指标等土地要素保障条件,开展节约集约用地论证分析,评价用地规模和功能分区的合理性、节地水平的先进性。说明拟建项目用地总体情况,包括地上(下)物情况等;涉及耕地、园地、林地、草地等农用地转为建设用地的,说明农用地转用指标的落实、转用审批手续办理安排及耕地占补平衡的落实情况;涉及占用永久基本农田的,说明永久基本农田占用补划情况;如果项目涉及用海用岛,应明确用海用岛的方式、具体位置和规模等内容。

(3)对施工现场在项目实施阶段供电、供水的可靠性进行分析,从而防止因供应中断而影响施工质量和施工进度所造成的严重损失。

(三)设计质量条件评估

工程项目设计质量是保证项目顺利建设和生产的重要条件。因此,必须根据项目的性质特征、建设规模和技术设计的难易程度,来评估承担项目设计单位的技术力量和技术装备等状况,以达到项目总体设计方案合理,初步设计和施工图设计满足施工要求的目的,最终使项目总体设计质量符合安全可靠和经济合理性要求。

(四)设备制造和供应条件评估

工艺设备制造技术质量是直接影响项目产品质量和生产经营效益的关键。因此,在项目评估阶段,要对这类设备的制造技术进行可行性分析评估,以保证设备质量,这样才能使项目投产后的产品生产安全可靠和产品质量、成本符合设计要求。

(五)施工力量评估

项目的建设主要由施工队伍完成,在项目实施前往往要对施工队伍的技术力量、管理水平、专业化能力等进行分析,防止产生不必要的浪费和损失。

第五节 项目生产条件评估

生产条件是指项目建成交付使用后的生产经营条件。对项目生产条件的评估,主要是根据项目不同类型的生产特点和不同的生产规模要求,研究分析项目建设前的各项建设条件和建成投产后的生产条件是否具备和落实,以便确定项目实施的可行性程度。林业投资项目的生产条件主要从以下几个方面进行评估。

一、资源条件评估

资源是项目的物质基础,是制约项目的生产规模的重要条件,是指项目需用的自然资源,如矿藏、农林、生物、土地及水资源等。林业生产受自然条件的限制较强,林业投资项目的建立,一般与当地的优势资源有关。因此,落实各种资源条件是保证项目得以顺利进行建设和正常生产的重要条件。

(1)原则

资源条件评估要根据综合利用、环境保护、经济开发、持续发展、最佳利用等原则去分析评价为项目提供的资源报告是否可靠、可行。

(2)内容

是否具备矿产资源勘察报告；审查项目所需资源种类性质；评估项目所需资源数量质量；资源综合利用以及深加工程度；稀少资源开发前景以及替代途径；资源供应的分散性和不稳定性。

二、原材料供应条件评估

对原材料供应条件的评估，要根据拟建设项目生产的产品的品种、规格、性能和质量要求，本着稳定又经济合理的原则研究供应来源、运输条件和仓储设施。在对其进行评估时，要重点抓住以下环节：第一，供应数量应满足项目生产能力的要求；第二，原材料的质量要适应生产工艺的要求；第三，选用原材料时要考虑生产成本；第四，要考虑材料的存储、运输设施的建设。如营造林项目中的种苗供应状况：现有种苗供应能力及潜力，外调种苗的可能性及经济合理性分析等。

三、燃料、动力供应条件评估

燃料和动力是建设项目生产和建设过程中不可缺少的重要物质条件，它们是保证项目建成投产和维持长期稳定生产的关键因素。在对其进行评估时，要根据项目产品类型和生产特点，合理地选择燃料、动力，注意地区能源供应的供需平衡关系。

四、交通运输、通信等基础条件评估

畅通的交通运输条件是保证项目正常生产和提高经济效益的关键，是项目的投入物及产品能有效地运进来和送出去的重要保证，所以项目的运输条件的质和量要与生产需要相适应。对交通运输条件的评估，既要考虑项目所需的原料和生产的产品能及时、足量地得到供应并能就近地送往消费地，又要考虑各种运输方式的协调组织和经济上的合理性。同时，对于通信条件的评估，主要考虑是否有便捷发达的通信设施。对于营造林，还需考虑灌溉、排水等基础设施条件。

五、外部协作配套条件和同步建设评估

外部协作配套条件是指为拟建项目提供零部件、半成品或包装物的条件，以及将拟建项目生产的产品进行加工后销往市场的条件。同步建设评估则主要评估拟建项目的前、后序项目之间以及内部主体工程与辅助配套工程项目之间，在建设时间、生产技术和生产能力上的同步建设问题。

(1)在时间上同步

相关项目建设在时间安排上相互衔接，同时建成投产，同步产生经济效益。

(2)在技术上同步

项目的投入与产出两个方面的技术水平应前序项目和后序项目的技术水平相适应，能充

分发挥综合经济效益。

(3) 在生产能力上同步

分析研究相关项目之间的生产能力的相互协调配套和相互适应问题，即拟建项目应与前序项目和后序项目的生产能力相适应和匹配。

六、人力资源配置评估

人力资源配置评估主要包括：

(1) 分析评估新增技术人员的来源、数量、技能要求、质量和落实情况，以便分析项目投产后劳动力和技术力量的保证程度。

(2) 分析主要经营管理人员的经营业绩、素质、薪酬水平及服务本项目的可能性。

(3) 分析劳动力能否合理调配、有无对现有人员的培训计划等。

七、数字化条件评估

分析评价建设项目是否具备数字化条件，对于符合条件的项目，研究提出拟建项目数字化应用方案，包括技术、设备、工程、建设管理和运维、网络与数据安全保障等方面，提出以数字化交付为目的，实现设计—施工—运维全过程数字化应用方案。

八、建设管理方案评估

从项目建设组织模式、控制性工期和分期实施方案，分析评价项目建设是否满足投资管理合规性和施工安全管理要求。如果涉及招标，分析评价招标范围、招标组织形式和招标方式等的合理性、合规性和合法性。

案例一

资料一

著名的生产纤维板的跨国公司——赛拉尼斯公司（英国）(Celanese)在西西里购买了一大片长满桉树的土地，计划在那里建造木浆加工厂，并使用当地的桉树作为原材料。直到工厂建成将要生产时，公司才发现这些桉树太小，原料有限，树干不能使用。结果，被迫高价进口纸浆，损失达5500万美元。这一代价昂贵的教训之所以发生，原因是公司在购买土地前为了节约成本、减少费用，而没有派专家去考察这些桉树。

资料二

美国一位食品加工商在墨西哥一条河流的三角地带建造了一个菠萝罐头厂，由于菠萝种植园在该河的上游，公司打算用驳船把成熟的菠萝运到罐头厂加工。然而，令人失望的是，在菠萝的收获季节里，河水太浅，无法行船。由于没有其他可行的运输方案，工厂被迫关闭。新设备以极低的价格卖给了墨西哥的一个社区，他们立即把罐头厂搬走。这使该公司付出了极大的代价。

资料三

法国一家公司在东非建造木材厂，当一切就绪准备开工时，法国人才发现，该地区平时没有足够的电力供工厂使用。遗憾的是，可能将永远没有足够的电力，公司被迫拆掉无用的工厂。

讨论：

从以上公司投资失败的例子中你得出什么启示？

若要进行投资环境评估，需要考虑哪些因素？

案例二 太白山自然保护区核桃种植项目的背景及必要性分析

一、项目背景

太白山自然保护区西南部的黄柏塬地区，地处陕西省太白县水生野生动物保护区范围内。东邻周至老县城大熊猫保护区，南靠长青国家级自然保护区，西接太白县牛尾河大熊猫保护区。该区内分布着典型的暖温带森林植被类型。有国家重点保护野生动物21种，其中最具代表性的就是国宝大熊猫。这里的大熊猫生存面临的主要威胁是：栖息地的丧失、退化和破碎化、偷猎以及不可持续的经济发展方式与保护的需求冲突等。随着大熊猫保护区的相继建立以及保护力度的加大，社区居民以采药、放牧、伐木等直接依赖自然资源的传统生产生活方式受到制约，尤其是天然林资源保护工程、退耕还林工程实施后，社区经济开始下滑，甚至出现返贫现象。为了获取经济收入，社区居民进行偷伐、偷猎等的现象时有发生，保护区与社区的矛盾比较突出，自然保护与社区经济发展也成为不可回避的问题。为了更好地保护秦岭大熊猫栖息地，缓解社区对大熊猫栖息地的压力，须引入外部的科学技术力量，在社区发现和发展一些新的农业产业，改变传统的直接利用自然资源的生产生活方式，以提高社区的经济收入。

二、项目建设的必要性

当地农民目前的生活水平不高，由于该地区海拔高、积温低、土质以沙土为主等原因，种植小麦、玉米等粮食作物仅能维持自身食用，而且受野猪、羚牛等野生动物的危害较大。其他产业如天麻、枣皮、板栗等，由于投入大、技术难掌握、市场行情不稳定、产出见效慢而成果不大以及其他原因，在当地并未形成规模，不能从根本上给当地的经济带来改善。然而该村的自然条件，如气候、土壤、水分等非常适合核桃树的生长，且核桃树不易遭受野生动物侵害，核桃市场行情稳定并且价格呈逐年上升的趋势，同时该村核桃的种植已具备较好的群众基础，这些与当地农民迫切摆脱贫穷的愿望相结合，显示出发展核桃已成为明显趋势。

该项目通过与当地农民合作，将退耕还林工程与大熊猫栖息地保护相结合，解决大熊猫栖息地破碎化问题；在不破坏自然资源的情况下，积极探索发展矮化核桃密植产业的方法，帮助当地社区发展经济，实现达到可持续社会经济发展与自然保护的目标，减少对自然资源和野生动物的负面影响，使秦岭大熊猫种群与当地农民达到长期和谐共处，自然与经济达到双赢的效果。

复习思考题

1. 简述项目建设必要性评估的主要内容。
2. 简述厂址选择的基本原则。
3. 简述项目资源条件评估的内容。
4. 简述市场调查及市场调查方法。
5. 简述市场预测的原理、内容和基本方法。

6. 简述最小运输费用法在厂址选择中的运用与局限。
7. 简述市场调查的方法。
8. 简述市场预测的方法及特点。
9. 简述原材料供应条件评估应抓住的环节。
10. 现拟投资新建一家林产品加工企业，需要选择加工生产厂址。目前有 3 个可选择的地区：甲、乙、丙，选择该厂址需考虑的因素有 10 个。3 个备选方案经过专家的评分，各因素权重选择及各项评分值见下表所示，要求：进行厂址选择分析。

因素	权重	方案		
		甲	乙	丙
出口外运条件	0.155	10	8	9.5
水、电、汽供应条件	0.077	7	8.5	9
加工协作水平	0.085	10	9	8
交通、通信	0.092	8.5	9	10
技术协作水平	0.092	8	8.5	9
相关产业水平	0.092	9.5	9	8.5
国内市场	0.107	9	9	9
厂址的条件	0.123	10	9	9.5
离总部的距离	0.085	8.5	9	9.5
融资渠道	0.092	8.5	9	8

第四章 林业投资项目技术与规模评估

第一节 林业投资项目技术评估

一、项目技术评估原则

技术评估是非营造林项目评估的重点和基本内容之一，是从技术上对项目的可行性所做的分析。技术是否可行是项目存在的前提，如果在技术上不安全、不可靠，项目就缺少存在的基础和前提。项目的技术评估主要原则包含技术先进性、适用性、经济性、合理性、安全性、可靠性和环保性。

二、项目技术评估内容

(一) 工艺技术方案评估

项目工艺技术方案的评估主要包括适用性、成熟性、可靠性和先进性评估。

(1) 工艺流程的适用性评估

工艺流程也称工艺线路，是指劳动者使用生产工具改变劳动对象的性质和性能，使其具有特定使用价值的过程。合理的工艺流程应满足下列条件：

①产品能满足技术方案的要求。

②原材料从投入到形成产品的过程流畅、便捷且具有连续性，便于提高劳动生产率、设备利用率。

③满足经济、合理要求。

(2) 工艺技术方案的成熟性评估

成熟性是指选择的工艺技术和工艺流程是否成熟。具体分析内容包括工艺技术方案的发展历程、已取得的成果、主要应用范围等。

(3) 工艺技术方案的可靠性评估

可靠性是指项目建成后能否按预定目标正常运转并生产出合格产品。它有两个重要指标：一是生产的单个产品的技术参数指标是否合格；二是该方案的产品质量是否稳定，即正品率的高低。

一般拟建项目应采用已经充分验证并已经使用的技术，若采用新技术、新工艺，应建立在多次实验成功、经权威机构认定、实施过并取得了预期效益的基础之上，否则可能造成不可估量的损失。

(4) 工艺技术方案的先进性评估

在全世界范围内，先进技术是指在世界范围内居于领先地位的技术。对一个国家而言，先进性是指在全国范围内居于领先地位的技术。林业拟建项目应具有先进性，尤其是引进项目,至少要比国内现有工艺技术更为先进。衡量工艺技术方案先进性的具体指标有:产品质量性能、单位产品物耗能耗、生产能力、劳动生产率、自动化水平、装备水平、工厂占地面积、建厂速度、投资、产品成本等。

总之,工艺技术方案要求项目所采用的生产工艺和技术设备,必须是先进的、安全的、可靠的、适用的,选择的时候必须考虑主要资源因素,要充分发挥当地的资源优势,节约稀缺资源,提高现有资源的合理配置和综合利用效益。还必须考虑到对生态环境的影响,要采用环境保护工艺来避免对环境的有害影响。此外,要考虑其是否满足生产工艺的要求,能否保证工艺流畅;是否符合土地管理和城市规划的要求;是否适应内外运输的要求;是否注意节约用地;节约投资、经济合理。

特别是对于林业种植项目投资则更多地需要从项目的营林技术、施肥技术、护林防火、病虫害防治等技术水平方面考虑。

(二)设备选择方案评估

设备选择方案评估主要是通过设备比选提出拟建项目主要设备(含软件)的规格、数量和性能参数等内容,论述设备(含软件)与技术的匹配性和可靠性、设备和软件对工程方案的设计技术需求,提出关键设备和软件推荐方案及自主知识产权情况。对于关键设备,进行单台技术经济论证,说明设备调研情况;对于非标设备,说明设备原理和组成。对于改扩建项目,分析现有设备利用或改造情况。涉及超限设备的,研究提出相应的运输方案,特殊设备提出安装要求。

(1)设备选择的内容

设备选择的重点是为所选定的生产工艺技术和达到既定的生产能力,选择所需要的、最佳的和高效能的设备。其内容包括要完成对主要设备的型号、规格、数量、技术性能指标和价格等因素的考察,即比较和选择各设备寿命、物耗指标、操作要求、备品备件保障程度、安装试车技术服务以及所需的设备投资等。

(2)设备选择的基本要求

在项目的设备选择中,要选择符合国家和有关部门颁布的相关技术标准要求的设备;要注意设备与生产能力的吻合程度。一般情况下,设备的配置是以主导或主要设备的额定生产能力为标准确定的,要尽量做到提高其利用率,使生产能力的浪费减少到最低程度。也要考虑设备的配套性,设备对产品质量的保证程度、使用寿命、灵活性、安全性和经济性等。

第二节 林业投资项目规模评估

对于非营造林项目而言,其规模适当与否是影响投资效益的重要因素。规模适当就会给企业带来规模经济,否则会给企业带来规模不经济。因此,企业必须进行项目规模评估,选择合理的建设规模。项目规模主要是指项目的生产规模,也称项目的建设规模,它是指项目在正常的生产年份可能达到的生产能力或使用效益。

一、确定生产规模应考虑的因素

(一)市场需求

市场对拟建项目的品种、规格和数量的需求,从产出方向上制约着拟建项目规模。

因此，首先应根据市场调查和预测得出未来的市场容量，分析项目产品可能占有的市场份额，然后考虑拟建项目的建设规模。当产品市场需求变化快、品种多时，应采用中、小规模战略；当产品适应性强、市场需求大、品种较少时，可以采用大、中规模战略。

（二）自然资源、原材料、能源供应等建设条件

土地、生物、水、矿产和人力等资源，各类原材料、零部件、燃料和动力、交通运输、通信等外部条件，都可能对项目的生产规模产生影响。

（三）生产技术和设备的先进性及来源

生产技术决定着主导设备的技术参数，并与设备标准化、系列化相关联。研究生产规模时，应对拟选技术的标准规模、主导设备和装置制造商的水平等因素综合考虑。

（四）资金供应量

确定生产规模时，必须考虑资金的可获得性，量力而行。

（五）环境容量

确定生产规模时，还要认真考虑自然环境条件。

（六）相关生产经济规模标准

为了防止投资项目效率低下和资源浪费，国家或行业制定了某些重要产品的生产经济规模标准。企业在确定生产规模时，应尽可能使项目达到或接近经济规模，以提高项目的市场竞争能力。

（七）社会因素和政策法规

产业政策、投资政策、民族关系、军事国防等都是考虑项目规模的重要因素。

二、确定生产规模的方法

合理生产规模是指生产规模的经济性问题，即在既定条件下，项目建设为多大的规模时其综合经济效益为最佳，一般将此称为合理的经济规模。通常认为生产规模大，则生产成本低，经济效益好。单企业的生产规模有其合理经济规模界限，应以适度为宜。目前确定生产规模的方法主要有3种。

（一）经验法

经验法是根据国内外同类或类似企业的经验数据，考虑生产规模的制约和决定因素确定拟建项目生产规模的一种方法。这是在实践中运用最多的一种方法。

在确定拟建项目生产规模之前，首先应找出与该项目相同或类似的企业，特别是要找出几个规模不同的企业，并计算出各个不同规模企业的主要技术经济指标，如财务内部收益率、投资利润率和投资回收期等；然后综合考虑制约和决定该拟建项目生产规模的各个因素，确定一个适当规模。

（二）规模效果曲线法

规模效果曲线法是通过研究随着拟定生产规模的不断扩大，企业销售收入与成本曲线变化的关系，来确定项目最适宜的生产规模的一种方法。由于销售收入与成本曲线也称规模效果曲线，所以这种方法称为规模效果曲线法。

从图4-1可知，当生产规模达到Q_1时，企业实现盈亏平衡；当生产规模超过Q_1时，

企业开始取得净收益;当生产规模达到 Q_3 时,企业又到了盈亏平衡状态;当生产规模超过 Q_3 时,企业进入亏损状态。Q_1 到 Q_2 之间企业规模效应是递增的,也就是说,销售收入的增加幅度大于总成本的增加幅度;当生产规模超过了 Q_2 时,企业的规模收益递减,也就是说,销售收入的增加幅度小于总成本的增加幅度,甚至生产规模扩大使得边际收益为负值。据此认为,Q_1 到 Q_2 是规模经济区,在这个区域内,Q_2 不但是规模经济的临界点,也是最佳经济规模点,因为在这一点上,边际收入等于边际成本。从理论上讲,应当以 Q_2 作为拟建项目的生产规模。但在实践中,由于受多种因素的制约和限制,通常不能达到这一规模,一般会小于 Q_2。按照规模效果曲线法确定拟建项目生产规模的方法是:首先确定规模经济区,然后在这个区域内,考虑制约和影响生产规模的多种因素,选择距离 Q_2 最近的规模。

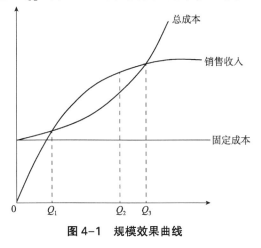

图 4-1　规模效果曲线

(三)线性规划法

线性规划是运筹学中的重要内容。它由目标函数和约束条件两部分组成。目标函数可以是利润和成本等。约束条件则是实现目标的条件,如资源、资金、设备、原材料、工艺等。线性规划决策就是在一系列约束条件下达到最大或最小目标函数值所要求的规模。用线性规划进行优化分析的一般步骤为:

首先建立数学模型,列出目标函数和约束条件,其中目标函数为:

$$\max Z = \sum_{j=1}^{n} C_j X_j \qquad (4-1)$$

约束条件为:

$$\sum_{j=1}^{n} a_{ij} X_j \leq B_i$$
$$0 \leq X_j \leq R_j$$

式中　Z——年总利润;

X_j——第 j 种产品每年产量;

C_j——第 j 种产品单位利润;

a_{ij}——生产第 j 种产品单位产量所消耗第 i 种原料的数量;

B_i——第 i 种原料总量;

R_j——第 j 种商品的市场需求量。

数学模型的基本含义是生产所需要耗费的原来不超过可供量,产品不能超过市场需要,在此条件下,实现总利润最大。解这个线性规划函数就可以得到该项目各种产品的最佳规模。

三、建设规模合理性分析

对拟建项目合理性分析的内容主要包括以下几个方面:

(一)与产业政策和行业特点的符合性

为了保证国民经济有序发展，节约有限的资源，国家和行业往往制定了某些重要产品的生产经济规模标准，也制定了鼓励发展、限制发展和禁止发展产业目录。这些政策都是经专门研究和分析论证后出台的，具有一定的权威性和合理性。项目生产规模设计是否符合国家和行业的产业政策是考虑其合理性的首要因素。

(二)符合经济性

生产规模的变动会引起收益的变动，适度的生产规模可起到降低费用、提高竞争力和获得较高经济效益的效果。生产规模的经济性是建设方案总体设计时需要考虑的重要问题。

(三)资源利用合理性

投资项目的建设和运营，要以资源耗费为基础。从资源利用的合理性角度考察生产规模的合理性，主要是考虑资源利用的可靠性、有效性和经济性。

(四)与外部条件的适应性与匹配性

项目建设规模首先应与市场需求相适应，具体表现为产品的目标市场定位、竞争能力和营销策略都应保证项目产品的销售计划能得以实现；投入物供应能满足生产规模的要求，并且稳定可靠、价格合理。其他外部条件与生产规模相适应和匹配是指环境容量能够容纳该生产规模的项目在当地进行建设，社会人文环境也与之适应，交通、供电、供水能力等与之匹配。

第三节　营造林项目建设方案评估

营造林工程建设项目是大力保护发展绿色资源、扩大森林面积、确保我国林业可持续发展、进一步改善人类生存环境重要的社会公益事业，也是国民经济林业产业的基础。因此，搞好营造林工程建设，大力发展和培育森林资源，实现林业分类经营，对改善我国生态环境和促进经济发展具有十分重要的战略意义。本章第一、二节内容主要涉及非营造林项目建设方案评估中的相关问题。营造林项目建设方案评估则需从项目建设总体布局、项目建设内容、营造林技术措施、项目可行性分析等方面展开。

一、项目建设总体布局

包括项目布局的依据、项目布局方案。

二、项目区区划

包括重点(骨干)营造林工程布局、一般营造林工程布局、种苗基地建设布局、其他建设项目布局。

三、项目建设内容

(一)营造林工程

(1)林种划分

根据森林分类经营的原则和要求，营造林工程建设项目主要分为生态公益林营造工程建设项目和商品林营造工程建设项目。其中生态公益林营造工程建设项目(主要指防护林)包含水源涵养林、水土保持林、防风固沙林、农田牧场防护林、护岸林和护路林6个林种。商品林基地建设工程主要分为用材林、能源林和经济林3个林种。

(2)造林方式及规模

根据造林方式及规模可分为人工造林、飞播造林、封山(沙)造林。

(3)重点(骨干)生态公益林建设工程

重点工程区范围及森林植被、生态环境现状、林种划分及比例确定、营造林规模及不同造林方式比例的确定。

(二)种苗基地建设工程

包括项目区种苗生产现状分析；种苗需求量测算；种苗基地建设：种苗基地新(改扩)建数量及内容，种苗基地建成后种苗供应量预测。

(三)森林保护与管护工程

包括森林防火、林业有害生物防治及森林管护(林道、管护棚建设等)等工程是否满足需要。

(四)项目基础设施及附属配套工程

包括种苗基地建设、森林保护(包含林政管理)、信息管理系统、科技推广与服务、森林生态环境监测、附属配套工程等工程是否满足需要。

四、营造林技术措施

营造林技术措施包括树种选择、种子、苗木、整地、树种配置、造林方法、初植密度、幼龄林抚育、幼中龄林抚育间伐等。

(1)树种选择

它包括本地树种和引进树种。当地树种是否做到因地制宜、适地适树，是否符合培育目标，是否具有经营的技术和经验；引进树种是否是栽培成功的树种。

(2)种子

它包括种源的选择和种子需求量。是否按照适地、适树、适种源的原则组织种源，以确保造林使用良种；苗圃地的产苗量是否满足建设期内种子的需求量。

(3)苗木

它包括苗木类型、苗木需求量和苗木质量。苗木类型中良种裸根苗与容器苗的比例是否适度；苗木需求量是否根据各树种建设规模、初植密度、苗木运输正常损失率(10%)加以正确地计算。苗木质量中地径、苗高是否符合优质苗木的要求。

(4)整地

它是否综合考虑了造林地成图母岩(母质)、土壤种类、坡度大小、树种的生物特性。

(5)树种配置

是否遵循适地适树、植物多样性的原则等。

(6)造林方法

选择是否有助于幼龄林的生长及成活率的提高。

(7)初植密度

是否根据树种的生物学特性、培育目标和立地条件加以确定。

(8)幼龄林抚育

是否根据巩固造林成果的需要确定幼龄林抚育的方式、时间和次数。

(9)幼中龄林抚育间伐

是否根据树种的生长规律和主伐年龄确定间伐的时间、密度和方式,以达到改善林木生长环境、促进林木快速生长的目的。

五、项目可行性分析

分别描述两个或两个以上比选方案,对方案进行投资估算。从方案技术特点、建设投资、效益等方面进行分析比较,评估推荐建设方案的可行性。单一建设方案的,应说明选择单一方案的理由,从该方案技术特点、建设投资、效益等方面进行分析和评估该建设方案的可行性。

复习思考题

1. 简述确定项目生产规模应考虑的因素。
2. 简述产生规模经济的原因。
3. 简述营造林工程建设项目的类别及对应的林种。
4. 某工业项目投资生产 A 产品,据预测 A 产品的单位变动成本为 300 元,销售单价拟为 500 元,企业的固定成本总额为 100 000 元,则项目的生产能力至少为多少时此项目方可投资?
5. 通过市场分析,某拟建项目产品销售收入模型为 $E(x) = 100x - (1/4)x^2$,市场对该产品绝对饱和量为 200 件,在市场饱和量范围内产品生产成本函数为 $C(x) = 50x + 1000$。求项目的盈利区间和最优经济规模。

第五章 林业项目成本与效益确定

第一节 林业项目经济评价内容

前面相关章节的学习，我们从总体上对投资项目管理和项目投资可行性研究与评估作了一般性了解，认识到项目经济评价是项目可行性研究和评估的核心内容和决策的重要依据。其目的在于最大限度地避免风险，提高项目经济效益。

一、项目经济评价概念

项目的经济评价就是根据国民经济与社会发展以及行业、地区发展规划的要求，在项目初步方案的基础上，采用科学的分析方法，对拟建项目的财务可行性和经济合理性进行分析论证，为项目的科学决策提供经济方面的依据。简单来说就是预先估算拟建项目的经济效益，包括财务和国民经济两个层次的经济评价。林业项目经济评价既有利于引导投资方向，控制投资规模，提高计划质量，也能使项目和方案经过需要—可能—可行—最佳的步骤得到深入地分析、比选。这样可以避免由于依据不足、方法不当、盲目决策所导致的失误，把有限的资源用于经济效益和社会经济效益真正最优的建设项目，实现项目和方案决策的优化或最佳化。

林业项目关于林业投资项目的经济分析，世界银行和联合国粮农组织曾出版过有关的手册、研究报告和著作，如1979年联合国粮农组织出版的林业项目经济分析读物、分析指南、实例研究报告等。1992年联合国粮农组织的研究报告《林业项目影响的经济分析》一书出版，该研究报告分两部分，第一部分介绍林业项目经济评价程序，包括内容为：确定要回答的问题、设计评价方法、回答财务与经济效率问题；第二部分介绍指导经济分析的原则和技术，包括的内容：对投入与产出的识别与定量、对投入与产出的定价、成本与收益比较、敏感性分析。

我国对林业项目评价也是随改革开放，引进外资而开始的。20世纪80年代末我国第一次大规模利用世界银行贷款用于林业项目。随着项目的开展，世界银行一整套的项目投资评价与分析的理论与技术，管理的方法经验开始引入我国，世界银行为我国培训了大批的林业项目投资分析、评价及项目管理的专业人员。例如，1989年利用世行贷款建设国家造林项目，在我国16个省同时进行，其中江西省被列为全国唯一的试点省，因而其可行性研究及竣工验收报告都是在世行专家直接指导下完成的。内容比较全面系统规范，具有一定的代表性。它采用的基本方法是国际上通行的成本效益分析法，从财务评价和国民经济评价两个方面来分析的评价项目的投资效果。具体的做法是根据技术方案、市场分析、社会、组织管理的状况等来确定有关的参数，编制树种的财务模型、现金流量表，由此计算出财务净现值、财务内部报酬率，经济净现值及经济内部报酬率，从而确定项目的可行性或投资的效果。

二、项目经济评价内容

(一)项目财务评价与国民经济评价概念

(1)项目财务评价

项目财务评价(也称财务分析)是在国家现行财税制度和价格体系的前提下,从项目的角度出发,计算项目的财务效益和费用,分析项目的盈利能力和清偿能力,评价项目在财务上的可行性。

(2)项目国民经济评价

项目国民经济评价(也称经济分析)是在合理配置社会资源的前提下,从国家经济整体利益的角度出发,计算项目对国民经济的贡献,分析项目的经济效率、效果和对社会的影响,评价项目在宏观经济上的合理性。

(二)项目经济评价内容

(1)项目经济评价内容的选择

建设项目经济评价内容的选择,应根据项目的性质、项目目标、项目投资者、项目财务主体以及项目对社会的影响程度等具体情况确定。对于费用效益计算比较简单,建设期和运营期比较短,不涉及出口平衡等一般项目,如果财务评价的结论能够满足投资决策需要,可不进行国民经济评价;对于关系公共利益、国家安全和市场不能有效配置资源的经济和社会发展的项目,除应进行财务评价外,还应进行国民经济评价;对于特别重大的建设项目尚应辅以区域经济与宏观经济影响分析方法进行国民经济评价。

建设项目的经济评价,对于财务评价结论和国民经济评价结论都可行的建设项目,可予以通过;反之应予以否定。对于国民经济评价结论不可行的项目,一般应予以否定;对于关系公共利益、国家安全和市场不能有效配置资源的经济和社会发展的项目,如果国民经济评价结论可行,但财务评价结论不可行,应重新考虑方案,必要时可提出解决优惠措施的建议,使项目具有财务生存能力。

(2)项目的财务评价的内容

财务评价的内容应根据项目的性质和目标确定。

对于经营性项目,财务评价应通过财务分析报表(见第十章),计算财务指标,分析项目的盈利能力、偿债能力和财务生存能力,判断项目的财务可接受性,明确项目对财务主体及投资者的价值贡献,为项目决策提供依据。

对于非经营性项目,财务评价应主要分析项目的财务生存能力。

(3)项目的国民经济评价的内容

对于财务价格扭曲的条件下,用市场价格计算得出企业财务评价的结果,不一定与从国民经济角度出发作出的评价结果相一致,因此需要单独作出建设项目的国民经济评价。从资源合理配置的角度,采用经济效益分析方法,用影子价格(一种接近资源优化配置的价格)代替市场价格,用统一的社会折现率为贴现率,来计算项目的经济净现值、经济内部收益率、经济费用效益比等指标,分析项目投资的经济效率和对社会福利所做出的贡献,评价项目的经济合理性。

三、项目财务分析与经济分析关系

项目财务分析与经济分析相互联系，它们之间既有共同之处又有区别。

(一)财务分析与经济分析的共同点

(1)评价目的相同

两者都是从费用和效益角度进行分析，都是寻求以最小的投入获得最大的产出。

(2)评价基础相同

两者都是在完成产品需求预测、厂址选择、工艺技术路线和工程技术方案论证、投资估算和资金筹措等基础上进行的。

(3)基本分析方法和主要指标的计算方法类同

两者都采用现金流量分析方法，通过基本报表计算净现值、内部收益率等指标。

(二)财务分析与经济分析的区别

(1)进行财务分析和经济分析的经济系统边界不同

财务分析是从项目财务角度对项目经济分析，考察项目的盈利能力和贷款偿还能力等内部经济效果，其系统边界就是项目自身；经济分析时从国民经济的整体利益出发，分析项目对整个国民经济乃至整个社会产生的效益，也就是分析国民经济对这个项目付出的代价(成本)，以及这个项目建成之后可能对国民经济作出的贡献(效益)，其系统边界是整个国家。

(2)进行财务分析和经济分析的目标、立场不同

项目财务分析是从项目参加者的立场出发，围绕着参加者们的利益而进行的项目效益分析，称为财务分析。它是从参加者这一微观环境对项目进行的分析。

项目经济分析是从整个国民经济的角度出发，分析项目是否能给国民经济带来利益的分析，我们称为国民经济分析，简称经济分析，以与财务分析相对照。它是从国民经济的宏观环境对项目进行的分析。

(3)进行财务分析和经济分析时划分和鉴定成本及效益的标准不同

财务分析是一种以项目参加者自身利益为目标的评价方法，鉴定成本及效益的标准看是否对项目参加者有利。有利于提高参加者收益的事项为效益，降低项目参加者收益的事项为成本。比如项目参加者从国家取得补贴是收益，而向国家交纳税收则是一项成本。经济分析则与此不同，它是以国家整体利益为目标的评价方法，从整个国民经济的角度来考虑问题，鉴定成本及效益的标准看是否对国民收入增长有利。有利于提高国民收入的事项为效益，降低国民收入的事项则为成本。前者提到的补贴和税收，从国民经济整体考虑，它们只不过是国民收入的一部分从一个集团转移到另一个集团的转移支付事项，它没有造成国民收入的增加或减少，不能作为项目的经济收入或经济成本，所以在进行经济分析时应予以删除。

(4)两者在分析中采用的价格和参数不同

财务分析从项目参加者利益考虑问题，依据国内现行市场价格，将行业基准收益率或国家长期贷款利率作为折现率，采用国家规定的官方汇率等来衡量是否得利或损失。然而在经济生活中，由于多种原因，市场价格只是一种被歪曲了的符号，市场价格常常严重地背离价值。这种价格与价值发生的扭曲现象，使得企业(项目参加者个体)利益的大小，不能完全反映企业经营好坏，也不能完全反映项目是否对国民经济有利，这就使得项目的财务效益与经济效益统一不起来。如何统一起来呢？就需要对财务分析采用的现行市场价格作某种调

整，在经济分析中采用近似社会价值的经济合理价格（或称影子价格）代替财务分析中的现行市场价格，用社会折现率或国家基准收益率作为折现率，并且使用国家调整汇率（影子汇率），以正确反映项目给国民经济带来的利益。

四、林业项目经济评价特点

根据2006年国家发展和改革委员会与建设部出版的《建设项目经济评价方法与参数》（第三版）一书的界定，林业项目包括森林营造、林业加工、林纸一体化、保护区建设、森林旅游等项目。林业项目经济评价一般具有下列特点。

（1）林业项目具有公益性、综合性、分类经营、分级管理、建设周期长、受自然影响大等特点。许多林业项目兼具公益性和盈利性。

（2）林业项目应以经济费用效益分析为主。林业加工等有一定财务效益的项目，应进行财务分析；生态林营造等公益性项目，应进行费用平衡分析，以测算补贴额。重大林业项目还必须进行区域经济影响分析。

（3）林业项目的经济效益包括水土保持、防风固沙、涵养水源、净化空气、改善生态环境、增加森林资源、美化环境等效益。

（4）林业项目的财务效益包括出售林业产品、林业加工产品及提供服务所得的收入。

（5）林业项目的费用包括移民搬迁安置、土地土壤改良、造林费用、森林保护、工程建设、项目运行费用等。

第二节 林业项目成本与效益确定

一、确定项目成本与效益原则

比较项目的成本效益是进行林业项目经济评价的重要内容，因此，在深入讲述财务分析和经济分析之前，应该搞清楚如何鉴别确定林业项目的成本与效益。

（一）以项目目标作为鉴别项目成本与效益的标准

在项目分析中，项目的目标提供了鉴别项目成本与效益的标准。简单地说，凡是削弱某一目标的事项，就属于成本，而对于某一目标做出贡献就属于效益。例如，目标是提高林农、企业收入，那么在项目中的各项支出，如投入生产资料、交纳税收等都使林农、企业收入减少，这些削弱目标的事项就是成本。而在项目中林农、企业出售项目产品的收入，从国家取得的补贴等都使林农、企业收入增加，这些对目标做出贡献的事项就属于效益。

以上原则是简单明了、容易理解的。然而，在实际的生活中，参与或涉及项目的个人、集体和国家目标是多样化的，如增加林农或企业收入、发展地方经济、增加国民收入、改善就业状况、维护生态安全等。因此，在项目的经济评价中，我们选择与经济直接有关，便于计量分析的目标作为我们的目标，这就是增加经济收益。

对参加项目的林农、企业等单位来说，我们的目标是使其增量净收益极大化；对于整个国家（社会）来说，目标是最大限度地增加国民收入。其他目标有些是难以计量的，作为需要另行决策的问题加以考虑。

按照我们选择的目标，项目成本和效益的鉴别就有标准了。

(1)财务分析标准

凡是增加林农和项目参加单位的增量收益的事项都是财务效益。凡是减少这些单位增量收益的事项则是财务成本。

(2)经济分析标准

凡是增加国民收入、节约有限资源的事项就是经济效益，凡是减少国民收入和消耗资源的事项就是经济成本。

按照上述原则，我们就不难理解项目中国家对林农、企业的补贴，是一项财务效益流入；项目中林农、企业交纳的税收，是一项财务成本流出。而对国家来说，以上两者都不造成国民财富的增加或减少，它们是一种转移支付，因此，既不是经济效益流入，也不是经济成本流出。

(二)增量分析原则

项目成本与效益识别应建立在增量成本与增量效益识别与计算的基础上，不应考虑沉没成本和已实现的效益。考察投入和产出在"有项目"和"无项目"条件下的差别是识别项目费用和效益的基本方法。

(1)注意理解"现状""无项目""有项目""新增"和"增量"5种基础数据的含义

"现状"数据是指项目实施前林农或企业原有的数据；"无项目"数据是指不实施项目的情况下，根据可能变化的趋势，预测林农或企业未来的效益和费用等相关数据；"有项目"数据是指在实施项目的情况下，依据可能的变化趋势，预测林农或企业未来的效益、费用等相关数据；"新增"系指"有项目"数据减去"现状"数据得到的差额；"增量"数据是指"有项目"减去"无项目"数据的差额，即通过有无对比得到的数据。

(2)"有无项目比较原则"和"项目前后比较原则"

项目是一种扩大再生产的投资行为，目的在于充分合理利用有限资源求得更多的增量净效益。考虑"有项目"和"无项目"时的成本效益情况，将"有项目"和"无项目"时的净效益进行比较，二者的差额便是由项目投资所产生的增量净效益。

"有项目"和"无项目"情况的比较，不同于"项目后"和"项目前"的情况比较。因为在许多情况下，没有项目的情况并不就是现状的简单延续，它也许在以缓慢的速度继续增长或下降。比如说无项目时生产，每年以2%的速度增长，并继续下去，有了项目后，加快了增长速度，每年以6%的速度增长。项目前后相比较，项目前，年增长速度为2%，项目后，年增长速度为6%。这种比较所得出的结论是项目开展后的增长速度是6%，然而这是夸大了的结果。因为不管有无项目，生产都以2%的速度增长，所以以有项目和无项目的情况相比较，则只有4%的增量可以归功于项目的开展。

因此，我们可以说，所谓"项目前后比较原则"，是指同一地点在项目前和项目后两个不同时期之间的成本效益的比较。比如项目前，人均收入200元，项目后人均收入400元，项目后人均收入是项目前的2倍，这是同一指标不同时间的比较概念。

所谓"有无项目比较原则"，是指同一地点同一时间有项目和无项目两种不同状态之间的成本效益比较。比如某地区某一年在没有项目的状态下，人均收入200元，在有项目的状态下人均收入400元，有项目的状态由项目带来的人均收入为无项目状态下的1倍。它是一种状态比较，反映由项目真正带给人们的利益。

有项目与无项目对比，有3种情况：①无项目时，每年有损失，有了项目，减少损失，但项目本身不增加收益。②无项目时,由于其他因素的影响,净收益也逐年增加,有了项目净收益增加更多。③有了项目,既减少损失,又增加收益。

【例5-1】农田防护林工程,无项目时,由于水土流失、风灾等,使农作物收益每年减少1%,有了项目,减少土壤养分的流失,减少风害,使农作物收益每年增加4%(表5-1)。

表5-1 有项目与无项目对比   万元

年份	无项目	有项目	增加的净收益
1	99.00	104.00	5.00
2	98.01	108.16	15.15
3	97.03	112.49	15.46
4	96.06	116.99	20.93
5	95.10	121.67	26.57
6	94.15	126.54	32.39
7	93.21	131.60	38.39
8	92.27	136.86	44.59
9	91.35	142.33	50.98
10	90.44	148.02	57.58

在第10年时,无项目收益90.44万元,有项目收益148.02万元。有无项目对比增加效益57.58万元。按照99万元倒推回去,项目前收益为100万元,项目后收益148.02万元,项目前后对比增加效益48.02万元。

(3)确定无项目状态的方法

当一个地区开展项目建设后,无项目状态则自然消失。那么,采用有无项目比较原则,如何确定有项目状态下的无项目状态。一般有以下几种方法:

①固定法　即假定项目区如果不开展项目建设,无项目状态稳定不变。在这种情况下,有项目状态效益流中每年减去一个相同的无项目状态净效益。

②历史推算法　即用项目区历史资料(5年以上),根据历史发展的趋势和幅度,如向上发展,每年平均增长1%,或每年下滑0.5%,再根据对未来科技等方面的变化,推算出有项目状态下的无项目状态,这种方法目前使用比较广泛。

③对照法　即在项目区选择与项目点自然条件、生产条件、社会经济条件等方面基本相同的无项目点作为对照点,以对照点的自然发展状态作为有项目状态的无项目状态。

二、财务成本与效益确定

林业项目的财务成本和效益究竟包括哪些内容?在几乎所有的项目分析中,都是比较易于鉴别确定的,只要我们时刻注意前面所说的原则和标准,按财务分析的目标,降低林农或企业的净收益的事项就是成本;增加林农或企业的净收益的事项就是效益。具体说来,林业项目的财务成本和效益一般包括如下内容:

(一)财务成本内容

(1)设备和物资投入

设备和物资投入包括用于林业项目工程建设和项目生产的各种设备和物资,如机器设备、钢材、木材、水泥、砂石、新增良种、化肥、农药、地膜等。所有这些物资投入,都是有形的商品,比较容易确定。在设计中的技术问题的难点,是确定这类投入的需要量、单价和投入时间。

(2)劳动力投入

为开展林业项目建设而投入的劳动力耗费构成项目的成本。鉴别项目成本中的劳动力耗费,如耗费劳动力的种类(熟练劳动或非熟练劳动、复杂劳动或简单劳动)、投入量(标准劳动小时)、投入的时间等方面的鉴定是比较容易做到的。

(3)土地

土地是林业项目中的基本生产资料投入。一般说来,林业项目所需用的土地的地点、数量、质量等都比较好确定,但如何对土地进行估价则是一个非常复杂的问题,将在后面有关章节中详述。

(4)不可预见费(又称预备费用)

在进行项目评估时,总是要对未来条件作某种假设。比如说,假设设计合理,今后不会有什么改变;假设社会环境条件及物价稳定;假定自然条件诸如地质、气候等情况正常等。把项目成本的估计基于上述理想的假设条件之上,一旦条件变化,就会出现意外费用。因此,我们在项目评估中,按照假设的理想条件对成本作了估计之后,还要考虑采取必要的措施来应付自然条件或物价方面可能出现的不利变化,这样就会增加项目的成本。我们将这种增加额,用不可预见费的形式估算在项目成本的组成部分中。

不可预见费,包括基本不可预见费和价格不可预见费两方面的内容。

①基本不可预见费 是准备用来对付情况发生变化而增加项目的实际投入物数量而引起的费用。如意外的虫灾,增用农药;意外的干旱,增加水费等,都会造成项目实际成本增加。

②价格不可预见费 是准备应付价格变化而引起的费用。它又有两种情况:一种是应付价格相对变化,另一种是应付一般的通货膨胀。

所谓价格的相对变化是指在项目期间内,当其他投入物价格不变时,一种或几种投入物价格所发生的变化。由于相对价格变化使得项目相对成本的提高造成的意外费用,在财务分析中应计算在项目财务成本中。

至于一般的通货膨胀,我们假定总的物价水平的提高将对所有投入物和产出物的价格产生同等的影响,因此在分析中忽略这种变化,而采用不变价格来进行分析。

(5)税款

交纳税款减少了农民或企业的净收入,在财务分析中构成财务成本的一项内容。

(6)债务清偿

债务清偿(还本付息)减少农民或企业的净收入,在财务分析中是作为成本流出处理的。但是,有一个值得注意的问题是,有的项目贷款利息在开始时期不予支付,而是将利息价值并入贷款本金,到项目产生收益后才要求付息,这种做法称为"利息资本化"。利息资本化可以推迟付息,但到期付息时,因为贷款金额提高了,利息额当然也随着提高。因此,在财务分析中必须将它们列入财务成本。

(二) 财务效益内容

林业项目的财务效益可以来自因为项目的开展而提高了产量和收入，或降低了成本，避免了损失，它们都可以增加林农或企业的净收入。其具体内容包括如下几方面：

(1) 增产增收

林业项目投资促进了物质产品产量的增加和品质的改善，使农民实现了增产增收，这是最普遍最明显易见的效益。如灌溉项目改善了水浇条件，促成增产增收；贷款项目使农民获得资金，增加了日常生产支付的能力，及时购买施用化肥、农药等，促成增产增收；技改项目增加新的生产线，增加了收入等。

许多的林业项目增加的产品是通过商业渠道向外销售的，要鉴别这种效益，查明增产的数量及市价并不是困难的问题，在财务分析中确定这种效益比较容易。在经济分析中则存在一个调整现行市场价格为恰当的经济价格的问题。

另外一个问题是有些项目造成的增产不是通过商业渠道对外销售，而是被农户家庭消费掉了。如有些林业项目帮助贫困落后地区发展生产，增加产量，解决农户温饱问题。很明显，项目提供的产量大大增加了农民家庭消费品数量，改善了农户的生活水平，增加了农户家庭的净效益和国民收入。这部分自产留用的产品在财务分析和经济分析中都应是项目效益的一部分，在评估中不容忽视，否则就会低估投资的效益。

(2) 提高产品质量

提高产品质量是林业项目效益的又一项内容。许多林业项目就是以提高产品质量为目的的。如改进经济林品种，推广良种，促使经济林产品质量提高等。由于产品质量的提高而大大提高了产值，增加了林农的收益，也提高了国民收入。这种因项目投资带来的品质差异效益在项目的财务分析和经济分析中都应计算在内。

(3) 改变销售季节

林业生产由于自然条件的直接影响，呈现出很大的季节性。由此产品的供应也呈现季节性。在收获旺季，常常因产品卖不出去而腐烂，产品价格也低；而在淡季，又出现高价也买不到某些林产品的现象。有些林业项目投资用于改善销售设施，加强储藏保管能力，在收获旺季产品价格处于低点时将产品储藏起来，淡季产品价格上升后再销售出去。这种林业项目投资的效益表现为产品的季节差价，这种差价不仅给农户带来利益，同样给国民经济带来好处。

(4) 改变销售地点

有些林业项目投资用于改善交通运输条件及工具，以便把林产品从价格较低的产地运往价格较高的外地市场。这类项目投资的效益明显地来自地区差价。它同样给林农和国民经济带来好处。

以上改变销售季节及销售地点带来的效益，往往和参与的商业企业分享。

在林业项目中，我们应当鼓励农户联合修建仓储设施或组织销售联合，开展营销活动，实施种植、养殖、加工、销售一条龙的综合开发项目，以保证大部分项目效益为林农所得。

(5) 改变产品形态

许多林副产品加工工业项目的投资可以从改变产品形态、提高产品的增加值而获得效益。如将水果分级，制成罐头或生产浓缩果汁等都使初级产品通过加工而提高价值，使农民和国民经济获得效益。

(6) 降低成本

有些林业项目可促使某种生产成本降低，成本降低意味着投入消耗减少，从而提高了增量净效益，这是对农民对国家都有好处的。如改变耕作制度、精量播种、节水林业、合理施肥等林业新技术推广项目，节约了资源消耗，降低了成本；如改进或修建公路项目，提供了好的运输路面，节约了运输时间和油耗，降低了农产品运输成本。所有这些节约消耗、降低成本的活动，无疑都给农民和国家带来明显的效益。

(7) 避免损失

有些林业项目的效益不是来自增加生产量，而是来自避免损失，从而增加了净效益，如防雹网的安装，使苹果树等免受冰雹之害，减少掉果的损失等。有时这种效益可能不太明显被反映出来，但是我们采用有无项目比较方法，却能清楚地反映出这种效益，并相应地计入财务和经济效益流入。

(8) 节约并转移劳动力创造新价值

有些林业项目的开展可以极大地节约并转移出劳动力，这些劳动力开辟新的产业，创造出新的价值，极大地增加了林农的收入，这种收入也是因项目实施而产生的，因而也构成了项目财务效益的一部分。如林业机械化项目节约的劳动力，发展第三产业大大增加了农民的收入，就是很好的例证。

(9) 补贴收入

为了支持开展林业项目建设，国家可以给予林农或企业等林业投资项目参加者一定的补贴，显然这种补贴增加了林农的收入，应该计入财务效益流入。

总之，以上的林业项目可能带来的效益，在项目评估中应逐项分析，以便正确真实地反映项目投资的效益。

三、经济成本与效益确定

林业项目的经济成本和效益包括哪些内容，应站在宏观国民经济的立场上进行判断。凡是有利于增加国民收入和节约资源的经济事项都属于经济效益流入，凡是减少国民收入和消耗资源的经济事项都属于经济成本流出。按照这一标准，前述开展项目建设投入的物资、劳动力、土地及发生的不可预见费，都可形成经济成本流出；发生的增产增收、产品质量差价、季节差价、地区差价、产品增值、降低成本、避免损失、节约并转移劳动力创造新价值等，都可形成经济效益流入。然而，由于经济分析的目标区别于财务分析，所以，在具体确定经济成本和效益的内容时，应特别注意以下问题：

(1) 转移支付事项及其在财务分析和经济分析中的不同处理。

(2) 外部的成本和效益。

(3) 难以估算的成本和效益。

(一) 转移支付事项及其在财务分析和经济分析中的不同处理

转移支付是指在国民经济内部各部门发生的、没有造成国内资源的真正增加或耗费的支付行为。在项目投资评估分析中，某些财务收支事项并不造成国民经济财富的增加或减少，而只是这部分资源的控制权力从社会的一个成员或部门转移到了另一个成员或部门，具有这种性质的财务收支事项在经济分析中统称为转移支付事项。从国民经济角度看，林农或企业向国家缴纳税金,向国内银行支付利息,或林农、企业从国家得到某种形式的补贴,都未造成资源的实际消耗或增加,他们只是国民经济各部门之间的转移支付,因此不能作为经济成本流出或经济效益流入。

在林业项目投资分析中,常见的转移支付事项有:税款、补贴、利息、贷款的取得及其偿还、林业保险费等。现将它们在财务分析及经济分析中的不同处理分别叙述,具体内容参见表5-2所列。

表5-2 常见的转移支付事项在财务分析及经济分析中的不同处理

序号	转移支付事项	财务分析	经济分析
1	税款	成本流出	
2	补贴	效益流入	
3	利息	成本流出	
4	贷款	效益流入	
5	还贷	成本流出	
6	保险	成本流出	

(1)税款

林农或企业以其收入的一部分向国家纳税,他的净效益就要减少。很明显,在财务分析中,支付税款是一项成本。但是农户纳税并不会减少国民收入。可以说,林农或企业纳税只是将收入的这一部分从农户手中转移到政府手中,从整个国民经济来考虑,这部分收入的转移既没有新增加总的国民收入,也没有减少总的国民收入。所以说林农或企业的纳税从经济分析的角度看只是一种转移支付。在经济分析中税款不能作为项目经济账户上的一项成本。在财务分析的基础上进行经济分析的话,应该将财务账上列作成本开支的税款删除不计。税款作为整个项目效益流的一部分,对增加国民收入做出贡献。因此,在财务账户中扣除的税金在经济分析中不做扣除,而是作为增量净效益的一部分保留在经济账户中。

(2)补贴

补贴是一种流向与税款相反的转移支付,包括出口补贴、价格补贴。很明显,农民或企业收到补贴,增加了收入,计入财务效益流入中。然而这种效益并没有造成国民财富和国民收入的增加,它完全属于国家通过财政分配以补贴的形式将这部分资源的支配权转到农民或企业手中,是一种与税款相反方向的转移支付。这种转移支付,在财务分析中列入财务效益中,在经济分析中则应删除。

(3)利息

林农或其他项目经营单位对信贷机构支付贷款利息,减少了林农或其他项目经营单位的收益,在财务分析中作为成本流出来处理。但从国民经济角度来考虑,它也是属于资金转移性质,是利息这部分资金所具有的购买权力从林农或企业手中转移到贷款人手中,它并没有造成国民经济中资源的实际消耗,所以这种转移支付在财务分析的农户或其他项目经营单位账上作为成本,而在经济分析中删除,在经济账中不列作成本。它保留在项目总效益中,是其组成的一部分。

利息的资本化往往把利息直接加在项目的资本成本中。为了求得资本成本的经济价值,项目建设期资本化的利息作为一种转移支付,应从资本成本中扣除,并从经济账户中略去。

(4) 贷款及其偿还

从林农或企业角度来说，贷款收入增加了其可以利用的生产资金，偿还贷款则减少了这种资金，直接影响财务分析的现金流入和流出。但从国民经济角度来说，贷款只是使资金的支配权从放款人手中转移到借款人手中，并没有减少国民收入；偿还贷款，则是使资金的支配权从借款人手中转移到放款人手中，也没有增加国民收入。贷款的取得及其偿还作为一种转移支付，经济分析中是忽略不计的。而在财务分析中，对贷款者来说，贷款收入是财务效益流入，偿还贷款是财务成本流出。

(5) 林业保险费

为了更好地适应市场、增强林业项目及项目区林农抵御风险的能力，林业项目在实施过程中往往参与各种保险，如财产险、林业灾害险等。缴纳的各种保险费是保户之间的转移支付，在财务分析中，项目单位交付的保险费作为财务成本流出，但在经济分析中忽略不计。

有无项目状态下常见的经济支付事项在财务分析及经济分析中的不同处理见表5-3所列。

表5-3 有无项目状态下常见的经济支付事项在财务分析及经济分析中的不同处理

经济事项	无项目	有项目	
		财务分析	经济分析
效益流入	$P=a+b+c$	$P_1=a+b+c$	$P_2=a+b$
产品收入	a	a	a
其他收入	b	b	b
补贴收入	c	c	
成本流出	$Q=d+e+f+g+h+i+j$	$Q_1=d+e+f+g+h+i+j$	$Q_2=d+e+f+g+h+i$
固定投资成本	d	d	d
种子	e	e	e
农药	f	f	f
化肥	g	g	g
水电	h	h	h
其他	i	i	i
税金	j	j	
项目净效益	$P-Q$	P_1-Q_1	P_2-Q_2

(二) 外部的成本和效益

所谓外部的成本和效益是指由于项目的开展而导致项目本身之外发生的成本和效益。从参加项目的农户或企业来说，这些成本或效益与其切身利益是无直接关系的，在财务分析中对此也不加考虑。因此，这些成本和效益在项目的财务账目上是看不到的。但从整个国民经济的角度来考虑，项目之外发生的成本，会造成国民收入的下降。项目之外发生的效益，也会促使国民收入的提高。因此，经济分析必须考虑这些外部的成本和效益。

作为外部效益，最重要的是通过项目而使人们增长了知识。如经济林基地建设项目，使林农的林果栽培与抚育管理技术水平提高；林业综合开发项目使项目实施地区的基础条件得到改善等，所有这些外部效益财务分析都是不加考虑的，但在国家经济发展中有时作用很大，甚至会变成考虑的重点。

外部成本最明显的例子是林业加工项目造成的环境污染，社会必须对它投资加以治理；毁林开荒项目造成水土流失、下游淤泥等。所有这些不利方面的治理和克服，都会给国民经济造成成本开支，在经济分析中是必须加以注意的。

要精确地衡量所有外部成本和效益通常是做不到的。然而在经济分析中应注意这方面的问题，并努力去鉴别这些外部成本和效益，如果它们影响很大，就要力求对它们加以衡量，实在不能定量的外部效益或成本，应该用定性的方式来描述，以便提供决策参考。

(三) 难以估算的成本和效益

难以估算的成本和效益也是一种外部效应，它是由于项目的开展导致发生的但无法进行货币计价的成本和效益。如林业发展项目中森林景观给人们带来愉悦的心情等，无法估算。这些对国民经济带来多大效益都是难以估算的。有些成本损失也有如此的现象，如生态平衡遭到破坏，风景区受到损害等，也是难以估算的。对于这些难以估算的成本和效益，在项目分析的实务中，有的采用"最低成本法"来加以衡量。也就是说，为了达到同一效果目标花费的成本最低则最好。

综上所述，投资项目的成本与效益的内容在财务分析与经济分析中的不同处理见表5-4所列。

表5-4 投资项目成本与效益内容

成本效益	具体内容	财务分析	经济分析
成本流出内容	物资投入	√	√
	劳动力投入	√	√
	土地投入	√	√
	预备费用	√	√
	还本付息	√	×
	税款	√	×
	保险费	√	×
效益流入内容	增产增收	√	√
	提高产品质量	√	√
	改变销售季节增值	√	√
	改变销售地点增值	√	√
	改变产品形态增值	√	√
	降低成本	√	√
	减少损失	√	√
	节约转移劳力的新价值	√	√
	借入贷款本金	√	×
	获得补贴收入	√	×

注：表中符号"√"表示该项内容属分析内容；符号"×"表示该项内容不属分析内容。

复习思考题

1. 简述项目经济评价的定义及内容。
2. 简述项目投资的财务分析和经济分析的区别及它们各包含的主要内容。
3. 简述确定林业投资项目成本与效益的原则及如何运用。
4. 简述林业投资项目的财务成本与效益包括的内容。
5. 简述林业投资项目的经济成本与效益包括的具体内容。
6. 简述财务成本效益和经济成本效益的内容的区别。
7. 根据确定项目成本与效益的原则以及所提供的资料,完成计算表 5-5。

无项目状态的效益流入与成本流出资料见表 5-5 所列,有项目状态下产品收入 850 万元,林场获得补贴 200 万元。国家补贴价购买种苗 20 万元(实际生产种苗资源消耗 40 万元),项目单位林场交纳税金 20 万元、森林保险 30 万元,其余资料见表 5-5 所列。

表 5-5 有无项目状态下的效益流入与成本流出比较   万元

经济事项	无项目	有项目 财务分析	有项目 经济分析
效益流入 P	650	1050	850
产品收入	500	850	850
其他收入	150	0	0
补贴收入	0	200	0
成本流出 Q	330	570	540
固定投资成本	100	100	100
种苗	20	20	40
农药	25	25	25
化肥	60	200	200
电费	15	25	25
保水剂	40	60	60
其他	20	10	10
劳务费	50	80	80
税金	0	20	0
森林保险	0	30	0
项目净效益 P-Q	320	480	310

第六章 资金时间价值

第一节 资金时间价值概述

一、资金时间价值概念

在投资项目评估中，我们经常会遇到这样的问题：一个项目的投入和产出是在不同的时间发生的，那么这些不同时间发生的资金流是否可以直接进行比较呢？来看下面的例子：

【例6-1】假如甲乙两个方案投资相同，年收益和寿命期也相同，不同的是甲方案是一次全部投入，而乙方案是分期投入，假设利率为10%。具体数据见表6-1所列。

表6-1　甲乙方案各年现金流情况　　　　　　　　　　　　　　　　　　　　　万元

年份	0	1	2	3	4	5	6
甲方案	-1200	0	300	300	300	300	300
乙方案	-600	-600	300	300	300	300	300

常识告诉我们，在两个方案中，显然乙方案优于甲方案，因为乙方案中有一半的投资是在第一年末才流出的，那么在第一年间企业可将这部分资金用于其他用途，从而给企业带来资金增值。如企业可以将这600万元存入银行，那么可以实现增值60万元(600×10%)。资金时间价值是指一定量的货币在周转使用中由于时间因素而形成的价值增值部分，同时也是扣除风险报酬和通货膨胀贴水后的真实报酬率。

对于时间价值，国外传统的定义为：即使在没有风险、没有通货膨胀的条件下，人们也会认为今天1元钱的价值大于1年以后1元钱的价值。股东投资1元钱，就失去了当时使用或消费这1元钱的机会或权利，按时间计算的这种付出的代价或丧失的投资报酬，称为时间价值。对时间价值的第一种解释是资本的机会成本。像大多数其他生产性资源一样，资本能在不同的用途中产生回报。当资本被用于某种用途时，必须考虑在其他生产用途中放弃的收益。因此，假如把价值为10万元的木材延期到第二年采伐，其机会成本就是森林所有者现在采伐这些木材并把所得10万元投资于能产生最高回报地方的所得收入。第二种解释是时间偏好。时间偏好反映人们相对于未来而偏向当前的程度。人们通常偏好现在的事物而不是明天或者明年的同一事物。如储蓄行为表明了储蓄者因为延迟消费而要求获得一些补偿。利息或者说是储蓄的收益，就是对这种延迟消费的补偿。

资金投入经营以后，劳动者会生产出新的产品，创造出新的价值，产品销售以后得到的收入要大于原来投入的资金额，形成资金的增值，即时间价值是在生产经营中产生的。在一定时期内，资金从投放到回收形成一次周转循环，每次资金的周转需要的时间越少，在特定时期内，资金的增值就越大，投资者获得的报酬就越多。因此，随着时间的推移，资金总量在循环周转中不断增长，使得资金具有时间价值。但是，将货币作为资本投入生产过程所获得的价值增加并不完全是资金的时间价值。这是因为企业的经营不可避免地具有风险，而投资者承担风险也要获得相应的报酬，这个部分属于风险报酬；此外，通货膨胀也会影响货币的实际购买力，在通货膨胀的情况下，投资者必然要求索取更高的报酬以补偿购买力损失，这部分补偿称为通货膨胀贴水。可见，货币在经营过程中产生的报酬(增值)不仅包括时间价值，还包括风险报酬和通货膨胀贴水。因此，时间价值是指扣除风险报酬和通货膨胀贴水后的真实报酬率。资金的时间价值是社会劳动创造价值能力的一种表现形式，它是一种普遍存在的客观经济现象，只要有商品生产存在，资金就具有时间价值。

资金时间价值的概念告诉我们，不同时间的资金流不能直接进行比较，也就是说不同时间的同等量的资金价值不具有可比性。在林业投资项目分析决策中，往往需要通过一定的方式，将不同时间一定价值数量的资金转换为同一时间点的资金，这就是我们用来评估项目的一种方法。而这种方法就涉及资金时间价值的计算。实务中，一般用利息来代表资金时间价值的绝对值。因此，利率就成了比较不同时点资金价值的关键。

二、静态分析与动态分析

静态分析和动态分析是林业投资项目财务可行性分析的两种方法。静态分析是指不考虑资金时间价值的投资项目决策方法，主要包括投资回收期法、借款偿还期法、投资收益率法等。而动态分析则是指在投资项目的分析决策中充分考虑时间因素以及资金的时间价值。常用的动态分析法主要有动态投资回收期法、净现值法、费用现值法、费用年值法、内部收益率法、效益-费用比法等。在林业投资项目决策中，通常将静态分析和动态分析两种方法结合使用，如考虑项目的净现值或者内部收益率等动态指标的同时，结合单位投资增产量等静态指标综合分析选择。有关项目投资的静态分析和动态分析方法，我们将在本教材的第七章详细介绍。

三、资金时间价值在林业投资项目评估中的意义

资金的时间价值体现了资金循环增值的能力，同时也说明资金只有在参与生产流通的运动过程中才能增值。讲求和树立资金时间价值的观念，加强对资金利用的动态分析是非常重要的。针对林业投资项目的特点，在投资项目的分析与决策中充分考虑资金的时间价值显得尤为重要。具体表现在以下方面：

(一)促使合理有效地利用资金

林业投资项目一般期限较长，特别是对于营林造林项目，期限可能长达几十年，并且投入大。如短周期阔叶材桉木、杨木速生丰产林的轮伐期为6年，而针叶材如松木的轮伐期长达15年。因此，投入到林业生产项目的资金，与时间因素有着密切的联系。明确这个观念就可以督促企业管理者节约使用资金，充分提高资金的使用效果，充分实现资金时间价值，使资金在有限的时间和空间范围内获取最大价值。

(二)有利于促进林业生产的市场化进程

重视资金的时间价值是市场经济体制下追求利润最大化目标的体现之一。在对林业生产进行投资的过程中，考察资金时间价值，是林业生产遵循市场化原则、以利润最大化作为林

业生产目标的集中体现，从而有利于促进林业生产者充分合理利用资金等市场观念，加快林业生产的市场化进程。

由此可见，考虑资金的时间价值在林业投资项目评估中有着特殊的意义。项目评估的实质是一种经济预测分析，对于项目生命周期不同时刻发生的效益流入和成本流出，只有在充分考虑时间价值后，对项目投资效益的评估才能更符合实际，将其用做决策的依据才能更具科学性。

第二节 资金时间价值计算

一、资金时间价值基本要素

在货币时间价值的计算中，现在值和将来值之间的差额即为利息，也就是资金的时间价值。因此，这三者的关系可用下面的公式来表示：

现在值+利息=将来值

将来值-利息=现在值

从上式可知，资金时间价值的计算实际上就是对利息的计算。所以，终值、利息和现值也就构成了资金时间价值计算的3个基本要素。

二、资金时间价值计算

资金时间价值的计算方法和有关利息的计算方法相类似，因此资金时间价值的计算涉及利息计算方式的选择。目前有两种利息计算方式：单利计息和复利计息。

单利计息方式下，每期都按初始本金计算利息，当期利息即使不取出也不计入下期的计息基础，每期的计息基础不变。复利计息方式下，每期都按上期期末的本利和作为当期的计息基础，即通常说的"利上加利"，不仅要对初始本金计息还要对上期已经产生的利息再计息，每期的计息基础都在变化。不同的计息方法使资金时间价值的计算结果截然不同。复利计息法同单利计息法相比较，计算过程更复杂、计算难度更大。但它不仅考虑了初始资金的时间价值，而且考虑了由初始资金产生的时间价值，能更好地诠释资金的时间价值，因此财务管理中资金时间价值的计算一般都用复利计息法进行计算。

（一）资金类型

（1）一次性收付款项

一次性收付款项是指在某一特定时点上一次性支付（或收取），经过一段时间后再相应地一次性收取（或支付）的款项。一次性收付款项的特点是资金的收入或付出都是一次性发生的。

（2）年金

年金是指一定时期内每次等额收付的系列款项。年金的特点是资金的收入或付出不是一次性发生的，而是分次等额发生，而且每次发生的间隔期都是相等的。按照每次收付款发生的具体时点不同，又可以把年金分为普通年金、即付年金、递延年金和永续年金。其中普通年金和即付年金是年金的两种基本类型。

①普通年金 指从第一期开始，在一定时期内每期期末等额收付的系列款项，又称为后

付年金。

②即付年金 指从第一期开始,在一定时期内每期期初等额收付的系列款项,又称为先付年金。

③递延年金 指从第一期以后才开始的,在一定时期内每期期末等额收付的系列款项。它是普通年金的特殊形式。凡不是从第一期开始的普通年金都是递延年金。

④永续年金 指从第一期开始,无限期每期期末等额收付的系列款项。它也是普通年金的特殊形式。

(二)一次性收付款项的计算

(1)一次性收付款项终值的计算

一次性收付款项终值是指现在的一笔资本按复利计算的未来价值,又称本利和。其计算公式为:

$$FV=PV(1+i)^n \tag{6-1}$$

式中 FV——终值;

PV——现值;

i——利率;

n——期限;

$(1+i)^n$——一次性收付款项终值系数,也称复利终值系数,常用函数标记$(F/P, i, n)$来表示。因此,复利终值的计算公式也可以表示为:

$$FV=PV(1+i)^n=PV \cdot FVIF_{i,n}=PV \cdot (F/P, i, n) \tag{6-2}$$

为方便计算,可以查"复利终值系数表"得到,表6-2是其中的一部分。

【例6-2】现投资一林业工程,需要向银行借款200万元,年利率为7%,借款期为6年,到期一次还清付息。则6年末到期时本利和为:

$$FV=PV(1+i)^n=200\times(1+7\%)^6=300.2(万元)$$

或查表得: $(F/P, 7\%, 6)=1.501$

则 $FV=200\times(F/P, 7\%, 6)=200\times1.501=300.2(万元)$

表6-2 复利终值系数表

时间(年)	利率					
	5.00%	6.00%	7.00%	8.00%	9.00%	10.00%
1	1.050	1.060	1.070	1.080	1.090	1.100
2	1.103	1.124	1.145	1.166	1.188	1.210
3	1.158	1.191	1.225	1.260	1.295	1.331
4	1.216	1.262	1.311	1.360	1.414	1.464
5	1.276	1.338	1.403	1.469	1.539	1.611
6	1.340	1.419	1.501	1.587	1.667	1.772

(2)一次性收付款项现值的计算

一次性收付款项现值是指未来一定时间特定的资本按复利计算的现在价值。其计算公式为:

$$PV=FV(1+i)^{-n} \tag{6-3}$$

式中　PV——现值；

FV——终值；

i——利率；

n——期限；

$(1+i)^{-n}$——一次性收付款项现值系数，也称复利现值系数，常用函数标记$(P/F, i, n)$来表示。因此，复利现值的计算公式也可以表示为：

$$PV=FV(1+i)^{-n}=FV \cdot PVIF_{i,n}=FV \cdot (P/F, i, n) \tag{6-4}$$

为方便计算，可以查"复利现值系数表"得到，表6-3是其中的一部分。

表6-3　复利现值系数表

时间(年)	利率					
	5.00%	6.00%	7.00%	8.00%	9.00%	10.00%
1	0.952	0.943	0.935	0.926	0.917	0.909
2	0.907	0.890	0.873	0.857	0.842	0.826
3	0.864	0.840	0.816	0.794	0.772	0.751
4	0.823	0.792	0.763	0.735	0.708	0.683
5	0.784	0.747	0.713	0.681	0.650	0.621
6	0.746	0.705	0.666	0.630	0.596	0.564

【例6-3】某企业投资项目预计5年后可获得收益800万元，按年利率10%计算，则这笔钱的现值为：

$$PV=FV(1+i)^{-n}=800(1+10\%)^{-5}=800 \times 0.621=496.8(万元)$$

或查表得：　　　$(P/F, i, n)=(P/F, 10\%, 5)=0.621$

则　　　　　　$PV=800 \times (P/F, 10\%, 5)=800 \times 0.621=496.8(万元)$

(三)年金的计算

(1)普通年金终值的计算

普通年金终值是指一定时期内每期期末等额收付款项的复利终值之和。其计算公式为：

$$FVA=A \times \left[\frac{(1+i)^n-1}{i}\right] \tag{6-5}$$

式中　FV——终值；

A——年金；

i——利率；

n——期限；

$\frac{(1+i)^n-1}{i}$——普通年金终值系数，常用$(F/A, i, n)$表示。年金终值的计算公式也可以表示为：

$$FVA=A \cdot FVIFA_{i,n}=A \cdot (F/A, i, n) \tag{6-6}$$

它的值可以通过查"年金终值系数表"得到，表6-4是其中的一部分。

表 6-4 年金终值系数表

时间(年)	利率					
	5.00%	6.00%	7.00%	8.00%	9.00%	10.00%
1	1.000	1.000	1.000	1.000	1.000	1.000
2	2.050	2.060	2.070	2.080	2.090	2.100
3	3.153	3.184	3.215	3.246	3.278	3.310
4	4.310	4.375	4.440	4.506	4.573	4.641
5	5.526	5.637	5.751	5.867	5.985	6.105
6	6.802	6.975	7.153	7.336	7.523	7.716

【例 6-4】某项改扩建项目,每年向银行借款投资 500 万元,4 年建成投产,年利率为 7%,复利计息,则投产时一次还清借款本利和金额为:

$$FVA = A \times \left[\frac{(1+i)^n - 1}{i}\right] = 500 \times 4.440 = 2220(万元)$$

或查表得 $(F/A, i, n) = (F/A, 7\%, 4) = 4.440$

则 $FVA = 500 \times (F/A, 7\%, 4) = 500 \times 4.440 = 2220(万元)$

(2)普通年金现值的计算

普通年金现值是指一定期间每期期末等额的系列收付款项的现值之和。其计算公式为:

$$PVA = A \times \left[\frac{1-(1+i)^{-n}}{i}\right] \tag{6-7}$$

式中 PV——现值;

A——年金;

i——利率;

n——期限;

$\frac{1-(1+i)^{-n}}{i}$——普通年金现值系数,常用$(P/A, i, n)$表示。年金现值的计算公式也可以表示为:

$$PVA = A \cdot PVIFAi, n = A \cdot (P/A, i, n) \tag{6-8}$$

它的值可以通过查"年金现值系数表"得到,表 6-5 是其中的一部分。

表 6-5 年金现值系数表

时间(年)	利率					
	5.00%	6.00%	7.00%	8.00%	9.00%	10.00%
4	3.546	3.465	3.387	3.312	3.240	3.170
5	4.329	4.212	4.100	3.993	3.890	3.791
6	5.076	4.917	4.767	4.623	4.486	4.355
7	5.786	5.582	5.389	5.206	5.033	4.868
8	6.463	6.210	5.971	5.747	5.535	5.335
9	7.108	6.802	6.515	6.247	5.995	5.759

【例 6-5】某项投资,要求连续 8 年内连本带利全部收回,且每年年末等额收回本利和为

3万元,则年利率为7%,在复利计息条件下,初期投资额为:

$$PVA = A \times \left[\frac{1-(1+i)^{-n}}{i}\right] = 3 \times \left[\frac{1-(1+7\%)^{-8}}{7\%}\right] = 3 \times 5.971 = 17.913(万元)$$

或查表得 $(P/A, i, n) = (P/A, 7\%, 8) = 5.971$

则 $PVA = 3 \times (P/A, 7\%, 8) = 3 \times 5.971 = 17.913(万元)$

(3) 年偿债基金的计算

年偿债基金是指为了使年金终值达到既定金额,每年年末应收付的年金数额。其计算公式为:

$$A = FVA \times \left[\frac{i}{(1+i)^n - 1}\right] \tag{6-9}$$

式中 FVA——年金终值;

A——年金;

i——利率;

n——期限;

$\frac{i}{(1+i)^n - 1}$——偿债基金系数,常用$(A/F, i, n)$表示,它的值可以通过查"年金终值系数表",并求其倒数得到。

【例6-6】某工厂计划自筹资金于5年后新建一个生产车间,预计需要投资6000万元,则年利率为7%,在复利计息条件下,从现在起每年年末应等额存入银行资金为:

$$A = FVA \times \left[\frac{i}{(1+i)^n - 1}\right] = 6000 \times \left[\frac{7\%}{(1-7\%)^n}\right] = 6000 \times 0.1739 = 1043.4(万元)$$

或查表得$(F/A, i, n) = (F/A, 7\%, 5) = 5.751$,其倒数为 0.1739

则 $A = 6000 \times 0.1739 = 1043.4(万元)$

(4) 年资本回收额的计算

年资本回收额是指在给定的年限内等额回收初始投入资本或清偿所欠债务,每年年末应收付的年金数额。其计算公式为:

$$A = PVA \times \left[\frac{i}{1-(1+i)^{-n}}\right] \tag{6-10}$$

式中 PVA——年金现值;

A——年金;

i——利率;

n——期限;

$\frac{i}{1-(1+i)^{-n}}$——等额支付资金回收系数,常用$(A/P, i, n)$表示,它的值可以通过查"年金现值系数表",并求其倒数得到。

【例6-7】某林业工程项目投资借款现值100万元,年利率为7%,在复利计息条件下,拟定分5年于每年年末等额偿还,则每年的等额偿还金额为:

$$A = PVA \times \left[\frac{i}{1-(1+i)^{-n}}\right] = 100 \times \left[\frac{7\%}{1-(1+7\%)^{-5}}\right] = 100 \times 0.2439 = 24.39(万元)$$

或者查表得$(P/A, i, n) = (P/A, 7\%, 5) = 4.1$，其倒数为0.2439

则 $A = 100 \times 0.2439 = 24.39$（万元）

年金中的即付年金、递延年金和永续年金时间价值的计算均可以普通年金为基础计算而得。

三、贴现率选择

项目投资评价的两个关键参数是预期现金流量和贴现率。在能够正确估计未来现金流量的假设下，贴现率对项目投资评价的结论起着决定性的作用。项目投资的风险是客观存在的，投资者期望的报酬率包含需要进行风险补偿的报酬率。但如何计量风险？如何把风险转换成风险报酬进而确定一个合适的贴现率，目前常用的有几种方法。

（一）银行贷款平均利率法

采用银行贷款平均利率作为贴现率，这是投资项目获利水平的下限标准。

（二）行业平均利润率法

采用行业平均利润率作为贴现率，体现了本行业投资利润率的标准。若低于这一标准，即使投资项目不亏本，也会使行业平均利润水平下降。

（三）加权平均资金成本法

以企业的加权平均资金成本为贴现率，说明项目的资金利润率若不能高于企业的资金成本，实际上是无利可图的。

（四）资本成本定价模型法——CAPM模型

根据CAPM模型，某一特定投资项目的贴现率可按以下公式计算：

$$K_S = R_f + \beta(R_m - R_f) \tag{6-11}$$

式中 K_S——投资项目的贴现率，即投资者的预期报酬率；

R_f——无风险收益率；

β——项目风险系数；

R_m——全部股票市场的平均投资收益率；

$(R_m - R_f)$——市场风险溢价。

可以看出，贴现率由无风险收益率和风险溢价两部分构成。项目风险程度越高，要求的风险溢价就越高，贴现率也越高。

当然，在进行投资项目的经济评价时，不论选哪种贴现率指标进行贴现计算，在贴现率的量化上，都不能在整个项目寿命周期内一成不变，而应该根据宏观和微观不断变化的经济形势，在不同的情况下分别采用不同的贴现率对投资项目进行动态经济分析。这样做的要求很高，难度也很大，但唯有这样才能使经济分析和评价起到其应有的作用。

案例分析：

货币的时间价值案例——田纳西镇的巨额账单

如果你突然收到一张事先不知道的1260亿美元的账单，你一定会大吃一惊。而这样的事件却发生在瑞士田纳西镇的居民身上。纽约布鲁克林法院判决田纳西镇应向某一美国投资者支付这笔钱。最初，田纳西镇的居民以为这是一件小事，但当他们收到账单时，被这张巨额账单吓呆了。他们的律师指出，若高级法院支持这一判决，为偿还债务，所有田纳西镇的居民在其余生中不得不靠吃麦当劳等廉价快餐度日。

田纳西镇的问题源于1966年的一笔存款。斯兰黑不动产公司在内部交换银行(田纳西镇的一家银行)存入一笔6亿美元的存款。存款协议要求银行按每周1%的利率(复利)付息。1994年，纽约布鲁克林法院做出判决：从存款日到田纳西镇对该银行进行清算的7年中，这笔存款应按每周1%的复利计算，而在银行清算后的21年中，每年按8.54%的复利计息。

案例思考题：

(1)你知道1260亿美元是如何计算出来的吗？

(2)如果利率为每周1%，按复利计算，6亿美元增加到12亿美元需多长时间？

(3)本案例对你有何启示？

复习思考题

1. 简述资金时间价值及林业投资项目评估中为何要考虑资金的时间价值。
2. 简述资金时间价值的计算方法。
3. 简述年金的种类及如何计算。
4. 简述贴现率的种类。
5. 某人现存入银行10 000元，试计算：

(1)年利率为8%，按复利计算，3年后账上存款余额有多少？

(2)年利率为8%，按单利计算，3年后账上存款余额有多少？

6. 某企业投入200万元购买了一项专利，希望在5年内收回全部投资，若每年可获得等额收入，且贴现率为8%，问每年需有多少收入？

7. 某林业公司需用一台设备，买价为50 000元，可用5年。如果租用，则每年年末需付租金15 000元。假设利率为10%。请问企业应该租用还是购买该设备。

8. 金山公司2021年、2022年年初对一台设备投资各为50 000元，该项目于2023年年初完工并开始投产2023年、2024年、2025年、2026年年末现金流入量各为35 000元，而银行借款复利利率为9%。要求：

(1)按年金计算2023年年初投资额的终值。

(2)按年金计算各年现金流入量2023年年初的现值。

第七章 林业项目成本与效益比较

第一节 林业投资项目现金流量

一、现金流量含义

(一)现金流量基本概念

现金流量分析是第二次世界大战后首先在西方国家发展起来的一种经济分析预测方法,目前已经被世界上大多数国家接受、采用。现金流量是一个重要的经济概念,投资项目中使用的现金流量是借鉴财务分析中的现金流量概念。

投资项目通常要经历建设期、生产经营期或使用期(包括投产期和达产期两个阶段),并以此作为其完整的生命周期(即项目计算期)。从物质形态看,这个完整的生命周期表现为人们使用各种工具、设备,消耗一定量的能源,将各种原料加工、转化成所需的产品。从货币形态看,这个完整的生命周期表现为投入一定量的资金,花费一定的成本,通过产品销售获取一定的货币收入。

在投资项目的经济分析中,我们是将所考察的项目作为一个独立的经济系统看待的,而且不考虑实际运行中发生的欠账和坏账,所以所有的资金在进出项目系统时都被看作现金状态。评估中的现金流量反映的是项目在建设期和使用期内流入和流出项目系统的现金(资金)活动。

现金流量包括现金流入、现金流出和净现金流量3个具体概念。现金流入指该投资项目实施所引起的整个生命周期内现金收入的增加量,用"+"表示;现金流出指该投资项目实施所引起的整个生命周期内现金支出的增加量,用"-"表示。我们所说的现金流量既可以指现金流入量,也可以指现金流出量,没有特别说明时,现金流量是不分流入和流出的。由于资金时间价值的原因,不同时点的现金流量直接加减是没有意义的,所以我们所说的现金流量指的是具体时点的现金流量,并将同一时点上的现金流入量和现金流出量之差称为净现金流量。此外,需要注意的是,站在不同角度看,现金流入和现金流出的内容是有区别的。

(二)现金流量分析意义

(1)现金流量分析是进行投资决策分析的基础

投资项目的现金流量是指投资项目在整个期间(包括建设期和经营期)内所产生的现金流入和现金流出的总称,是进行投资决策分析的基础。现金流量的估计涉及许多变量,需要若干个人和部门的参与。如果一项投资的现金流量预测不够准确,那么任何一种投资决策分析方法无论多么精确,都将导致错误的决策。

(2)现金流量为投资决策提供重要的价值信息

财务会计按权责发生制计算企业的收入和成本,并以收入减去成本、税收之后的净利润作为收益,用来评价企业的经济效益。而在长期投资决策中则不能以这种方法计算的收入和支出作为评价项目经济效益高低的基础,而应以现金流量入作为项目的收入,以现金流量出作为项目的支出,以净现金流量作为项目的净收益,并在此基础上评价投资项目的经济效益。投资决策之所以要以按收付实现制计算的现金流量作为评价项目经济效益的基础,更重要的原因是同会计利润相比,现金流量更能为投资决策提供有用的价值信息。

①采用现金流量有利于科学地考虑时间价值因素　科学的投资决策必须考虑资金的时间价值,这就要求在决策时一定要弄清楚每笔预期现金收支款项的具体时间,因为不同时间的资金具有不同的价值。因此,在衡量方案优劣时,应根据各投资方案计算期内各年的净现金流量,按照折现率(资金成本),结合资金的时间价值来确定。而利润的计算并不考虑资金收付的时间,它是以权责发生制为基础的。

②采用现金流量才能使投资决策更符合客观实际情况　在长期投资决策中,应用现金流量能科学、客观的评价投资方案的优劣,而利润则明显存在不科学、不客观的成分。

(3) 简化评价指标的计算

利用现金流量信息,排除了非现金收付内部周转的资本运动形式,从而简化了有关投资决策评价指标的计算过程。

二、现金流量确定原则

识别并估计与投资决策相关的现金流量有3个基本原则:实际现金流量原则、相关(不相关)原则和目标标准原则。

(一)实际现金流量原则

根据这一原则,投资项目的现金流量必须按它们实际发生的时间测量。如假设一项活动预计明年会产生一笔税费,但将在下一年支付。现金流出量必须按税费支付的那一年考虑,而不是利润表上记录税费的那一年。这也就可以解释为什么在现金流量表中没有折旧和摊销项目。这是因为固定资产和无形资产的投资遵循收付实现制原则,是在项目建设期投资发生年一次性全部计入项目现金流出中,不需要再另行折旧计入现金流出。其他现金流量项目也是按照这一原则处理的,目的是能够按照货币的时间价值,科学的考核项目的盈利状况。

实际现金流量原则的另一个含义是项目未来现金流量的价值必须用预计未来的当时价格和成本来计算,而不是用现在的价格和成本。也就是说,如果与项目相关的价格和成本由于通货膨胀预计会发生变动,那么名义现金流量,即考虑了预期通货膨胀的现金流量就应该被估计出来。需要注意的是,对通货膨胀的处理必须保持一致,如果现金流量中排除了通货膨胀因素,资本成本中也必须排除该因素;如果要考虑它,那么在项目预期现金流量和资本成本中都应该考虑进去。

最后,项目的预期现金流量必须用同一种货币来计量。当投资决策涉及的价格或成本以外国货币计价时,这些变量必须用预期的汇率转换成与它们等值的本国货币价值。

(二)相关(不相关)原则

根据这一原则,与投资决策相联系的相关现金流量仅仅指那些由于投资决策而引起的全面的未来现金状况变化的现金流量。换句话说,相关现金流量是增量现金流量或差异现金流量,它们等于实施投资情况下预期现金流量与拒绝投资情况下预期现金流量之间的差额。而不管项目是否采纳都存在的现金流量则为不相关现金流量。

此外，当估计一个项目的增量现金流量时，所有方面的影响都必须识别，即必须考虑到所有的相关成本和收益，即使它们不可能轻易地全部被量化，否则将无法正确地估计出项目的预期现金流量。

(三) 目标标准原则

根据这一原则，站在不同角度来看，现金流入和流出的内容是有区别的。如在一个既有自有资金又有贷款的项目中，在考虑项目投资(即将银行和企业看作一个整体)的盈利能力时，贷款的取得就不属于现金流入，贷款的还本付息也不是项目的现金流出，因为贷款本身即为项目投资的一部分；但是，在考虑资本金(即单纯从企业角度看)的盈利能力时，贷款的取得就构成了现金流入的一部分，贷款的还本付息也构成了项目现金流出的一部分。

三、林业投资项目评估中现金流量基本内容

从内容上看，现金流量包括现金流入量、现金流出量和净现金流量。

(1) 现金流入量

现金流入量是指林业投资项目引起的现金收入的增加额，通常包括：

①新增的营业收入　即由于项目建设扩大了企业或林农的生产能力，从而使企业或林农林产品产量增加以及营业收入的增加。

②回收固定资产残值　即项目终结时，处理固定资产的残值收入，应在项目的终止年计入项目的现金流入。

③回收流动资金　即项目结束时收回的原来投放在各种流动资产上的运营资金，也应在项目终止年计入项目的现金流入。

④其他现金流入　如国家对项目产品的补贴、项目方自己消费的项目产出等也构成项目现金流入的一部分。

(2) 现金流出量

现金流出量是指林业投资项目引起的现金支出的增加额，通常包括：

①项目建设投资　包括建设工程费用、建设其他费用和预备费用。建设工程费用包括种苗、林业基础设施、林业机械等固定资产购置、建筑及安装等投资；建设其他费用包括项目的无形资产投资、开办费等；预备费用包括基本预备费和涨价预备费。这些支出可能是一年中的投资支出，也可能在项目建设期内分几年支出。

②项目建设期利息支出　即建设期间各类债务支出(银行贷款利息和债券利息等)。

③垫支的流动资金　由于该项目建设的开展及运作，企业或林农因扩大再生产需要追加流动资金，作为购买增量种苗、农药等经营成本支出的启动资金。这类资金是项目运营期长期占用并周转使用的营运资金，应列入项目的现金流出。

④经营成本　项目建成后投产营运，必然要有相关的经营支出，如种苗、农药、燃料、电力、外雇劳力的工资、生产设备的维护、修理费等。这些支出一般是付现成本，也应列入项目的现金流出。

⑤各种税款　即项目投产后依法缴纳的、单独列示的各项税款，包括税金及附加、所得税等。

(3) 净现金流量

净现金流量是指该项目的现金流入量扣减现金流出量后的差额，流入大于流出时，净现金流量为正，否则，净现金流量为负。在不考虑所得税的情况下，项目正常生产经营期的净现金流量为：

净现金流量=现金流入量-现代流出量=营业收入-付现成本=税前利润+折扣　（7-1）

四、现金流量计算和图示表示

(一)现金流量计算

由于项目投资的投入、回收及收益的形成均以现金流量的形式表现，因此在整个项目计算期的各个阶段上，都有可能发生现金流量。为了衡量投资项目的经济效果，必须逐年估算每一时点上的现金流入量和现金流出量，以便利用资金时间价值的计算方法，将不同时点的现金流量转换为同一时点加以比较分析。

(1)现金流入量的估算

①新增营业收入的估算　应按照项目在经营期内有关产品的各年预计单价(不含增值税)和预测销售量进行估算。在按总价法核算现金折扣和销售折让的情况下，营业收入指不包括折扣和折让的净额。此外，为了简化核算，可假定正常经营年度内每期发生的赊销额与回收的应收账款大体相等。

②回收固定资产残值的估算　由于一般假设主要固定资产的折旧年限等于生产经营期，则对于新建项目来说，只要按主要固定资产原值乘以法定残值率即可估算出在终结点发生的回收固定资产残值；在生产经营期内提前回收的固定资产残值可根据其预计净残值估算；对于更新改造项目，往往需要估算两次：第一次估算在建设起点发生的回收余值，第二次仿照新建项目的办法估算在终结点发生的回收余值。

③回收流动资金的估算　假定在经营期间不发生提前回收流动资金，则在终结点一次回收的流动资金应等于各年垫支的流动资金投资额的合计数。

(2)现金流出量的估算

①项目建设投资的估算　其中固定资产投资应当根据项目规模和投资计划中确定的各项建筑工程费用、设备购置成本、安装工程费用和其他费用来估算。对于无形资产投资和其他投资，应根据需要和可能，逐项按有关的资产评估方法和计价标准进行估算。

②项目建设期利息支出的估算　根据各项债务总额、利率及期限进行利息支出的估算。

③垫支的流动资金估算　首先应根据与项目有关的经营期每年流动资产需用额和该年流动负债需用额的差来确定本年流动资金需用额；然后用本年流动资金需用额减去截至上年末的流动资金占用额(即以前年度已经投入的流动资金累计数)确定本年的流动资金增加额。

④经营成本估算　与项目相关的某年付现成本等于当年的总成本费用(含期间费用)扣除该年折旧额、无形资产和开办费的摊销额等非付现成本项目后的差额。项目每年总成本费用可以在经营期内一个标准年份的正常产销量和预计消耗水平的基础上进行测算；年折旧额、年摊销额可根据本项目的固定资产原值、无形资产和开办费投资，以及这些项目的折旧或摊销年限进行估算。

⑤各项税款的估算　进行新建项目投资决策时，通常只需要估算所得税；更新改造项目

还需要估算因变卖固定资产发生的税金及附加。

(二)现金流量图示表示

(1)现金流量图

为了直观地反映林业投资项目的现金流入和流出状况,常使用如图 7-1 所示的现金流量图。现金流量图是在时间坐标上,用带箭头的垂直线段,形象的表示现金流发生的时间及现金流的大小和流向。图 7-1 中,水平线表示时间间隔,0 为起点,n 为终点;箭头表示现金流的方向,箭头向下,表示现金流出,箭头向上,表示现金流入;现金流一般都用数字或字母标注,带箭头的垂直线段的长短与现金流量的大小成正比。

图 7-1　现金流量图

(2)累计净现金流量曲线

将各年净现金流量的数值逐年累加,可得到各年的累计净现金流量值,它表示从项目开始到该年为止的期间内所有现金流量的代数和,从经济角度直观地反映了项目总体的进展情况。

以时间为横轴,累计净现金流量数值为纵轴,可作出如图 7-2 所示的累计净现金流量曲线。图中,AB 为项目开发、可行性研究及设计等准备阶段;BC 为基建、购置安装设备等建设投资阶段,因开支较大,曲线较陡;CD 为生产准备阶段,D 为曲线最低点,TD 表示项目累计最大支出;DE 为试产阶段,由于销售收入大于经营成本,项目开始盈利,曲线开始上升;EF 为达产阶段,每年有稳定的利润;F 为收支平衡点,累计净现金流量为 0;

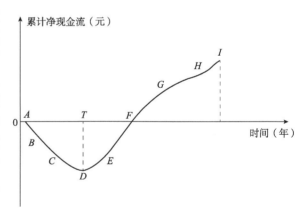

图 7-2　累计净现金流量曲线

FGH 是盈利阶段,GH 接近寿命终了,盈利水平下降,曲线斜率变小;HI 表示项目最后有固定资产残值及流动资金回收。

第二节　现金流量表

林业投资项目的经济期寿命期较长,其现金流入和流出要持续多年,且各年现金流量的内容和数量各不相同。所以在实际工作中,确定项目的净现金流量通常是通过编制项目现金流量表来完成的。

一、现金流量表概念和意义

林业项目投资决策中的现金流量表是一种能够全面反映林业投资项目在其项目计算期内每年的现金流入和现金流出量的具体构成内容,以及净现金流量水平的经济报表。现金流量表是项目财务经济分析中最重要、最基础的表格。

编制现金流量表的意义如下:

①可以更为科学的分析项目的盈利状况 由于现金流量表是按实际发生时间记录的,因此采用一定的折现率,就可以将各种费用和效益折算到当期,这样比较时就消除了发生时间不同造成的不等值现象,从而更加科学地分析项目的盈利状况。

②可以判断项目实际具有的投资效率 内部收益率是项目实际能达到的投资效率,指的是净现值为零时的折现率。依据项目现金流量推算投资项目的内部收益率,可以判断出项目的抗风险能力。

③可以对项目进行不确定性分析和风险分析,加强项目管理 现金流入和现金流出中某一个项目的数据发生变化,都会引起投资项目效益的变化。因此,通过对流入项目和流出项目的计算分析,可以看出它们的变动对项目效益的影响程度以及项目可以承受的变动极限。这样,对敏感性因素加强监控,可以大大降低项目的风险,提高项目的成功率。

二、现金流量表基本结构

不同类型的现金流量表,其具体内容是不同的。但是,所有的现金流量表,其基本结构则是类似的。一般由4个部分组成:

(1)表头

包括表号、表名和计算单位。此外,还应注明本表所确定的现金流量的投资主体是谁,如"全部投资""自有资金""中方投资""外商投资"或"国民经济"等。

(2)行标题和列标题

列标题列示项目生命周期各年;行标题列示项目生命周期发生的各项经济内容。主要包括:现金流入、现金流出、净现金流量、累计净现金流量、净现金流量现值和累计净现金流量现值。

(3)表体

表体格式为多栏式,有横排版和竖排版两种版式,这里仅介绍横排版。横排版现金流量表表体格式分为上下两部分,上半部分记录项目计算期内有关现金流量具体项目和净现金流量的数据,下半部分为评价指标,如投资回收期、净现值、内部收益率等。根据投资项目的项目计算期长短,现金流量表可分页编制。

(4)表注

说明该表编制过程中的特殊处理问题,如采用的特殊政策、特殊计算方法等。

三、现金流量表实例

【例7-1】某新建项目建设期3年,生产期12年,寿命期共15年,各年度的现金流量如下:
①现金流入 第1~3年为建设期,没有现金流入;第4年进入生产期,年产量为设计能力的80%,销售收入为600万元;第5年后达产,年销售收入为750万元;最后一年回收流动资金160万元,回收固定资产残值40万元(表7-1)。

表 7-1 某项目全投资现金流量表

单位：万元

序号	内容	建设期 1	2	3	生产期 4	5	6	7	8	9	10	11	12	13	14	15	合计
1	（一）现金流入				600	750	750	750	750	750	750	750	750	750	750	950	9050
2	销售收入				600	750	750	750	750	750	750	750	750	750	750	750	8850
3	回收固定资产残值															40	40
4	回收流动资金															160	160
5	（二）现金流出	120	70	60	565	687	634	634	634	634	634	634	634	634	634	634	7842
6	固定资产投资	120	70	60													250
7	流动资金				80	80											160
8	经营成本				441	552	552	552	552	552	552	552	552	552	552	552	6513
9	税金及附加				44	55	55	55	55	55	55	55	55	55	55	55	649
10	所得税						27	27	27	27	27	27	27	27	27	27	270
11	（三）净现金流量	−120	−70	−60	35	63	−36	80	196	312	428	544	660	776	892	1208	1208
12	（四）累计净现金流量	−120	−190	−250	−215	−152											—
13	（五）净现金流量现值	−109	−58	−45	24	39	65	60	54	49	45	41	37	34	31	76	341
14	（六）累计净现金流量现值	−109	−167	−212	−188	−149	−84	−24	30	79	124	165	202	235	266	341	—

动态投资回收期：$T_p = 7 + 24/54 = 7.44$（年）

净现值（$i = 10\%$）：$NPV = 341$（万元）

内部收益率：$IRR = 26\%$

②现金流出　固定资产投资共 250 万元，第 1 年 120 万元，第 2 年 70 万元，第 3 年 60 万元；流动资金第 4、第 5 年分别增加 80 万元；经营成本第 4 年为 441 万元，第 5 年以后各年为 552 万元；税金及附加第 4 年为 44 万元，第 5 年起每年为 55 万元；所得税假定从第 6 年开始每年交 27 万元。

请根据以上资料编制该项目的现金流量表($i=10\%$)。

第三节　静态比较分析指标

静态比较分析的特点是不考虑资金的时间价值，主要包括静态投资回收期、借款偿还期、投资收益率等指标。由于这类指标不考虑时间价值，易于计算和理解，在实际应用中不失为一种较好的辅助分析方法。下面介绍几种常用的静态比较分析指标的计算方法。

一、静态投资回收期

投资回收期，是指投资回收的期限，即用投资方案所产生的净现金收入回收初始全部投资所需的时间。对于投资者而言，投资回收期短，说明项目投资回收快，抗风险能力强。

静态投资回收期指不考虑资金时间价值因素计算的投资回收期，计算公式为：

$$\sum_{t=0}^{P}(CI-CO)_t = 0 \tag{7-2}$$

式中　CI——现金流入量；

CO——现金流出量；

$(CI-CO)_t$——第 t 年的净现金流量；

P——静态投资回收期。

此外，投资回收期可借助项目投资现金流量表计算。项目投资现金流量表中累计净现金流量由负值变为零的时点即为项目的静态投资回收期。计算公式为：

$$P = \begin{pmatrix} \text{累计净现金流量} \\ \text{开始出现正值的年份} \end{pmatrix} - 1 + \frac{|\text{上年累计净现金流量}|}{\text{当年净现金流量}} \tag{7-3}$$

【例 7-2】某林业项目现金流量见表 7-2 所列：

表 7-2　某林业项目现金流量表（部分）　　　　　　　　　万元

序号	项目	时间（年）						
		0	1	2	3	4	5	6
1	现金流入			5000	6000	8000	8000	7500
2	现金流出	6000	4000	2000	2500	3000	3500	3500
3	净现金流量	-6000	-4000	3000	3500	5000	4500	4000
4	累计净现金流量	-6000	-10 000	-7000	-3500	1500	6000	10 000

根据上述资料，项目的静态投资回收期计算如下：

$$P = 4 - 1 + \frac{|-3500|}{5000} = 3.7(\text{年})$$

二、固定资产投资借款偿还期

固定资产投资借款偿还期是指在国家财政规定及项目具体的财务条件下，利用项目投产后可以用作还款的利润、折旧及其他收益来偿还固定资产投资借款本金和利息所需要的时间，是反映项目财务清偿能力的重要指标。

固定资产投资借款偿还期的计算公式为：

$$I_d = \sum_{t=0}^{P_d} (R_p + D + R_0 - R_t)_t \tag{7-4}$$

式中　I_d——固定资产投资借款本金和利息之和；

　　　P_d——固定资产投资借款偿还期（从建设期开始年算起，当从投产年算起时，应予注明）；

　　　R_p——年利润总额；

　　　D——年可用作偿还借款的折旧；

　　　R_0——年可用作偿还借款的其他收益；

　　　R_t——还款期间的年企业留利；

　　　$(R_p + D + R_0 - R_t)_t$——第 t 年可用于还款的余额。

计算数据可以取自项目的财务平衡表。固定资产投资借款偿还期可由财务平衡表直接推算而得，计算公式为：

$$P_d = \left(\begin{array}{c}\text{借款偿还后出现}\\ \text{正值(盈余)的对应年份}\end{array}\right) - 1 + \frac{\text{当年应偿还的借款额}}{\text{当年可用于还款的总收益额}} \tag{7-5}$$

三、投资收益率

投资收益率是指项目在正常生产年份的净收益与投资总额的比值。一般表达式为：

$$R = NB / I \tag{7-6}$$

式中　R——投资收益率；

　　　NB——正常生产年份的年均净利润，根据不同的目的，NB 可以是利润、税前利润，也可以是年净现金流量等；

　　　I——投资总额，根据分析目的的不同，I 可以是全部投资额（即固定资产投资、建设期借款利息和流动资金之和），也可以是投资者的权益投资额（如资本金）。

因此，由于 NB 和 I 的含义不同，投资收益率常用的形式有投资利润率、投资利税率和资本金利润率。

（1）投资利润率

$$\text{投资利润率} = \frac{\text{年利润总额或年均利润总额}}{\text{项目总投资}} \times 100\% \tag{7-7}$$

年利润总额 = 年销售收入 − 年税金及附加 − 年总成本费用

该指标是考察项目单位投资盈利能力的静态指标。如果年利润总额表示纯收入，投资利润率也称投资效果系数。如果年利润总额表示纯收入加折旧，投资利润率又称投资回收率。

（2）投资利税率

$$\text{投资利税率} = \frac{\text{年利税总额或年均利税总额}}{\text{项目总投资}} \times 100\%$$

年利税总额=年利润总额+年税金及附加

=年销售收入-年总成本费用   (7-8)

该指标是考察项目单位投资对国家积累的贡献水平。

(3) 资本金利润率

$$资本金利润率=\frac{年利润总额或年均利润总额}{资本金}\times100\% \quad (7-9)$$

该指标反映了项目的资本金的盈利能力。

投资收益率指标主要反映投资项目的盈利能力，计算简便，易于理解。但是不适用于年度间收益率变动较大的项目，同时也没有考虑资金的时间价值。使用该指标时，需要与本行业的平均水平(行业平均投资收益率)作对比，以判断项目盈利能力是否达到了行业的平均水平。

第四节 动态比较分析指标

林业投资项目存在的期限往往延续若干年，在此期间都有收益和成本的支出发生。因此，若将不同时间出现的各种收益及成本支出均做贴现处理，就可以在现值的基础上对其进行比较分析，这种方法即为动态比较分析方法。常用的动态比较分析指标主要有动态投资回收期、净现值、费用现值、费用年值、内部收益率、效益-费用比等。

一、动态投资回收期

动态投资回收期是指考虑了资金时间价值因素计算的投资回收期。一般公式为：

$$\sum_{t=0}^{T_p}(CI-CO)_t(1+i_0)^{-t}=0 \quad (7-10)$$

式中　T_p——动态投资回收期；

i_0——折现率，一般取行业基准收益率或社会折现率。

动态投资回收期也可以借助现金流量表(表7-3)计算，项目投资现金流量表中累计净现金流量折现值由负值变为零的时点即为项目的动态投资回收期。计算公式为：

$$P=\binom{累计净现金流量折现值}{开始出现正值的年份}-1+\frac{|上年累计净现金流量折现值|}{当年净现金流量折现值} \quad (7-11)$$

【例7-3】利用例7-2中的数据，计算该林业投资项目的动态投资回收期($i=10\%$)。

表7-3　某林业项目现金流量表(部分)　　　　　　　　　　　　　　　　万元

序号	项目	时间(年)						
		0	1	2	3	4	5	6
1	现金流入			5000	6000	8000	8000	7500
2	现金流出	6000	4000	2000	2500	3000	3500	3500
3	净现金流量	-6000	-4000	3000	3500	5000	4500	4000
4	净现金流量折现值	-6000	-3636	2479	2630	3415	2794	2258
5	累计净现金流量折现值	-6000	-9636	-7157	-4527	-1112	1682	3940

根据上述资料，项目的动态投资回收期计算如下：

$$T_p = 5 - 1 + \frac{|-1112|}{2794} = 4.4(年)$$

即在给定的折现率10%条件下，该项目需要经过4.4年才能使累计现金流入折现值抵消累计现金流出折现值。动态投资回收期反映了投资回收的快慢。

采用动态投资回收期进行项目评价时，需要将 T_p 与标准的动态投资回收期 T_b 进行比较，若 $T_p \leq T_b$ 则认为该项目合理。T_b 可以是国家或部门制定的标准，也可以是企业自己的标准。

投资回收期指标简单、直观，表明投资需要多少年收回，便于投资者衡量风险。但是投资回收期没有反映投资收回以后方案的情况，因此不能全面反映项目在整个寿命期内真实的经济效果。该指标一般适用于粗略评价，需要和其他指标结合使用。

二、费用现值和费用年值

费用现值就是把不同方案计算期内投资和年成本(现金流出)按基准收益率换算为基准年的现值。

费用年值就是把各方案计算期内的投资和年成本(现金流出)按基准收益率换算为系列年金。

费用现值和费用年值的计算公式为：

$$PC = \sum_{t=0}^{n} CO_t(P/F, i_0, t) = \sum_{t=0}^{n}(I+C-SV-SF)_t(P/F, i_0, t) \quad (7-12)$$

$$AC = PC(A/P, i_0, n) = \left[\sum_{t=0}^{n} CO_t(P/F, i_0, t)\right](A/P, i_0, n)$$

$$= \left[\sum_{t=0}^{n}(I+C-SV-SF)_t(P/F, i_0, t)\right](A/P, i_0, n) \quad (7-13)$$

式中　PC——费用现值；

　　　AC——费用年值；

　　　CO_t——第 t 年的现金流出；

　　　n——项目的寿命期；

　　　i_0——基准收益率或社会折现率；

　　　I_t——第 t 年的投资(包括固定资产投资和流动资金)；

　　　C_t——第 t 年的经营成本；

　　　SV_t——第 t 年回收固定资产余值；

　　　SF_t——第 t 年回收流动资金；

　　　A——年金；

　　　P——现值；

　　　F——终值。

费用现值和费用年值指标适用于项目的产出价值相同，或项目能够满足相同的需要，但其产出效果难以用货币计量时，如环保效果、教育效果等。此时，费用现值或费用年值最小的项目最优。

【例7-4】某林业投资项目有两个备选方案甲和乙，均能满足同样的需要，但各方案的投资及年运营费用不同，见表7-4所列。假设折现率$i_0=15\%$，试比较哪个方案较优。

表7-4 两个方案的费用数据表 万元

方案	期初投资	1~5年运营费用	6~10年运营费用
甲	70	10	13
乙	100	8	10

解：各方案的费用现值计算如下：

$$PC_{甲} = 70+10(P/A, 15\%, 5)+13(P/A, 15\%, 5)(P/F, 15\%, 5)$$
$$= 125.19(万元)$$
$$PC_{乙} = 100+8(P/A, 15\%, 5)+10(P/A, 15\%, 5)(P/F, 15\%, 5)$$
$$= 143.43(万元)$$

各方案的费用年值计算如下：

$$AC_{甲} = 125.19(A/P, 15\%, 10) = 24.94(万元)$$
$$AC_{乙} = 143.43(A/P, 15\%, 10) = 28.59(万元)$$

根据费用最小的原则，由于$PC_{甲}<PC_{乙}$，$AC_{甲}<AC_{乙}$，则方案甲最优。

由上面的例子可知，在各方案寿命期相等时，费用现值和费用年值是等价的。

如果各方案的寿命期不等，在使用费用现值进行比选时，应将寿命期延长至所有方案寿命期的最小公倍数，否则将不具有可比性。而费用年值指标则可直接用于寿命期不同的方案比较。

三、净现值

（一）净现值

净现值（NPV）是指项目在寿命期内各年的净现金流量，按照一定的折现率折现到期初时的现值之和。计算公式为：

$$NPV = \sum_{t=0}^{n}(CI-CO)_t(1+i_0)^{-t} \tag{7-14}$$

式中 NPV——净现值；

$(CI-CO)_t$——第t年的净现金流量；

i_0——基准收益率。

净现值表示在规定的折现率i_0的情况下，项目在不同时点发生的净现金流量折现到期初时，整个寿命期内所能得到的净收益。如果$NPV=0$，说明项目正好达到了规定的基准收益率；如果$NPV>0$，说明项目除能达到基准收益率外，还能得到超额收益；如果$NPV<0$，说明项目达不到规定的基准收益率水平。

因此，用净现值指标评价单个项目的准则为：$NPV\geq 0$，项目在经济上是合理的；$NPV<0$，项目在经济上不合理，应予否定。

【例7-5】某林业设备的购价为40 000元，每年的运行收入为15 000元，年运行费用为3500元，4年后设备可以按5000元转让，若基准收益率为20%，问此设备投资是否值得。

解：按净现值指标进行评价

$$NPV = \sum_{t=0}^{n}(CI-CO)_t(1+i_0)^{-t}$$
$$= -40\,000 + (15\,000-3500)(P/A,20\%,4) + 5000(P/F,20\%,4)$$
$$= -7818.5(元)$$

由于 $NPV(20\%)<0$，则该设备投资在经济上不合理。

由净现值的计算公式可知，对于同一现金流量，净现值的大小与基准收益率成反比，则基准收益率越高，能被接受的项目就越少。采用净现值评价投资项目时，需要预先给定折现率，而给定的折现率的高低又直接影响净现值的大小。在投资制约的条件下，项目净现值的大小一般不能直接评定投资额不同的项目的优劣，这时应考虑投资效益费用比。

此外，我国2006年最新颁布的《建设项目经济评价方法与参数(第3版)》中确定了林业建设项目财务基准收益率，可供参考。

表 7-5 林业建设项目财务基准收益率

序号	名称	财务基准收益率(%)(融资前税前指标)			财务基准收益率(%)(项目资本金税后指标)		
		专家调查结果	行业测算结果	协调结果	专家调查结果	行业测算结果	协调结果
1	林产加工	12	11	11	11	—	11
2	森林工业	12	12.5	12	15	12.4	13
3	林纸林化	13	12	12	15	12	12
4	营造林	10	6~8	8	12	7~9	9

(二)增量净现值

增量净现值(ΔNPV)是指 X 和 Y 两个项目，在寿命期内各年的增量净现金流量，按照一定的折现率折现到期初时的现值之和。计算公式为：

$$\Delta NPV = \sum_{t=0}^{n}(\Delta CI - \Delta CO)_t(1+i_0)^{-t} \xrightarrow{\Delta CI = CI_X - CI_Y,\ \Delta CO = CO_X - CO_Y}$$
$$\Delta NPV = \sum_{t=0}^{n}(CI_X - CO_X)_t(1+i_0)^{-t} - \sum_{t=0}^{n}(CI_Y - CO_Y)_t(1+i_0)^{-t}$$
$$= NPV_X - NPV_Y \tag{7-15}$$

式中 ΔNPV——增量净现值；
ΔCI——项目 X 与项目 Y 的增量现金流入；
ΔCO——项目 X 与项目 Y 的增量现金流出；
NPV_X——项目 X 的净现值；
NPV_Y——项目 Y 的净现值。

由上式可知，增量净现值的第二个表达方式为：两个项目净现值之差。

使用增量净现值比选两个项目的准则为：若 $\Delta NPV \geq 0$，即 $NPV_X \geq NPV_Y$，X 项目优于 Y 项目；若 $\Delta NPV < 0$，即 $NPV_X < NPV_Y$，则 Y 项目优于 X 项目。

【例7-6】某林业企业为增加产量，计划进行设备投资，有两个可选项目，寿命期均为6年，不计残值，基准收益率为10%，各项目的现金流量见表7-6所列，试进行项目的比选。

表7-6　X和Y项目的现金流量　　　　　　　　　　　　　　　　　　万元

项目	0年	1~6年
X	-200	70
Y	-300	95

解法一：计算增量净现金流，从而得到增量净现值(表7-7)。

表7-7　X和Y项目的增量现金流量　　　　　　　　　　　　　　　　万元

项目	0年	1~6年
Y-X	-100	25

$$\Delta NPV_{Y-X} = \sum_{t=0}^{n}(\Delta CI - \Delta CO)_t(1+i_0)^{-t}$$
$$= -100 + 25(P/A, 10\%, 6) = 8.8(万元)$$

由于 $\Delta NPV > 0$，则Y项目优于X项目。

解法二：计算两个项目的净现值，从而得到增量净现值。

$$\begin{cases} NPV_X = -200 + 70(P/A, 10\%, 6) = 104.9(万元) \\ NPV_Y = -300 + 95(P/A, 10\%, 6) = 113.7(万元) \end{cases}$$

$$\Rightarrow \Delta NPV_{Y-X} = NPV_Y - NPV_X = 8.8(万元)$$

与解法一的结果相同。

四、净年值

净年值(NAV)与净现值相似，通过资金等值计算，将项目的净现值分摊到寿命期内各年的等额年值。计算公式为：

$$NAV = NPV(A/P, i_0, n) = \sum_{t=0}^{n}(CI - CO)_t(1+i_0)^{-t}(A/P, i_0, n) \qquad (7-16)$$

由上式可知，当 $NPV \geq 0$ 时，$NAV \geq 0$，项目在经济效果上可以接受；当 $NPV < 0$ 时，$NAV < 0$，项目在经济效果上应予否定。则净年值与净现值是等效评价指标。需要注意的是，对于寿命期不同的项目，应该使用净年值进行比选，如果要使用净现值指标，应将各自的寿命期延长至全部寿命期的最小公倍数，否则将不具可比性。

【例7-7】利用例7-5中的数据，用净年值指标对项目进行评价。

解：按净年值指标进行评价

$$NAV = NPV(A/P, i_0, n) = -7818.5(A/P, 20\%, 4)$$
$$= -7818.5 \times 0.38629 = -3020.21(万元)$$

由于 $NAV(20\%) < 0$，则该项目在经济上不合理。

五、内部收益率

(一)内部收益率

内部收益率(IRR)是指能使项目寿命期内累计净现金流量折现值为零的折现率,反映的是项目实际能达到的投资报酬率。

内部收益率可以通过求解下述方程求得:

$$\sum_{t=0}^{n}(CI-CO)_t(1+IRR)^{-t}=0 \tag{7-17}$$

式中　IRR——内部收益率。

上式是一个高次方程,不容易直接求解,通常采用"试算内插法"求 IRR 的近似解:

①设初始折现率 i_1,一般可以选行业基准收益率 i_0 作为 i_1,并计算对应的净现值 $NPV(i_1)$。

②若 $NPV(i_1)\neq 0$,则根据 $NPV(i_1)$ 是否大于零再设 i_2。若 $NPV(i_1)>0$,则设 $i_2>i_1$;若 $NPV(i_1)<0$,则设 $i_2<i_1$。计算对应的 $NPV(i_2)$。

③重复步骤②,直到出现 $NPV(i_n)>0$,$NPV(i_{n+1})<0$ 或 $NPV(i_n)<0$,$NPV(i_{n+1})>0$ 时,用线性内插法就可以计算 IRR 的近似值,即:

$$IRR=i_n+\frac{NPV(i_n)}{|NPV(i_{n+1})|+|NPV(i_{n1})|}(i_{n+1}-i_n) \tag{7-18}$$

④计算误差取决于 $|i_{n+1}-i_n|$ 的大小,为此,一般控制在 $|i_{n+1}-i_n|<5\%$ 以内。

设基准收益率为 i_0,用 IRR 评价单个项目的判别准则是:若 $IRR\geq i_0$,则项目在经济效果上可以接受;若 $IRR<i_0$,则项目在经济效果上应予否定。

【例 7-8】 根据例 7-2 中的数据,计算项目的内部收益率。

解:根据例 7-2 可知,当 $i_0=10\%$ 时,$NPV(10\%)=3940>0$,则提高 i,再取 $i_1=20\%$,$i_2=25\%$,计算对应的 NPV 值。

$$\begin{cases} i_1=20\%, & NPV(20\%)=336>0 \\ i_2=25\%, & NPV(25\%)=-917<0 \end{cases}$$

$$\Rightarrow IRR=20\%+\frac{336}{336+917}(25\%-20\%)=21.3\%$$

即该项目的内部收益率为 21.3%。若基准收益率为 10%,由于 $IRR>10\%$,则该项目在经济效果上是可以接受的。

内部收益率的特点:①是项目投资的盈利率,由项目现金流量决定,即内生决定,反映了投资的使用效率;②反映的是项目寿命期内没有回收的投资的盈利率,而不是初始投资在整个寿命期内的盈利率;③适用于常规投资项目(即在寿命期内除建设期或投产初期的净现金流量为负值之外,其余年份均为正值,寿命期内净现金流量的正负号只从负到正变化一次,且所有负现金流量都出现在正现金流量之前的项目)。

(二)增量内部收益率

当内部收益率指标用于两个方案比选时,通常采用增量内部收益率(ΔIRR)指标,即使增量净现值为零的折现率。

增量内部收益率的计算公式为：

$$\Delta NPV(\Delta IRR) = \sum_{t=0}^{n} (\Delta CI - \Delta CO)_t (1+\Delta IRR)^{-t} = 0 \xrightarrow{\Delta CI = CI_X - CI_Y,\ \Delta CO = CO_X - CO_Y}$$

$$\Delta NPV(\Delta IRR) = \sum_{t=0}^{n} (CI_X - CO_X)_t (1+\Delta IRR)^{-t} - \sum_{t=0}^{n} (CI_Y - CO_Y)_t (1+\Delta IRR)^{-t} = 0 \quad (7\text{-}19)$$

$$\Rightarrow \sum_{t=0}^{n} (CI_X - CO_X)_t (1+\Delta IRR)^{-t} = \sum_{t=0}^{n} (CI_Y - CO_Y)_t (1+\Delta IRR)^{-t}$$

$$\Rightarrow NPV_X(\Delta IRR) = NPV_Y(\Delta IRR)$$

式中　ΔNPV——增量净现值；

　　　ΔIRR——增量内部收益率；

　　　ΔCI——项目 X 与项目 Y 的增量现金流入；

　　　ΔCO——项目 X 与项目 Y 的增量现金流出；

　　　NPV_X——项目 X 的净现值；

　　　NPV_Y——项目 Y 的净现值。

由上式可知，增量内部收益率的第二种表达方式为：两个项目净现值（或净年值）相等时的折现率。

使用增量内部收益率比选两个项目的准则为：若 $\Delta IRR \geqslant i_0$，则增量投资部分达到了规定的要求，增加投资有利，投资（现值）大的项目较优；若 $\Delta IRR < i_0$，则增加投资不利，投资（现值）小的方案较优。

【例 7-9】 根据例 7-6 中的数据，假设基准收益率为 10%，利用增量内部收益率判断哪个项目较优。

解： 由表 7-7 可知：

$$\Delta NPV(\Delta IRR) = \sum_{t=0}^{n} (\Delta CI - \Delta CO)_t (1+\Delta IRR)^{-t} = 0$$

$$\Rightarrow \Delta NPV_{Y\text{-}X}(\Delta IRR) = -100 + 25(P/A, \Delta IRR_{Y\text{-}X}, 6) = 0$$

$$\begin{cases} i_1 = 12\%,\ \Delta NPV_{Y\text{-}X}(12\%) = 2.785(万元) \\ i_2 = 15\%,\ \Delta NPV_{Y\text{-}X}(15\%) = -5.388(万元) \end{cases}$$

$$\Rightarrow \Delta IRR_{Y\text{-}X} = 12\% + \frac{2.785}{2.785+5.388}(15\% - 12\%) = 13.02\%$$

由于 $\Delta IRR > 10\%$，则投资大的方案较优，即 Y 方案优于 X 方案。

（三）净现值率

净现值率是项目净现值与项目投资总量现值 I_P 之比，反映了单位投资现值所能带来的净现值，是一种效率型指标。计算公式为：

$$NPVR = \frac{NPV}{I_P} = \frac{\sum_{t=0}^{n}(CI-CO)_t(1+i_0)^{-t}}{\sum_{t=0}^{m} I_t(1+i_0)^{-t}} \quad (7\text{-}20)$$

式中　$NPVR$——净现值率；

　　　I_P——投资现值；

I_t——第 t 期的实际投资额；

m——项目建设期；

n——项目寿命期。

对于单一项目的评价，若 $NPV \geq 0$，则 $NPVR \geq 0$；若 $NPV < 0$，则 $NPVR < 0$。因此，净现值率与净现值是等效评价指标。

【例 7-10】 利用例 7-5 的数据，计算项目的净现值率。

解：由例 7-5 可知

$$NPVR = \frac{NPV}{I_P} = \frac{-7818.5}{40\ 000} = -19.55\%$$

由于 $NPVR < 0$，则项目在经济效果上应予否定。

六、效益-费用比

（一）效益-费用比

效益-费用比（$B-C$ 比）是指项目净效益（现值或年值）与净费用（现值或年值）之比，是一种效率型指标，主要用于评价公共事业投资方案的经济效果。因为对于非营利性的机构或投资者，投资目的是为公众创造福利和效果，而不是达到或超过基准收益率。就林业项目而言，其具有公益性、综合性、分类经营、分级管理、建设周期长、受自然影响大等特点，许多林业项目兼具公益性和盈利性。因此，林业项目应以效益费用分析为主。效益-费用比的计算公式为：

$$B-C \text{ 比} = \frac{\text{净效益（现值或年值）}}{\text{净费用（现值或年值）}} \tag{7-21}$$

计算该比率时，需要分别计算净效益和净费用。净效益包括投资项目对承办者和社会带来的收益，并减去项目实施给公众带来的损失；净费用包括项目投资者的所有费用支出，并扣除项目实施给投资者带来的所有节约。对于林业项目而言，净效益主要包括水土保持、防风固沙、涵养水源、净化空气、改善生态环境、增加森林资源、美化自然环境等；净费用主要包括移民搬迁安置、土地土壤改良、造林费用、森林保护、工程建设、项目运行维护费用等。

净效益和净费用的计算，常采用现值或年值表示，计算采用的折现率应该是公用事业资金的基准收益率或基金利率。对于单一项目的评价准则为：若 $B-C$ 比 > 1，即项目的净效益大于净费用，则项目在经济效果上是可以接受的；若 $B-C$ 比 ≤ 1，即项目的净效益小于净费用，则项目在经济效果上应予否定。

【例 7-11】 某地区可以花费 295 万元进行防护林建设。这一项目实施后，每年需要 5 万元的维护费，但每年可节省环境治理费用 20 万元，每年水土保持的价值为 35 万元，但森林保护费用每年要增加 8 万元。假设基准收益率为 8%，经济寿命为 30 年，残值为零。试用 $B-C$ 法判断该项目是否可行。

解：由题可知，该项目的效益为节省的环境治理费用，保持水土价值；费用为造林费用，增加的维护费和森林保护费用。

$$B(\text{净效益年值}) = 20 + 35 = 55 (\text{万元／年})$$

$$C(\text{净费用年值}) = 295(A/P, 8\%, 30) + 5 + 8 = 39.2049 (\text{万元／年})$$

$$B\text{-}C \text{ 比} = \frac{B(\text{净效益年值})}{C(\text{净费用年值})} = 1.40$$

由于效益-费用比大于1，即该项目的净效益大于净费用，则项目在经济效果上是可以接受的。

(二) 增量效益-费用比

当对两个项目进行比选时，应该采用增量指标的比选方法，即根据增量效益-费用比进行判断。增量效益-费用比是指两个项目增加的净效益与增加的净费用之比。计算公式为：

$$\Delta B\text{-}C \text{ 比} = \frac{\Delta \text{净效益(现值或年值)}}{\Delta \text{净费用(现值或年值)}} = \frac{\text{净效益}_X - \text{净效益}_Y}{\text{净费用}_X - \text{净费用}_Y} \tag{7-22}$$

使用增量效益-费用比对两个项目进行比选的评价准则为：若 $\Delta B\text{-}C$ 比 >1，则增加的费用是有利的，费用大的项目较优；若 $\Delta B\text{-}C$ 比 ≤ 1，则增加的费用不利，费用小的项目较优。

复习思考题

1. 试述现金流量的概念和基本内容。
2. 试述现金流量的确定原则。
3. 试述林业投资项目评估中现金流量的基本内容。
4. 试比较静态分析和动态分析的区别。
5. 试述 NPV 和 IRR 分析方法的联系与区别。
6. 某林业项目的两个方案的现金流量见表 7-8 所列，请分别计算静态和动态投资回收期并进行比较（$i_0 = 10\%$）。

表 7-8　某林业项目现金流量　　　　　　　　　　　　　　　　　　　万元

项目	时间(年)						
	1	2	3	4	5	6	7
方案甲	-3000	700	700	1000	1000	1300	1300
方案乙	-3000	1000	1000	1000	1000	1300	1000

7. 某林业项目拟购置设备一套，有 X、Y 两种型号可供选择，两种型号设备性能相同，但使用年限不同，有关资料见表 7-9 所列。如果该项目的资金成本为 12%，应该选用哪一种型号的设备。

表 7-9　两种设备相关资料　　　　　　　　　　　　　　　　　　　　元

设备	售价	维修及操作成本								残值
		1	2	3	4	5	6	7	8	
X	20 000	4000	4000	4000	4000	4000	4000	4000	4000	3000
Y	10 000	3000	4000	5000	6000	7000	—	—	—	1000

8. 试用增量净现值法和增量内部收益率法比选表 7-10 所列的两个项目（$i_0 = 15\%$）。

表 7-10　项目各年现金流　　　　　　　　　　　　　　　　　　　　　元

项目	时间(年)			
	0	1	2	3
A	-100 000	40 000	40 000	50 000
B	-120 000	50 000	50 000	60 000

9. 建设一条高速公路，正在考虑两条备选路线：沿河路线和越山路线，两条路线的平均车速都提高了 50km/h，日平均流量都是 5000 辆，寿命均为 30 年，且无残值，基准收益率为 8%，其他数据见表 7-11 所列。试用增量效益-费用比来比较两条路线的优劣。

表 7-11　两条路线的效益费用　　　　　　　　　　　　　　　　　　元

方案	沿河路线	越山路线
全长(km)	20	15
初期投资(万元)	475	637.5
年维护及运行费用[万元/(km·辆)]	0.2	0.25
大修费每 10 年一次(万元/10 年)	85	65
运输费用节约[元/(km·辆)]	0.098	0.1127
时间费用节约[元/(h·辆)]	2.6	2.6

第八章 林业投资项目融资

第一节 林业投资项目融资概述

林业投资项目的融资评估是指在确定项目投资估算的资金总用量的基础上，对项目资金来源、融资方式、融资成本、资金结构、融资风险等方面的合理性和可靠性进行分析论证和评估。研究提出项目拟采用的融资方案，包括权益性融资和债务性融资，分析融资结构和资金成本。

一、林业投资项目融资概念

所谓林业投资项目融资是指以林业项目为对象进行的所有融通资金的活动，即是指投资项目通过各种途径筹集和融通到项目所需投资资金的全部经济活动。

二、林业投资项目融资原则

林业投资项目是一项重要而复杂的工作，为了有效地筹集项目所需资金，必须遵循一些基本原则。

（一）规模适当原则

项目的资金需要量往往是不断波动的，所谓规模适当是要求相关财务人员认真分析科研、生产、经营状况，采用科学方法，预测资金的需要数量，做到资金的需要量和资金的筹集量之间相互平衡。这样，既能避免因资金筹集不定，影响项目的正常进行，又可防止资金筹集过多，造成资金闲置，降低股东的收益水平。

（二）筹措及时原则

同等数量的资金，在不同时点上具有不同的价值，项目融资时应考虑资金时间价值，以便根据资金需要量的具体情况，合理安排资金的筹集时间，适时获取所需资金。一方面避免过早筹集资金形成资金投放的闲置，另一方面又可以防止取得资金的滞后，错过资金投放的最佳时间。

（三）成本节约原则

项目融资必然要付出一定代价，不同融资方式下的资金成本不同，为此，就需要对各种融资方式进行分析、对比、选择经济、可行的融资方式，通过适当的融资组合使项目的综合资金成本降到最低。

（四）结构合理原则

所谓结构合理是指项目在融资时应当合理安排资本结构，使股权性资金和债权性资金保持合理的比例关系，既要发挥债权性资金抵税的正面作用，又要防止债务负担过重，导致财务风险过大。此外，还应确定合理的长期资本和短期资本之间的比例。

（五）依法筹资原则

项目的融资活动影响着社会资本和资源的流向和流量，涉及相关主体的经济权益。企业开展融资活动的过程中，必须遵守国家有关法律法规及相关政策，依法筹集资金，履行约定的责任义务，维护有关各方的合法权益。

三、林业投资项目融资方式

融资方式是指项目筹集资金所采用的具体形式。林业投资项目融资主要包括资本金融资和负债融资两部分。资本金融资属于股权性资金筹集，具体包括发行普通股、发行优先股、保留利润和捐赠款及资本公积金；而负债融资属于债权性资金筹集，具体包括银行借款、发行债券和融资租赁。

近年来出现了一些新形式的林业投资项目融资方式，如 BOT 模式、TOT 模式和 ABS 模式。BOT 模式在林业项目融资中应用时，外资或民间资金作为林业项目的发起人从政府或所属机构获得某林业项目的建设和经营特许权；再由其独立或联合组建林业项目公司，负责林业项目的融资、设计、建造和运营；然后在特许期内，林业项目公司通过林业项目建设、运营获得利润；特许期满时，林业项目公司将整个林业项目转让给政府或所属机构。TOT 模式在林业项目融资中应用时，政府或所属机构应设立 SPC(special—purpose—corporation)（特别目的公司），将已建林业项目的所有权和拟建林业项目的所有权均转让给 SPC；SPC 确定拟建林业项目规模、建设周期、财务预算，发出招标邀请，确定经营融资对象；SPC 与外资或民间资金达成转让协议，移交已建林业项目，获得收益并用于拟建林业项目的建设；外资或民间资金经营已转让的已建林业项目，获得投资回报；移交的已建林业项目在特许期满后，SPC 收回之前转让的林业项目。ABS 模式在林业项目特别是商品林项目（如速丰林）中应用时，根据合同将林业项目资产所有权由原始权益人转至 SPC，SPC 销售资产支持证券后，将大部分发行收入按资产买卖合同规定的价格支付给原始权益人，从而将原始权益人缺乏流动性但能产生可预见现金流收入的林业项目资产转变为能在资本市场销售和流通的金融产品。在债券发行期间，速丰林项目资产所有权归 SPC，但项目运营决策权仍属原始权益人，债券期满还本付息后，林业资产所有权从 SPC 回归原始权益人，利用已建成的、流动性差的林业项目资产的现金流融资，可使原始权益人获得大量资金以投入到新的林业项目建设中，从而增加林产品的有效供给。

第二节 林业投资项目融资渠道及选择

一、林业投资项目融资渠道

林业项目的投资需求应以合适的资金来源渠道和筹措方案来满足并予以解决。目前我国林业投资项目的融资渠道主要有：

（一）政府资金

政策资金包括财政预算内及预算外资金。政府的资金可能是无偿的，也可能是作为项目资本金投资，或者是以贷款的形式出现。

(二)国内外银行等金融机构的贷款

国内外银行等金融机构贷款包括国家政策性银行、国内外商业银行、区域性及全球性国际金融机构的贷款。

亚洲基础设施投资银行(Asian Infrastructure Investment Bank,AIIB),简称亚投行,作为由中国提出创建的区域性金融机构,其主要业务是援助亚太地区国家的基础设施建设。为亚洲各国的基础设施项目提供融资支持——包括贷款、股权投资以及提供担保等,涉及交通、能源、电信、农业和城市发展在内的各个领域。如对印度西孟加拉湾的灌溉和洪水管理投资,对印度尼西亚战略性灌溉现代化和紧急恢复项目的投资。

区域全面经济伙伴关系协定(Regional Comprehensive Economic Partnership,RCEP)原产地证跨境融资业务:银行为企业提供的将 RCEP 原产地证作为优惠凭证,在贷款利率、费率、汇率等方面给予适当倾斜的业务,以及基于企业 RCEP 订单发放的 RCEP 原产地证流动资金贷款业务等。例如,桂林银行为某纸业企业发放 50 万元 RCEP 原产地证出口发票融资,从提交材料到落地放款仅用时 2d;桂林银行为南宁某新材料企业发放 300 万元 RCEP 原产地证流动资金贷款。

(三)国内外证券市场

国内外证券市场可以通过发行股票及债券的形式进行融资。

(四)国内外非银行金融机构的资金

国内外非银行金融机构的资金包括信托投资公司、投资基金公司、风险投资公司、保险公司、租赁公司的资金。

(五)外国政府的资金

外国政府的资金包括以贷款方式或以赠款形式提供的资金。

(六)国内外企业、团体、个人的资金

国内外企业、团体、个人可用于项目投资的资金。

(七)项目法人自有资金

项目法人可用于项目投资的自有资金。

二、林业投资项目融资渠道选择

(一)项目资本金

1. 项目资本金的含义

《国务院关于固定资产投资项目试行资本金制度的通知》规定,各种经营性固定投资项目必须实行资本金制度。各种经营性投资项目,包括国有单位的基本建设、技术改造、房地产开发项目和集体投资项目,试行资本金制度,投资项目必须首先落实资本金才能进行建设。个体和私营企业的经营性投资项目参照本通知的规定执行。公益性投资项目不实行资本金制度。

《国务院关于加强固定资产投资项目资本金管理的通知》规定:第一,投资项目资本金作为项目总投资中由投资者认缴的出资额,对投资项目来说必须是非债务性资金,项目法人不承担这部分资金的任何债务和利息;投资者可按其出资比例依法享有所有者权益,也可转让其出资,但不得以任何方式抽回。设立独立法人的投资项目,其所有者权益可以全部作为投资项目资本金。第二,对未设立独立法人的投资项目,项目单位应设立专门账户,规范设

置和使用会计科目,按照国家有关财务制度、会计制度对拨入的资金和投资项目的资产、负债进行独立核算,并据此核定投资项目资本金的额度和比例。第三,适用资本金制度的投资项目,属于政府投资项目的,有关部门在审批可行性研究报告时要对投资项目资本金筹措方式和有关资金来源证明文件的合规性进行审查,并在批准文件中就投资项目资本金比例、筹措方式予以确认;属于企业投资项目的,提供融资服务的有关金融机构要加强对投资项目资本金来源、比例、到位情况的审查监督。

项目资本金是指投资者缴付的出资额,包括资本金和资本溢价。新建项目的资本金是指设立时在工商行政管理部门登记的注册资金。资本金是项目的非债务性资金,项目法人不承担这部分资金的任何利息和债务。而投资者可按其认缴的出资额比例依法享有所有者权益,也可能出让其出资,但不得以任何方式抽回。根据投资主体的不同,资本金可分为国家资本金、法人资本金、个人资本金及外商资本金等。资本溢价是指在资金筹集过程中,投资者缴付的出资额超出资本金的差额,最典型的是发行股票的溢价净收入。

2. 项目资本金的计算、比例以及出资方式

(1)项目资本金的计算及比例

资本金的最低需要量是根据拟建项目的固定资产投资总额与铺底流动资金(为全部流动资金的30%)之和,乘以国家规定的各行业最低资本金比例。计算公式:

项目资本金最低需要量=(项目固定资产投资总额+铺底流动资金)×国家规定的项目最低资本金比例

项目资本金比例=项目资本金/项目总投资(只含铺底流动资金)×100%

固定资产投资项目资本金制度既是宏观调控手段,也是风险约束机制。1996年《国务院关于固定资产投资项目试行资本金制度的通知》发布,标志我国项目资本金制度的建立,2004年、2009年、2010年和2015年,国家根据社会经济发展形势和宏观调控的需要进行了几次调整。该制度自1996年建立以来,对改善宏观调控、促进结构调整、控制企业投资风险、保障金融机构稳健经营、防范金融风险发挥了积极作用。

《国务院关于调整和完善固定资产投资项目资本金制度的通知》规定不同行业项目的资本金最低比例是:

①城市和交通基础设施项目 城市轨道交通项目为20%,港口、沿海及内河航运、机场项目为25%,铁路、公路项目为20%。

②房地产开发项目 保障性住房和普通商品住房项目为20%,其他项目为25%。

③产能过剩行业项目 钢铁、电解铝项目为40%,水泥项目为35%,煤炭、电石、铁合金、烧碱、焦炭、黄磷、多晶硅项目为30%。

④其他工业项目 玉米深加工项目为20%,化肥(钾肥除外)项目为25%。

⑤电力等其他项目为20%。

⑥城市地下综合管廊、城市停车场项目,以及经国务院批准的核电站等重大建设项目,可以在规定最低资本金比例基础上适当降低。对于每个项目资本金的具体比例,应根据项目的经济效益及银行的贷款意愿和评估意见,在项目可行性研究报告审批时核定。

2019年《国务院关于加强固定资产投资项目资本金管理的通知》对基础设施项目最低资本金比例进行了适当调整:港口、沿海及内河航运项目,项目最低资本金比例由25%调整为20%。机场项目最低资本金比例维持25%不变,其他基础设施项目维持20%不变。其中,

公路(含政府收费公路)、铁路、城建、物流、生态环保、社会民生等领域的补短板基础设施项目,在投资回报机制明确、收益可靠、风险可控的前提下,可以适当降低项目最低资本金比例,但下调不得超过5%。实行审批制的项目,审批部门可以明确项目单位按此规定合理确定的投资项目资本金比例。实行核准或备案制的项目,项目单位与金融机构可以按此规定自主调整投资项目资本金比例。

(2)项目资本金的出资方式

项目资本金的出资方式可以是货币资金、实物和工业产权、非专利技术、土地使用权等作价出资,如果采用实物和工业产权、非专利技术、土地使用权等无形资产作为资本金来源,则必须经过有资格的资产评估机构依照法律、法规进行评估作价,不得有意高估或低估。同时规定,无形资产作价出资的比例不得超过项目资本金总额20%。但对于以高新技术成果出资入股的,作价总额可以超过公司注册资本的20%,但不得超过35%。

项目货币资本金的主要来源有:

①各级政府的财政预算内资金、国家批准的各种专项建设基金、"拨改贷"和经营性基本建设基金回收的本息、土地批租收入、国有企业产权转让收入、地方人民政府按国家有关规定收取的各种税费及其他预算外资金。

②国家授权投资的机构及企业法人的所有者权益(包括资本金、资本公积金、盈余公积金、未分配利润及股票上市收益资金等)、企业折旧资金,以及投资者按照国家规定从资本市场上筹措的权益性资金(如发行股票和可转换债券)。

③社会个人合法所有的资金。

④国家规定的其他可以用作资本金的资金。

3. 项目资本金来源的评估

对项目资本金来源的评估,主要是评估其可能性与可靠性,并对其各出资方及各种出资方式进行重点评估,主要评估内容有:

(1)对出资方、出资方式、资本金来源及数额和资本金认缴进度进行评估,并审核各出资者承诺出资和资产评估证明的文件及材料。

(2)对以货币方式投入的资本金,主要应根据出资人近三年的生产经营、资产负债和财务状况变动情况,重点审查其资金来源与使用的平衡情况及落实程度。

(3)对以实物、工业产权、非专利技术、土地使用权等方式投入的,重点审查期所有权是否归出资者所有,估价是否符合法律、法规的要求,投入比例是否符合国家规定等。

(4)对以发行股票方式的筹资,应评估其是否符合国家规定,发行的方式和股票数额是否经有关部门审批同意,应提交国家有关部门的批复文件。按年度审批计划的,应有分年安排意见。

(5)对于通过发行可转换债券来筹资的项目,应审核负债主体是否符合国家有关法规并经有关部门批准,应提交国家有权部门的批复文件。并应审核分析转换比例、债券转换对项目法人财务结构的影响、转换前的公司债务负担及转化失败的风险。

(6)在评估资本金时,应防止项目法人将对外筹措的负债资金作为项目资本金,并严禁以金融机构借款作为资本金。

(7)对地方承诺的项目资本金应评估资本金到位的可能性。

(二)负债融资

负债资金是指项目法人通过向国内外银行和金融机构申请借款、经批准发行企业债券、进行融资租赁等方式筹集的用于项目建设的资金。负债资金是建设项目两大资金来源之一。相对资本金而言,负债资金是需要还本付息的资金,也称借入资金。

1. 负债资金的来源

负债资金的来源渠道很多,大致可分为国内和国外两种主要融资渠道。其中国内负债融资的主要渠道包括:

(1)对于长期债务可通过国内银行长期贷款(包括政策性贷款和商业性贷款)、在国内发行债券和融资租赁等方式,还有地方财政贷款,以及其他法人以联营形式投入并需要偿还的资金等来源。政策性贷款主要来源于国家开发银行、农业发展银行、进出口银行等政策性投资;商业性贷款来源于建设银行、工商银行、农业银行等国有商业银行及交通银行、中信实业银行、光大银行、招商银行和城市合作银行等股份制商业银行,还有非银行金融机构的贷款等。

(2)短期债务,如为维持正常生产所需流动资金的贷款,也可通过上述有关金融机构借贷。

国外负债融资的主要渠道(图 8-1)包括:国际金融组织贷款(如世界银行和亚洲开发银行贷款);出口信贷(含买方信贷、卖方信贷和福费廷);外国政府贷款(如日本政府和科威特基金贷款);外国银行商业贷款及银团贷款,政府混合贷款;发行海外债券筹资;国际融资租赁;补偿贸易;外商直接投资;国内金融机构的外汇贷款和调剂外汇等。

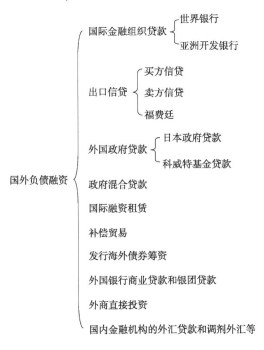

图 8-1　国外负债融资渠道

2. 负债资金的评估

对于使用银行及其他金融与非金融机构贷款的项目,应要求借款人提交有关金融机构的承诺(或意向承诺)文件，了解和评估贷款条件及落实情况，包括金额、利率、期限和担保情况等。

对利用外资的项目，应要求借款人提交国家有权部门的批复文件，重点审查和评估外资的落实情况及使用条件。

对项目生产经营所需流动资金应全部落实加以评估。并要求借款人提交有关有效承诺文件。

对负债融资进行评估，主要是对长期借款、长期债券、融资租赁、流动资金借款及其他短期负债等的融资数额、融资方式、融资成本、计划安排或审批等进行落实和评估。

(三) 捐赠款及资本公积金

接受捐赠款也是项目的资金来源之一，但仅限于极少数项目。捐赠款是一种投资，捐赠人不是企业所有者，也不为企业承担任何责任，这种投资部形成企业的实收资本，单科增加企业权益，捐赠的资产价值作为投资各方的共有财产，与资本溢价一起构成资本公积金，属于企业所有者权益。从筹资的角度看，捐赠款是属于主权资金范畴，即为自有资金的范围。资本公积金是一种资本储备形式。当资本公积金超出注册资本的50%以上时，其超出部分的资金，就可以按照法定程序转增资本金。因此，资本公积金亦是所有者权益的构成之一，主要由以下几部分组成：

(1) 资本溢价

投资者实际缴付的出资额超出其资本金的差额。

(2) 股票溢价

发行股票获得的净收入超出股票面值的溢价收入。

(3) 接受捐赠的资产价值

作为企业各方共有的财产，计为资本公积金。

(4) 法定资产重估增值

当企业实际股份制改组、兼并或重组、吸收外商投资，对外联营投资或国家统一组织清产核资时，企业均应进行财产评估，其重估价值超出原账面净值的差额，即为法定财产重估增值，作为企业资本公积金。但在项目评估时，项目投资方应按重估值作为出资的资本金，不计入资本公积金。

(5) 资本汇率折算差额

企业在收到外币投资时，需将其折合为记账本位币金额，但由于资产账户和实收资本账户的记账日期不同，所采用的汇率也不同而产生的资本汇率折算差额，作为资本公积金。但在项目评估时投资估算只采用一个汇率，因而就不存在资本汇率差额问题。因此，在项目评估的筹资方案中只需将资本溢价和接受捐赠款这两部分作为资本公积金。

(四) 资金来源的评估内容

(1) 评估资金来源的可靠性

要评估资金来源渠道的可靠程度，可以从不同的资金来源的角度对不同性质项目的不同限制条件和优惠政策进行分析评估，还应根据资金供需单位双方签订的书面协议和其他证明文件来保证资金来源的可靠性。

(2) 评估资金渠道的合法性

项目各项资金来源，必须符合国家有关政策规定，以免造成投资风险，而且还应按国家有关政策合理使用资金，提高投资效益。

(3) 评估融资数量的保证性

每个项目投资可以有多种资金来源，应逐项落实融资金额的数量，以保证项目总投资额不留缺口，保证全部落实总资金的需求量，以有利于顺利地按规定期限完成建设项目和减少投资成本。

(4) 评估外资附加条件的可接受性

主要是对利用外资项目，应特别注意在筹集外资过程中，外方提出的附加条件是否有损于我国的主权的原则问题，要坚持原则正确抉择。

(5) 分析评估项目所需资金的持续保障性与匹配性

分析评估项目所需总投资和分年投资能否得到足够和持续的资金供应，力求使融资的数量、币种及投入时序能与项目建设进度和投资使用计划相匹配，以确保项目建设的顺利进行。

第三节　林业投资项目融资成本分析

一、林业投资项目融资成本含义

融资成本是指企业(项目)为了筹集和使用资金而付出的全部费用。融资成本包括资金筹集费用和资金占用费用，资金筹集费用是在融资过程中所发生的一次性支出成本费用，例如承诺费、手续费、担保费和代理费等；资金占用费用是反映资金占用和使用时期应付出的经常性费用，如利息。

资金成本是拟建项目必须获得的最低投资收益率，以补偿投资者为取得和使用资金所付出的代价。投资者把通过各种渠道筹集的资金，在各个可供选择的，有时带有竞争性的投资项目中进行分配时，应选择综合资金成本最低的最佳融资方案项目，资金成本就成为选择项目时需要考虑的主要因素。因此，融资成本不仅是选择资金来源和拟定融资方案的重要依据，而且还是评估投资项目投资收益，决定投资方案取舍的重要标准；同时，还可作为衡量企业经营成果的基准尺度，使经营利润高于融资成本。融资成本的高低是判断融资方案是否合理的重要因素。

二、林业投资项目融资成本计算方法

(一) 融资成本计算基本公式

项目融资成本一般采用资金成本率相对数来表示，它是企业资金占用费与融集资金总额扣除资金融集费用后的净额之比率，其表达公式为：

$$资金成本率 = \frac{资金占费用}{融集资金总额 - 资金融资费用} \times 100\%$$

即

$$K = \frac{D}{P-F} = \frac{D}{P(1-f)} \qquad (8-1)$$

式中　P——融集资金总额；

　　　f——融集资金率，即资金融集费用(F)占融资总额(P)的百分比(%)；

F——资金融集费用，是指在资金融集过程中所需要支付的各项费用，如发行股票和债券所需要支付的发行手续费、印刷费、律师费、代办费、资信评估费、公证费、担保费、广告费、资产评估费和承诺费等；这些费用是在融集资金时一次性支出，故可作为融资金额的一项扣除；

D——资金占用费，是指占用资金所需要支付的费用，如股票的股息、银行借款或发行债券的利息、租赁融资所需租金等，或因使用资金而向资金提供者支付的报酬，这些费用都属于经常性费用。

(二) 融资成本计算程序

实际工作中融资方式和融资渠道，其融资成本的计算公式也各不相同。因此，首先应分别计算各种融资方式的资金成本，如银行借款、发行债券、股权融资和融资租赁等形式的资金成本。

计算各种融资方式的融资规模(融资额)占项目融资总规模(融资总额)的比重(%)，作为计算项目综合资金成本的权重。

根据各种不同的融资方式的资金成本和各种融资方式的融资规模比重，采用加权平均方法，计算出各组融资方案的加权平均资金成本，即为项目融资的综合资金成本。

通过分析比较各种融资方案的资金成本，合理调整资本结构，就可以达到以最低的综合资金成本融集到项目所需资金的目的，从而也就找到了融资结构最佳的融资方案。

(三) 各种资金来源融资成本计算

(1) 银行借款的融资成本

向银行借款的资金成本是借款利息和融资费用，其相应的比率即为借款资金成本率(K_b)。由于借款利息计入税前成本费用，因而使企业少缴了一笔所得税，企业所实际负担的借款利息费用应扣除相应的所得税额，起到抵税的作用。因此，借款资金成本率(K_i)就低于贷款利率，可按下列公式计算(为简化计算，假定只计算利息，不考虑其他费用)：

$$K_i = \frac{I_i(1-T)}{L(1-f_i)} = \frac{R_i(1-T)}{1-f_i} \tag{8-2}$$

式中 K_i——银行借款资金成本率；

I_i——银行借款年利息；

R_i——银行借款年利率；

T——所得税利率；

L——银行借款融资额(借款本金)；

f_i——银行借款融资费率。

在此基础上，若忽视筹资费用，则：

银行借款或发行债券的资本成本＝年利率×(1－所得税税率)

银行对于中长期投资贷款，一般要求借款方有财产抵押，或实行第三方担保。如果采用第三方担保，企业需向第三方支付一定比例的担保费。因此，计算贷款成本时，应将担保费计入贷款成本。计算方法是先求的担保费率，可用下列公式表示：

$$V_d = \frac{V}{p \cdot n} \times 100\% \tag{8-3}$$

式中　V_d——担保费率；
　　　V——担保费总额；
　　　p——贷款总额；
　　　n——担保年限。

银行借款的资金成本就是银行借款利率加上担保费率，其表达式是：

$$K_d = K_i + V_d = \frac{(R_i + V_d)(1-T)}{1-f_i} \tag{8-4}$$

(2) 长期债券的融资成本

企业发行债券(不可赎回债券)后，所支付的债券利息(指一次还本、分期付息的债券)是列入企业的费用开支的，因而使企业少缴一部分所得税，两者抵消后，实际上企业支付的债券利息仅为：债券利息×(1-所得税税率)。因此，债券成本率可以按下式计算：

$$K_B = \frac{I(1-T)}{B_O(1-f)} \tag{8-5}$$

若债券是平价发售，上述公式可写为：

$$K_B = i \cdot \frac{1-T}{1-f} \tag{8-6}$$

式中　K_B——债券成本率；
　　　B_O——债券发行总额；
　　　I——债券年利息总额；
　　　f——融资费率；
　　　T——所得税税率；
　　　i——债券年利息率。

(3) 股票的融资成本

①优先股的融资成本　公司发行优先股股票融资，需支付的融资费用包括注册费、代销费、广告费和印刷费等，其股息也要定期支付，而股息是由公司税后利润支付的，不会减少公司应上缴的所得税额。因此，优先股的融资成本率可按下式计算：

$$K_P = \frac{D_P}{P_O(1-f)} \tag{8-7}$$

或

$$K_P = \frac{P_O i}{P_O(1-f)} = \frac{i}{1-f} \tag{8-8}$$

式中　K_P——优先股融资成本率；
　　　D_P——优先股每年股息；
　　　P_O——优先股票面值；
　　　f——融资费率；
　　　i——股息率。

②普通股的融资成本　普通股成本属于权益融资成本。权益资金的资金占费用一般应按机会成本的原则计算，也可是向股东分派的股利，而股利是以所得税后净利润支付的，不能抵减所得税，所以权益融资成本计算时不扣除所得税的影响。如果普通股各年的股利固定不变，则其融资成本率可按下式计算(假设普通股是平价发行)：

$$K_C = \frac{D}{P_O(1-f)} = \frac{P_O i}{P_O(1-f)} = \frac{i}{1-f} \tag{8-9}$$

式中　K_C——普通股融资成本率；

　　　P_O——普通股股票面值或市场总额；

　　　D——每年固定股利总额；

　　　i——股利率；

　　　f——融资费率。

但是，普通股的股利往往是不固定的，通常有逐年上升的趋势。如果假定每年股利增长平均为 g，第一年的股利为 D_1，则第二年为 $D_1(1+g)$，第三年为 $D_1(1+g)^2$，…，第 n 年为 $D_1(1+g)^{n-1}$。因此，计算普通股融资成本率的公式为（假设普通股是平价发行）：

$$K_C = \frac{D_1}{P_O(1-f)} + g = \frac{i}{1-f} + g \tag{8-10}$$

（4）保留利润的成本

保留利润是指企业从税后利润总额中扣除股利之后的剩余部分。它是企业经营的直接成果，属于企业主和股东所有。使用保留利润的资金成本的计算，要根据机会成本原则。其保留利润的机会成本率可按下式计算：

$$K_r = R(1-T)(1-B) \tag{8-11}$$

式中　K_r——保留利润的资金成本率；

　　　R——股东使用保留利润向外投资预计可获取的利润率；

　　　B——经纪人手续费率；

　　　T——投资者应交纳的所得税率。

（5）融资租赁成本

企业租入某项资产，获得其使用权，要定期支付租金，并且租金列入企业成本，可以减少应付所得税额。因此，其资金成本率为：

$$K_L = \frac{E}{P} \cdot (1-T) \tag{8-12}$$

式中　K_L——租赁成本率；

　　　P——租赁资产价值；

　　　E——年租金额；

　　　T——所得税税率。

（6）综合资金成本率的计算

项目是不同来源取得的资金，其成本各不相同。由于种种条件的制约，项目不可能只从某种资金成本较低的来源筹集资金，而是各种融资方式的有机组合，这样，为了进行融资和投资决策，就需要计算全部资金来源的综合资金成本率。它通常是用加权平均来计算的，其计算公式为：

$$K = \sum_{i=1}^{n} W_i \cdot K_i \tag{8-13}$$

式中　K——平均资金成本率；

　　　W_i——第 i 种资金来源占全部资金的比重；

K_i——第 i 种资金来源的资金成本率。

【例 8-1】 某林业企业拟投资 10 000 万元，新建林木生物质能源实验室和科研转化平台。经主管部门批准，企业采用股份制形式，除发行企业债券筹资外，还向社会公开发行人民币个人股股票。项目长期投资资金构成情况是：①向银行申请固定资产贷款 3000 万元，年贷款利率为 10%，并采取担保方式，担保费总额 120 万元，担保期限 5 年。②发行一次性还本，分期付息的企业债券 2000 万元，委托某证券公司代理发行，筹资费率为 3%，年利率 14.5%。③向社会发行个人普通股 360 万股，每股发行价格 10 元，每股股利 1 元，每年预期增长 6%。④接受海外某慈善机构捐赠现金 120 万美元，折合成人民币总额 600 万元。⑤企业保留盈余资金 800 万元。企业建成投产后的所得税税率为 25%。试问该项目的综合资金成本是多少？

解：(1) 根据上述融资方案提供的材料，各来源渠道的资金成本率如下：

$$K_{贷} = \left(10\% + \frac{120}{3000 \times 5} \times 100\%\right) \times (1 - 25\%) = 8.1\%$$

$$K_{债} = \frac{14.5\% \times (1 - 25\%)}{(1 - 3\%)} \approx 11.21\%$$

$$K_{股} = \frac{1}{10} \times 100\% + 6\% = 16\%$$

接受捐赠现金的成本，采用债券资金成本法确定。按该项目债券资金成本计算，得 $K_{赠} \approx 11.21\%$

企业保留利润的成本采用普通股成本法计算，得 $K_{留} = 16\%$。

(2) 通过分析计算，各项资金占项目长期投资总额的比重分别为：

$$W_{贷} = 3000/10\ 000 \times 100\% = 30\%$$

$$W_{债} = 2000/10\ 000 \times 100\% = 20\%$$

$$W_{股} = 360 \times 10/10\ 000 \times 100\% = 36\%$$

$$W_{赠} = 600/10\ 000 = 6\%$$

$$W_{留} = 800/10\ 000 = 8\%$$

(3) 项目综合资金成本率：

$$K = \sum_{i=1}^{n} W_i \cdot K_i = 30\% \times 8.1\% + 20\% \times 11.21\% + 36\% \times 16\% + 6\% \times 11.21\% + 8\% \times 16\%$$
$$= 12.38\%$$

最后得出，该项目的综合资金成本率为 12.38%。

三、林业投资项目评价中对融资成本处理

(一) 融资结构的分析

融资结构分析就是对各种不同资金来源搭配组合的融资方案进行组合比例分析，分析各种组合方案是否合理，是否符合国家规定的要求和实际需要，是否提供最方便的资金获取方式和得到最佳的投资效益，并分析各种结构比例实现条件。在项目筹建阶段，就应系统研究并合理选择融资方案的融资结构，以便项目投入生产经营后，使企业形成比较理想的资产负债结构和资金结构奠定基础。

项目的融资结构系指各种融资方式的结构比例,即项目融资方案中各种资金来源的构成及其比例关系。如长期融资和短期融资,国内(人民币)融资和国外(外汇)融资,以及自有资金(权益融资)的债务资金(负债融资)的结构比例,股本结构比例和债务结构比例。其中最关键、最重要的是注意掌握自有资金(资本金)与债务资金(负债)的结构比例,它将直接影响到项目投产经营后企业的资产负债比例、项目借款的还本付息能力及投资回收情况。

1. 最佳融资结构的财务分析

在融资结构的分析评估中,还应进行最佳融资结构的财务分析。融资方案的最佳结构比例,应能使项目投产经营后企业的总体资金结构达到最优,企业的总价值最大,而风险最小。对于在市场竞争机制比较完善情况下已经建立现代企业制度的现代企业,尤其是上市公司的技术改造项目,在项目投资决策时,应从财务管理的角度,可采用"每股盈余分析"和"企业价值分析"等方法,进一步分析项目的融资结构是否合理。通过计算分析不同融资结构下的综合资金成本和企业总价值。寻找企业价值最大(或股价最大),资金成本最低的融资结构,就是项目的最佳融资结构。

2. 融资结构的优选评估

融资结构的优选即对不同融资结构做出优化选择,实现融资结构的最优组合,使总资金成本率最低。

(1)各项资金成本率已定,但资金来源比例未定的优选分析

这种情况是指各项资金成本率已经确定,但有几种资金来源比例可供选择,要求经过优选分析,使总资金成本率实现最低。

【例8-2】某林业投资项目经过分析测算,决定从申请贷款、发放债券和股票3个方面筹集资金,个别筹资方式的资金成本率已经分别确定,但还需从4种资金来源比例中优选一种,有关资料见表8-1所列。

表8-1 资金状况表

资金来源	待定资金来源结构(%)				已定资金成本率(%)
	Ⅰ	Ⅱ	Ⅲ	Ⅳ	
贷款	35	15	20	40	5
债券	15	25	45	20	7
股票	50	60	35	40	10

解:根据上表资料,各种组合情况的总资金成本率计算如下:

Ⅰ组合总资金成本率 = $0.35 \times 0.05 + 0.15 \times 0.07 + 0.5 \times 0.10 = 7.8\%$

Ⅱ组合总资金成本率 = $0.15 \times 0.05 + 0.25 \times 0.07 + 0.6 \times 0.10 = 8.5\%$

Ⅲ组合总资金成本率 = $0.20 \times 0.05 + 0.45 \times 0.07 + 0.35 \times 0.10 = 7.65\%$

Ⅳ组合总资金成本率 = $0.4 \times 0.05 + 0.2 \times 0.07 + 0.4 \times 0.10 = 7.4\%$

从以上计算结果可以看出,第Ⅳ种组合的总资本成本率最低(7.4%),因此,应以40%贷款、20%债券、40%股票作为最优资金来源结构。

(2)各项资金成本未定,但资金来源比例已定的优选分析

这种情况资金来源比例已经确定,但各项资金成本率都有几种可能,要求经过优选分析,使总资金成本率实现最低。

【例 8-3】 某林业投资项目决定在所筹资金中,贷款、债券、股票的比例分别为 40%、40%、20%,但各项资金成本率尚待从 4 个组合中优选,有关资料见表 8-2 所列。

表 8-2 资金状况表

资金来源	已定资金来源结构(%)	待定资金成本率结构(%)			
		Ⅰ	Ⅱ	Ⅲ	Ⅳ
贷款	40	5	5.5	6	5.5
债券	40	7	6.5	7	6
股票	20	10	9	9.5	10.5

解：根据表 8-2 资料,各种组合情况的资金成本率计算如下：

Ⅰ组合总资金成本率 = 0.4×0.05+0.4×0.07+0.2×0.10 = 6.8%

Ⅱ组合总资金成本率 = 0.4×0.055+0.4×0.065+0.2×0.09 = 6.6%

Ⅲ组合总资金成本率 = 0.4×0.06+0.4×0.07+0.2×0.095 = 7.1%

Ⅳ组合总资金成本率 = 0.4×0.055+0.4×0.06+0.2×0.105 = 6.7%

从以上计算结果可以看出,第Ⅱ种组合的总资金成本率最低(6.6%)。因此,应采用贷款、债券、股票利率分别为 5.5%、6.5%、9% 的资金成本率结构。

3. 融资结构的分析评估

(1)项目资本金与债权资金的比例分析评估

主要应审查国内与外商投资项目中的国内资金比例是否符合国家政策规定和银行借款要求;分析在项目负债经营时,是否能保证项目投资收益率高于融资的综合资金成本;分析融资负债是否与企业资金结构及偿债能力相适应。还应根据项目特点,合理确定项目资本金与债务资金的比例。

(2)股本结构的分析评估

股本结构反映项目股本各方出资额和相应权益,在股本结构分析评估中,应根据项目特点和主要股东方参股意愿,合理确定参股方的出资比例。

(3)债务结构的分析评估

债务结构反映项目债权各方为项目提供的债券资金比例,在债券结构分析评估中,应根据债权人提供债务资金的方式,附加条件,以及利率、汇率、还款方式的不同,合理确定内债与外债比例,政策性与商业性银行贷款比例,以及信贷资金与债券资金的比例。

(二)融资风险的分析评估

不同的融资方式、产生的融资风险也不同。对于权益资本(即自有资本)是属于项目法人(企业)长期占用资金。不存在还本付息的偿债负担和风险。而借入的债务资金则必须要还本付息,且由于融资金额、融资用途和融资期限的不同,需要承担不同偿债压力。因此,对融资方案进行风险分析时,必须分别考虑不同债务融资方式的融资风险,分析融资方案存在哪些风险,据此提出合理的风险规避方案。

融资风险主要是因改变融资结构而使企业丧失偿债能力和降低资本金收益率、每股盈余的可能性。这种风险主要来自企业的经营方式、资金的组织（结构）形式、利率和外汇汇率的变化。为此，必须进行经营风险和财务风险的分析，资金供应风险、现金性和收支性融资风险分析。特别是项目的国外（外汇）借款融资方案，应重点对国外借款融资方案，应重点对国外借款利率和汇率的变化可能引起项目投资效益下降的风险进行定量分析，充分估计到利率与汇率的变化趋势，通过选择理想的最佳融资方案，避免重大的风险和损失。

1. 经营风险和财务风险分析

（1）经营风险

它是指由于企业的产品需求、售价、成本的变化对固有的预期经营收益（或者息税前收益）的不确定性，主要取决于企业固定成本的比重大小。它是影响企业最佳资金结构的重要因素。

（2）财务风险

它是指企业采用负债融资后，普通股股东所负担的额外风险。这两种风险可采用杠杆系数分析法、概率分析法和指标分析法进行衡量。

2. 资金供应风险

资金供应风险是指融资方案在实施过程中，由于资金供应不及时、不落实，而造成建设工期延长，工程造价提高、促使投资效益预期目标难以实现的风险。主要表现为：

（1）原定融资额方案在实施过程中，由于投资者中途变故，不能兑现原定出资承诺。

（2）不能实现原定发行股票和债券计划。

（3）由于企业经营状况恶化、导致项目法人融资无法按原定计划出资；其他资金不能按项目建设进度及时足额到位。

3. 现金性融资风险和收支性融资风险分析

（1）现金性融资风险分析

它是指由于企业现金短缺、债券的期限结构与现金流入的期限结构不相适应所引起的一种支付风险，也就是企业在某个特定时间点上，因现金流出量大于现金流入量而产生的不能及时偿付债务本息的风险，因此，应按资金运用期限的长短来安排和筹集债务资金来回避风险。

（2）收支性融资风险分析

它是指企业在收不抵支情况下出现的不能偿还到期债务本息的融资风险。它主要表现为破产清理后的剩余财产不足以支付债务。这是由于企业经营不当，使全部债务的偿还产生不利影响，造成企业整体融资风险，必须通过优化资本结构，自动调节债务结构；加强企业经营管理，提高投资效益；当收不抵支处于破产清算边缘时，可使债务重整计划，降低终极破产风险，使企业起死回生。

4. 利率和汇率风险分析

对需要国外借款的项目融资方案，应着重分析评估国外借款的利率和汇率变动引起项目投资效益下降的可能性，进行融资风险分析，从融资角度，充分估计利率和汇率的变化趋势，通过合理的利率与汇率的控制，灵活调整利率与汇率，达到提高企业融资授予的目的。这样，在一定程度上可减少融资成本，减轻企业支付利息的压力。例如，当利率趋于上升时，可采用固定利率借入资金，以避免支付较高的利率；当利率趋于下降时，可采用浮动利率来灵活筹资,以减少付息压力。

汇率风险是指国际金融市场外汇交易结算产生的风险,包括人民币对外币和各种外币之间比价变动的风险。利用外资数额较大的项目应对外汇汇率的走势进行分析,进一步估测汇率变动较大时,对项目投资造成的风险和损失,并采取适当措施以规避外汇风险。

四、贷款方式及贷款利息计算

(一)贷款方式

林业投资项目的资金贷款按期限来分,有中长期贷款和短期贷款,长期贷款可从国际金融机构(如世界银行)或国家银行获得,其借款利率低,还款期限长,并有宽限期。短期贷款由商业银行解决,贷款利率高,通常作为企业流动资金或用于偿付贷款利息。

不同的贷款机构要求有不同的偿还条件,也就要求有不同的还本付息方式。按照这一标准,贷款通常可以分为以下几种方式:

(1)等额利息法

每期支付利息,期中不还本金,最后一期归还本金和当期利息。

(2)等额本金法

每期还相等的本金和相应的利息。

(3)等额摊还法

每期偿还本利额相等。

(4)任意摊还法

期中任意偿还本利,到期末全部还清。

(5)一次性偿付法

借款期满,一次偿付本利。

(6)偿债基金法

每期偿还贷款利息,同时向银行存入一笔等额现金,到期末存款正好偿付贷款本金。

(二)几种贷款方式利息的计算

使用贷款投资,一方面要看到贷款在建设期对项目建设起到的积极作用,另一方面,也要考虑到贷款利息在建设期和经营期所构成的沉重负担。不同的偿付方式对企业的还本付息额,乃至企业的经济效益会产生不同的影响,因此,应通过了解比较不同贷款方式的还本付息计算方法,尽量选择最有利的贷款方式。不同贷款方式每期还本付息额的计算公式为:

(1)等额利息法

每期偿还的利息额 $=Pi$;每期偿还的本金额 $=0$,$(t=1,2,\cdots,n-1)$ 或者 $P(t=n)$。

(2)等额本金法

每期偿还的利息额 $=i[P-P(t-1)/n]$,$(t=1,2,\cdots,n)$;每期偿还的本金额 $=P/n$。

(3)等额摊还法

每期偿还的本息额 $=P\times i(1+i)^n/[(1+i)^n-1]$。

(4)一次性偿付法

每期偿还的本息额 $=0$,$(t=1,2,\cdots,n-1)$ 或者 $P\times(1+i)^n(t=n)$。

(5)偿债基金法

每期偿还的利息额 $=P_i$,每期偿还的本金额 $=P\times i'/[(1+i')^n-1]$。

式中　　P——贷款总额；

　　　　n——贷款期限；

　　　　t——期数；

　　　　i——银行贷款利率；

　　　　i'——银行存款利率。

【例8-4】某林业投资项目拟借款1000万元，准备在5年内以年利率6%还清全部本金和利息，试计算在不同还款方式下的还款金额？

(1) 等额利息法

每年偿付的利息额 = 1000×6% = 60万元

前4年每年偿付的本金额均为0，第5年偿还本金额1000万元。

在等额利息法下，此项借款的总还款金额为 60×5+1000 = 1300（万元）

(2) 等额本金法

每年偿还的利息额 = [1000−1000/5(t−1)]×6%

第1年的利息额 = 60万元

第2年的利息额 = 48万元

第3年的利息额 = 36万元

第4年的利息额 = 24万元

第5年的利息额 = 12万元

每年偿还的本金额均为 1000/5 = 200万元

在等额本金法下，此项借款的总还款金额为 1000+60+48+36+24+12 = 1180万元

(3) 等额摊还法

每年偿还的本息额 = 1000×[6%+(1+6%)^5]/[(1+6%)^5−1] = 237.4万元

在等额摊还法下，此项借款的总还款金额为 237.4×5 = 1187万元

(4) 一次性偿付法

第1~4年每年偿还的本息额均为0，第5年偿还的本息额 = 1000×(1+6%)^5 = 1338.2万元

在一次性偿付法下，此项借款的总还款金额为1338.2万元。

复习思考题

1. 简述林业投资项目融资，林业投资项目融资的主要来源渠道及优缺点。
2. 简述林业投资项目融资资金来源评估的内容。
3. 简述资金成本的含义及各种资金来源的资金成本与综合资金成本的计算。
4. 简述在林业投资项目融资方案中有可能遇到或产生的风险及如何进行分析与评估。
5. 简述贷款利息的计算方法。
6. 简述林业项目融资方案的评估。

某林业企业年初的资金结构见表8-3所列。普通股每股面值为200元，今年股利为20元/股，预计以后每年股利增加5%。假定该企业的所得税为33%，企业发行各种证券均无筹资费。

表 8-3　资金结构

各种资金来源	金额(万元)
长期债券，年利率9%	600
优先股，年股息率7%	200
普通股，年股利率10% 400 000股，年股利增长率5%	800
合计	1600

现在，该企业拟增资400万元，有以下两个备选方案。甲方案：发行长期债券400万元，年利率10%。同时普通股股利增加到25元/股，以后每年还可以增加6%。乙方案：发行长期债券200万元，年利率10%，另发行普通股200万元，普通股股利增加到25元/股，以后每年增加5%。试比较甲乙方案的综合资金成本，选择最佳筹资方案。

第九章　PPP 模式在林业项目投资中的应用

第一节　PPP 模式概述

一、PPP 模式的内涵、特征及应用范围

(一) PPP 模式的内涵

PPP 是英文 Public-Private Partnership 的缩写，从字面直译为公私伙伴关系，同时还有多种译法，如政府与社会资本合作、政企合作、公私合作伙伴模式、公私机构的伙伴合作、民间开放公共服务、公共民营合作制等。我国财政部倾向采用"政府和社会资本合作模式"，而国家发展和改革委员会则强调"特许经营"这一概念。由于各个国家及政府的发展状况不同，公共服务水平也存在较大差异，PPP 模式在全球范围内并没有统一的定义。不同机构对 PPP 模式做出的定义见表 9-1 所列。

表 9-1　PPP 模式的定义

机　构	定　义
联合国培训研究院	PPP 涵盖了不同社会系统倡导者之间的所有制度化合作方式，目的是解决当地或区域内的某些复杂问题。PPP 包含两层含义，其一是为满足公共产品需要而建立的公共和私人倡导者之间的各种合作关系；其二是为满足公共产品需要，公共部门和私人部门建立伙伴关系进行的大型公共项目的实施
欧盟委员会	PPP 是指公共部门和私人部门之间的一种合作关系，其目的是提供传统上由公共部门提供的公共项目或服务
加拿大 PPP 国家委员会	PPP 是公共部门和私人部门之间的一种合作经营关系，它建立在双方各自经验的基础上，通过适当的资源分配、风险分担和利益共享机制，最好地满足事先清晰界定的公共需求
美国 PPP 国家委员会	PPP 是介于外包和私有化之间并结合了两者特点的一种公共产品提供方式，它充分利用私人资源进行设计、建设、投资、经营和维护公共基础设施，并提供相关服务以满足公共需求
世界银行	PPP 是政府和社会资本就提供公共产品和服务签订的长期合同，其中社会资本承担实质风险和管理责任
国务院	政府和社会资本合作模式是公共服务供给机制的重大创新，即政府采取竞争性方式择优选择具有投资、运营管理能力的社会资本，双方按照平等协商原则订立合同，明确责权利关系，由社会资本提供公共服务，政府依据公共服务绩效评价结果向社会资本支付相应对价，保证社会资本获得合理收益
国家发展和改革委员会	政府和社会资本合作 (PPP) 模式是指政府为增强公共产品和服务供给能力、提高供给效率，通过特许经营、购买服务、股权合作等方式，与社会资本建立的利益共享、风险共担及长期合作关系

(续)

机　构	定　义
财政部	政府和社会资本合作模式是在基础设施及公共服务领域建立的一种长期合作关系；通常模式是由社会资本承担设计、建设、运营、维护基础设施的大部分工作，并通过"使用者付费"及必要的"政府付费"获得合理投资回报；政府部门负责基础设施及公共服务价格和质量监管，以保证公共利益最大化

来源：周锦棠. PPP项目投资决策[M]. 北京：中国财政经济出版社，2019，3。

总体而言，广义PPP强调政府通过在项目公司中持有股份来加强对项目的控制，进而通过与私营部门合作而实现双方优势互补、风险共担和利益共享，这是一种商业形式而非行政控制。国际上更多地采用广义PPP的定义，将其作为公共部门和私营部门之间一系列合作方式的统称，包括BOT(建设—经营—转让)、PFI(私人融资活动)等。无论从广义还是狭义来看，PPP项目的本质是公共部门通过创新融资方式引入社会资本参与公共物品提供的过程。公共部门由在传统方式下基础设施和公共服务的提供者转变为规则制定者、合作者、购买者和监管者，而交由私营部门承担基础设施的投资、融资、设计、建设、运营、维护和提供公共服务的大部分工作，并通过"使用者付费""政府付费"或必要的"可行性缺口补助"的方式让私营部门获得合理投资回报，从而使全社会的公共利益最大化。最终，形成公共部门与私人部门长期的合作关系。

(二)PPP模式的特征

PPP模式的运行具有伙伴关系、利益共享和风险分担3个重要特征。

(1)伙伴关系是PPP项目的首要特征

它强调各个参与方平等协商的关系和机制，这是PPP项目的基础。伙伴关系也是以法律为基础的契约关系，即政府和非政府的市场主体以平等民事主体的身份协商订立相关协议，双方的履约责任和权益受到相关法律法规的确认和保护。

(2)利益共享是PPP项目的第二个基本特征

利益共享是指政府和社会资本之间依据合作协议分享项目所带来利润。项目中政府和非政府的市场主体应当在合作协议中确立科学合理的利润分配机制，确保社会资本按照协议约定的方式取得合理的投资回报，避免项目运营中可能出现的问题造成社会资本无法收回投资回报或者使得政府违约。

(3)风险共担是PPP项目中第三个基本特征

PPP模式中合作双方的风险共担更多是考虑双方风险的最优应对、最佳分担，同时风险与收益匹配，尽可能做到每一种风险都能由最适合的合作方承担，进而使项目整体风险最小化。风险分担原则旨在实现整个项目风险的最小化，合理分配项目风险。社会资本承担项目设计、建设、融资、运营维护等商业风险，而政府则承担政策、法律和最低需求等风险。风险与收益匹配是指承担风险大的合作方应该获得与之相当的收益。

(三)PPP模式的适应范围

《国务院关于创新重点领域投融资机制鼓励社会投资的指导意见》中明确，林业、生态建设、环境污染治理、农业、水利工程、城镇供水、供热、燃气、污水与垃圾处理、建筑垃圾资源化利用和处理、城市综合管廊、公园配套服务、公共交通、停车设施等市政基础设施、铁路、公路、水运、民航基础设施建设、能源设施、信息和民用空间基础设施、教育、医疗、养老、体育健身、文化设施建设等领域均鼓励采用PPP模式推进。《国家发展和改革委员会关于开展政府和社会资本合作的指导意见》中则直接明确了PPP模式的适应范围：PPP模式主要适用于政府负有提供责任又适宜市场化运作的公共服务、基础设施类项目。燃气、供电、供水、供热、污水及垃圾处理等市政设施，医疗、旅游、教育培训、健康养老等公共服务项目，以及水利、资源环境和生态保护等项目均可推行PPP模式。国务院办公厅转发财政部、国家发展和改革委员会、人民银行的《关于在公共服务领域推广政府和社会资本合作模式的指导意见》中也强调：在公共服务领域推广政府和社会资本合作模式，是转变政府职能、激发市场活力、打造经济新增长点的重要改革举措。围绕增加公共产品和公共服务供给，在能源、交通运输、水利、环境保护、农业、林业、科技、保障性安居工程、医疗、卫生、养老、教育、文化等公共服务领域，广泛采用政府和社会资本合作模式，对统筹做好稳增长、促改革、调结构、惠民生、防风险工作具有战略意义。

在PPP项目运作实务中，第一类适合采用PPP模式的是资源相关的项目，如供水、供气、供电、供暖、污水以及垃圾处理等项目。这些领域由于其产品市场需求稳定，又具有一定的垄断属性，是最适合采用PPP模式投资建设运营的。例如，1995年，我国广西来宾B电厂采用的就是PPP模式，取得了较高的社会效益和经济效益。在这个项目中，法国电力联合体最终以低价的优势中标且仍能获得可观的投资回报率。第二类适合采用PPP模式的是交通运输与市政工程类项目，如高速公路、铁路、地铁等轨道交通项目、港口等。此类项目一般投资额巨大，收益比起第一类项目来说不确定性高一些，但是可以充分发挥项目公司运营管理的创新性，这对投资者的运营能力要求较高。如我国的北京地铁14号线项目，其"A包+B包"模式也是此类项目常用的模式之一。此模式可理解为政府的前补偿模式，是指政府通过参与轨道交通项目的建设投资来对项目进行补偿。通常需要将整个PPP项目划分为A、B两部分，A部分投资大，公益性强，一般包括项目的洞体、轨道、车站等土建工程；B部分投资较小，具有一定的盈利性，一般包括车辆、设备等部分。在此模式下，由政府出资的投资公司负责对A部分的投资建设，建成后无偿或象征性地租赁给项目公司使用；项目公司负责B部分的建设和运营。在社会资本收回投资后，政府也可参与项目收入的分配，一般A、B部分的投资比例为7∶3，此模式相当于把总投资减小了，从准经营项目转变为经营项目。而没有收益权的此类项目，如市场道路、桥梁隧道等，往往由政府通过影子付费等方式对投资者的服务进行购买，投资者的收益也许不高，但一般也可获得长期有保障的收益。第三类适合采用PPP模式的是城镇化与教科文卫医等公共服务类项目，其公益性特征明显，通过PPP模式可提高公共物品供给的效率与质量。如由广州市第一人民医院与广济医疗器械有限公司合作建立的广州广和医院，其中，广州市第一人民医院提供品牌和业务用房，并在技术力量上给予支持；广济医疗器械有限公司提供资金和业务管理，通过PPP模式实现了公立医院的品牌和技术优势，与民营企业的资金优势和灵活经营的有机结合。

二、PPP模式发展历程

（一）PPP的起源

一般认为，现代PPP发源于20世纪80年代的英国，主要应用于英国供排水、道路交通、医疗卫生、教育等基础设施建设等领域。英国政府于1989年废除了《严格限制引入私营资本投资公共事业领域的规定》，1992年率先提出私营融资计划（Private Finance Initiative，PFI）的模式，并于2000年成立了"英国伙伴关系"（Partnerships UK，PUK）机构，专门代表公共部门主管PPP项目，逐渐形成了一系列成熟的PPP模式管理制度，确立了完整的私营资本参与公共事业建设的机制。

（二）PPP在国外的发展

（1）英国的创新PPP模式

英国于1992年首次提出《私营融资计划》（PFI）后，在1999年、2002年、2004年和2007年分别颁布了第一版至第四版的《标准化PFI合同》。其后，英国政府根据公共部门对项目投资的多方面经验，于2012年推出了升级版的PF2模式。PF2模式相较于PFI，政府公共机构以股权投资形式参与PPP项目公司（SPV），股本金占比有较大幅度提高，以发挥私营资本投资的能动性，同时将政府可能承担的风险降到最低。2012年12月，英国财政部发布了《标准化PF2合同》，主要从公共机构股权、透明度、物有所值的改进和实现等方面，对已有的PFI模式进行改革，提升了交易的透明度、便捷度。

在英国主导PPP项目运行的机构有两个：第一，财政部的PPP工作组。其主要职能是制定PFI政策、合同范本；负责PFI规划、市场管理；审查PFI商业计划以及PPP执行工作组和基础设施融资中心制订的政策。第二，财政部设立的基础设施局（Infrastructure UK，IUK）工作组。在PF2阶段，IUK合并了PPP工作组和"英国伙伴关系"的职能，统一管理PF2项目，主要负责修订基础设施长期规划，确定优先次序；促进私营资本参与基础设施建设；起草PF2项目规划、主要政策和指南等；牵头与各投资者共同实施《国家基础设施规划》中的PPP项目；开展国家合作等。

英国并未针对PPP专门立法，而是由英国财政部颁发规范性文件对PPP进行规范。《应对投资风险》（2003）、《强化长期伙伴关系》（2006）和《基础设施采购：实现长期价值》（2008）、《PPP的新方法》（2012）是英国PPP项目主要的规范性文件。

（2）加拿大成熟的PPP市场模式

加拿大PPP国家委员会将"PPP"定义为公共部门和私营部门之间的一种合作经营关系，它建立在双方各自经验的基础上，通过适当的资源分配、风险分担和利益共享机制，更好地满足事先清晰界定的公共需求。加拿大的PPP模式涵盖境内多个省份，涉及教育、医疗、文化、住房、交通、环境、国防、司法和政府服务等领域。

加拿大于2008年设立了国家层面的PPP中心（PPP Canada），是以公司形式、按照商业模式运作的国有公司。其主要职责是：负责参与PPP项目的实施；协助推广和宣传PPP政策及模式；政府PPP专项资金的管理。另外，加拿大政府专门设立了PPP中心基金（PPP Canada Fund）为符合要求的PPP项目提供资金支持，并由PPP中心负责资金的管理和使用，以国家专项资金带动市场资金对基础设施PPP项目的投资。

加拿大工业部于2003年5月出版了《对应公共部门成本——加拿大最佳实践指引》和《PPP公共部门物有所值评估指引》，这两部指引是加拿大目前PPP项目实施过程中最主要的规范依据。

（3）南非不同付费机制下的PPP模式

南非共和国为非洲第二大经济体，属于中等收入的发展中国家。该国的PPP模式是社会资本与政府方通过签署合同，由社会资本负责基础设施或服务的建设、运营，其模式根据项目付费来源不同可分为3类：第一类，由社会资本负责提供公共设施或服务，并由政府方支付服务费从而保障社会资本获得收益。第二类，由社会资本负责提供公共设施或服务，但政府方需要授权社会资本获得特许经营权，授权社会资本向公共服务的使用者收取费用以保障获得利益。第三类，由社会资本提供公共设施或服务，由政府方和使用者共同支付服务费以保障社会资本获得收益。

南非共和国财政部于2000年下设PPP中心。其主要职责是帮助各级财政部门管理PPP相关工作并且制定PPP规则的框架与指南、提供信息、参与筛选项目以及管理基金等。南非共和国针对PPP模式，有三级立法规制调整PPP项目，南非国家及省级政府层面有《公共财政管理法案（法案1/1900）》等；在市级政府层面有《市级财政管理法案（法案56/2003）》等。

(4) 菲律宾宪法认可的PPP模式

1987年，菲律宾宪法承认私营部门作为政府在发展上的合作伙伴。其作为增长和发展的主要引擎作用在最适合通过公私合营方式（PPPs）经营的重要基础设施和发展项目中最为突出。通过这种与私营部门合营的方式，政府以其有限资源解决了20世纪90年代初期的能源危机，通过建设—经营—转让（BOT）法，后来演化成为满足经济增长对基础设施需要的其他形式的PPP。现在，菲律宾已经成为成功实现公私合营的国家之一。PPP是菲律宾发展计划的一个重要战略。

菲律宾公私合营（PPP）中心负责管理PPP项目，拥有专门技术和项目开发方面的广泛经验，该PPP中心的主要职能为负责PPP项目开发以及为政府PPP项目提供支持等。

除1987年菲律宾宪法承认私营部门作为政府在发展上的合作伙伴外，菲律宾法令第6957号（BOT法）是指导菲律宾PPP发展的重要法律之一，该法规定了基础设施类PPP项目的指导原则，并将其扩展至其他领域。

(三) 我国PPP模式的发展历程

PPP模式在我国的发展历程伴随着政策的变迁。从PPP模式相关政策变迁来看，PPP模式在我国主要经历了以下4个时期。

(1) 被动回应阶段（1980—1998年）

在这一时期内，中央的PPP相关政策经历了一个被动回应地方PPP发展乱象的过程。从政策的时代背景来看，这一时期经历了20世纪八九十年代狂热的地方招商引资热潮。许多地方政府寻求私人资本，尤其是外资（包括港资）对当地基础设施的注入。从20世纪90年代开始，PPP模式中的BOT类型大量地运用于许多地方基础设施建设当中。例如，这一时期各地的BOT收费公路以及有名的BOT试点项目——广西来宾B电力项目、成都市自来水六厂B厂和长沙电力项目。因此，这一时期早期阶段的显著特征是地方政府的自发性和自主性。

在这一时期的早期阶段，中央对PPP模式的政策主要集中在鼓励外资投入方面，在PPP模式的具体指导性政策等方面则是一片空白。从政策目标看，20世纪80年代开始就出现了PPP模式相关政策，如1986年国务院的《关于鼓励外商投资的规定》。但1995年之前，这些政策都是粗线条和务虚的鼓励投资政策，这一时期早期阶段的PPP模式相关政策并没有落实到具体的行业，仅仅停留在中央的宏观指导层面。

从这一时期的中后期阶段开始，中央相继出台具体的PPP模式政策来回应地方PPP/

BOT热潮和乱象。1995年对外经济贸易合作部出台《关于以BOT方式吸收外商投资有关问题的通知》；同年，国家计划委员会、电力部、交通部联合出台《关于试办外商投资特许权项目审批管理有关问题的通知》。这些政策针对地方政府对项目开出无原则担保或承诺的问题以及特许经营权项目一哄而上的问题进行管制。此后，受到1998年金融危机以及上述的中央对地方BOT的限制性政策，第一波PPP模式浪潮于20世纪90年代末结束。

(2) 积极推动阶段(1999—2013年)

在这一时期，中央政府的PPP模式相关政策呈现出一个政府积极推动的状态，具体表现在大力推进城市公共事业的市场化和鼓励民间投资这两个方面。

20世纪90年代末至21世纪初期，中国进入城镇化建设飞速发展时期，城市扩容带来有限的城市政府财政资金与迫切需要发展的城市基础设施和市政公用事业之间的矛盾。在此背景下，市场化成为一个可行的解决办法。2002年，国务院出台《关于妥善处理现有保证外方投资固定回报项目有关问题的通知》，针对前一时期发展中出现的问题提出了处理方式，同时又鼓励吸引外商投资促进经济发展，起到了承上启下的作用。同年，建设部出台《关于加快市政公用行业市场化进程的意见》。2004年，建设部出台《市政公用事业特许经营管理办法》。

与中国城镇化建设同步的另一个时代背景是中央开始大力度鼓励民间资本投资。国家有关部门于2001年和2004年相继出台相关法规，为民间资本投资的审批程序创造了条件，并允许更多行业领域向民间资本开放，逐步放宽投资领域。2005年，国务院出台的《关于鼓励支持和引导个体私营等非公有制经济发展的若干意见》允许非公有资本进入垄断行业和领域，是第一个允许民间资本进入电力、电信、铁路、民航、石油等行业和领域的中央政策，进一步引入了市场竞争机制。

这一时期的发文部门类型和政策目标也与第一个时期不同，反映出中央政府对PPP模式的态度从粗线条的框架指导转变为具体的推广和运用。同时，与第一时期粗线条和大框架的鼓励投资政策不同，这一时期的政策目标开始关注PPP模式在具体的城市管理行业的运用，例如城市供水、供气、供热、污水处理和固体废物处理、城市轨道交通等行业。

中央对公共事业市场化和民间投资的鼓励政策，以及落实到具体行业部门的PPP模式指导政策对PPP项目发展起到了推动性作用。从2000年初开始，PPP模式开始出现新一轮的浪潮，这一时期的PPP项目在操作上也更加国际化和多样化。比较典型的PPP项目包括北京奥运会场馆项目、北京地铁4号线、北京卢沟桥污水处理项目、高速与国道的新建与改建项目、南京市长江隧道以及深圳地铁四号线项目。这一时期的PPP项目数量和投资额不断扩大，至2007年左右达到顶峰，直到遭遇2008年金融危机才缓落。

与此同时，产生于1998年财政刺激计划的地方融资平台逐渐承担了地方政府债务融资责任，特别是2008年金融危机后，为了鼓励地方政府提供配套资源以支持中央的4万亿元投资计划，中央政府出台宏观政策支持地方拓展融资渠道，地方融资平台的数量和规模得以迅速增长。2013年6月底，地方融资平台的政府性债务余额为4.08万亿元。

(3) 政府全面主导阶段(2014—2016年)

这一时期的PPP政策特征是中央全面主导，力图掀起PPP的热潮。这与这一时期初期阶段的积极财政政策和地方投融资平台导致的地方债务问题有很大关系。

2008年金融危机之后中央推出一系列刺激经济的积极财政政策，积极财政政策尽管有一系列正面的刺激经济效果，但随之而来的一个负面结果是地方政府不加限制地投资，导致了极度恶化的地方政府债务问题。如何化解地方政府债务、规范融资平台管理成为重大问题。2009—2012年，国务院、财政部及银保监会主导出台了一系列规范地方政府融资平台管理的政策，如《国务院关于加强地方政府融资平台公司管理有关问题的通知》；2014年《国务院关于加强地方政府性债务管理的意见》出台后，各部委密集出台了一系列文件，要求剥离城投公司为地方政府融资的职能，禁止通过城投公司增加政府债务。中央PPP政策在这一阶段呈现出推广行业全面性和操作具体化、密集式的全面主导特征。

区别于第一个时期的国务院主导和第二个时期的具体行业部门主导，在这个时期当中，发文部门呈现多样化：PPP模式政策通过财政部、发展和改革委员会、工商总局等多单位联合发文的方式全行业推广。这意味着中央对运用PPP模式作为政策工具所经历的策略变化：从第一个时期国务院粗线条的政策指南转变为第二时期具体行业部门的政策工具，再到现在第三个时期转变为政府宏观调控经济和财政、解决紧迫社会问题的政策工具。

中央密集、全面和具体的PPP政策推动了第三波PPP模式浪潮的兴起。这一波浪潮始于2014年，PPP政策的全面主导性是这一波浪潮区别于以往的显著特点，即以中央政策为指引，通过示范或推介项目来推动PPP模式发展。财政部及国家发展和改革委员会分别设立了多批PPP示范项目库，覆盖多个公共服务领域。

(4) 规范化运行阶段(2017年至今)

这一阶段PPP政策特征是将PPP推向严监管、规范化时代。在经历了前几年快速的规模扩张之后，PPP市场进入了规范化发展的新时期。

从2017年起，抓规范、严监管、控风险正成为PPP创新改革在新的历史时期的重要任务。加强监管之际，统一的顶层设计也亟待落地，PPP相关条例和法规正在加快制定出台。2017年7月国务院法制办公布《基础设施和公共服务领域政府和社会资本合作条例(征求意见稿)》，包括税收政策、金融支持、定价机制等在内的一系列体制仍需完善。

从2017年4月26日的《关于进一步规范地方举债融资行为的通知》到5月28日的《关于坚决制止地方以政府购买服务名义违法违规融资的通知》，对之前出台的关于规范地方政府债务的相关文件重申和执行力度强化，强调问责机制，规范与处罚并行。

伴随着财政部的问责，各级地方政府、投融资平台、社会资本和金融机构深刻意识到投融资方式正在发生改变。2018年4月24日财政部发布《关于进一步加强政府和社会资本合作(PPP)示范项目规范管理的通知》，要求加强规范管理、强化信息公开、建立长效机制，以更好地发挥示范项目引领带动作用；2017年11月10日财政部《关于规范政府和社会资本合作(PPP)综合信息平台项目库管理的通知》、2019年3月8日财政部《关于推进政府和社会资本合作规范发展的实施意见》等相继出台，要求坚持规范操作和从严管理，列出正负面清单，推动PPP长期、健康、可持续发展。2020年以来，财政部加强了对PPP项目的审查，国家层面对于PPP的规范发展也在有序进行之中。为规范政府和社会资本合作(PPP)项目全生命周期绩效管理工作，提高公共服务供给质量和效率，保障合作各方合法权益，2020年，财政部印发《政府和社会资本合作(PPP)项目绩效管理操作指引》文件。为了加快加强政府和社会资本合作(PPP)项目入库和储备管理工作，2020年2月，全国PPP综合信息平台(新平台)正式上线运行。2021年，财政部修订并发布了《政府和社会资本合作(PPP)综合信息平台信息公开管理办法》，2022年，财政部印发《关于开展全国PPP综合信息平台项目信息质量提升专项行动的通知》，同年财政部印发《关于进一步推动政府和社会资本合作（PPP）规范发展、阳光运行的通知》，明确了推动 PPP 规范发展、阳光运行的重要意义，加强组织保障，压实各方责任，完善工作机制，强化工作协同，持续推动 PPP 项目规范运作，不断提升项目管理水平和信息质量，助力扩大有效投资、提升公共服务质效。

三、PPP 模式对林业项目投资意义

（一）林业产业发展面临困境

过去，林业产业在国内的发展主要是由政府主导，但随着时代变迁，这种传统的政府主导型管理模式所带来的问题层出不穷。其一，为响应国家发展林业的号召，林业项目迅速增多，导致政府财政支出压力过大。其二，林业项目外部性的存在、价值潜伏期长及自然风险的影响，严重降低投资者的积极性，导致融资越发困难。其三，由于政府直接通过委托-代理的模式将林业项目交由国有林业企业来管理，缺乏透明高效的激励机制和监督机制，导致林业项目的投资效率低下。下面主要从融资及投资效率两方面阐述林业产业发展所面临的困境。

1. 项目融资难

（1）行业弱质性，资本吸引力差

林业是资源型产业，从信贷角度看，林业项目投资周期长，周转慢；从风险角度看，林业资金投入受到自然风险、经济风险和政策风险等多重影响，严重制约投资者的积极性。另外，林业项目具有明显的外部效应，定量难，且缺乏完全统一的评价指标，其产品属性不明确，不具备完整的产品和服务，使得无法准确测算林业项目的投资收益。这些特点充分证明了林业项目的弱质性，导致其筹措资金的能力不足，外部逐利资金不愿进入。

（2）融资模式单一

林业投资长期以来主要还是以政府和国有及集体林业企事业单位为主体。这种单一的投融资体制存在以下主要弊端：①难以核算投资效益，造成大量资金浪费。②林业部门背负严重的债务负担和财务费用。③投资体制难以适应市场经济的要求。因此，我们需要在林业领域探索新的、具备适当的制度安排和利益驱动的融资方式，促使外资和民间逐利资本进入林业领域，化解林业项目资金供求矛盾。

2. 项目投资效率低

（1）缺乏激励机制

一方面，林业投资巨大外部性的存在使林业投资者的边际收益小于社会边际收益，而边际成本却大于社会边际成本，形成了林业投资的低效率；另一方面，基于政府和国有企业的委托-代理关系，林业经营者所获得的剩余索取权非常有限，导致经营者不得不通过如贪污、挪用国家资金等损害政府利益的机会主义行为来达到个人私利最大化；同时，很多企业管理者由政府任命，并不承担资金投资风险，这使得他们没有足够的积极性来降低工程成本和提高工程质量，导致造林成活率低、投资效率低下。

（2）缺乏监督机制

政府通过监督获得更多有关林业经营者行动的信息是需要成本的，监督越困难，获得信息的成本越高。对于林业部门来说，这种监督成本是高昂的。监督的难点主要体现在以下 3 个方面：①林业本身的特殊性，如各地区的土壤、气候等自然条件存在差异，所承担的自

然风险不同，使得政府对林业投资效率的评价更复杂，各地区没有可比性，很难制定一个统一的标准来评价投资的效率。②林木的生产周期较长，造林投资资金的效率在很长时间内无法评价，这也给林业投资效率的衡量造成了一定的困难。③国有林区一般位于偏远的山区，林区面积很大，信息严重的不对称性在很大程度上为企业管理者隐藏信息提供了方便。因此，政府对林业管理者行为的监督很困难，造成监督成本居高不下。

（二）PPP融资对林业项目投资的意义

1. PPP融资模式可以增加林业投资的可控性，减少投资风险

一方面，PPP项目融资能够有效地分散项目风险，它将本应由政府部门完全承担的项目建设运营风险分担给了项目公司，避免了林业项目建设普遍存在的投资失控现象；另一方面，在项目融资模式下，金融机构和项目公司以合约的形式参与，既保证了资金投入的强度，又弱化了资金增值过程中的市场风险。同时，在林业项目融资框架中，政府所扮演的角色体现了国家对林业产业的扶持。对政府而言，通过林业项目PPP融资，不仅可以吸收大量的国内外民间资本，还可以在不负债的情况下弥补林业项目建设的资金缺口，同时吸引国内外的先进技术和管理经验。

2. PPP融资模式可以有效激励林业投资，促进林业投资与生态旅游相结合

PPP融资项目可以通过生态旅游与生态林业的结合，在林业投资项目中添加经营业务，赋予项目公司一定的剩余索取权，将风险与剩余索取权相对应。建立投资过程中风险利益共担的激励合同，在合同中规定项目公司要缴纳的履约保证金数额以及绩效考核方案。对于建设及经营绩效的评估，在考虑造林面积、林业产值等经济指标的同时，要兼顾森林生态系统多样性等生态指标，使项目公司的目标与政府的目标趋于一致，实现激励相容。同时，对于绩效评估高的项目公司，政府应给予一定的奖励，对于绩效评估低的项目公司政府要给予相应的惩罚。这有利于提高社会资金投资于林业的积极性。

生态林业是林业发展的未来趋势，通过PPP模式将林业生态项目与旅游相结合，从区域林业经营以及经济发展现状出发，开展交通设施建设，构筑以民风民俗、特色建筑、山光水色为主的生态化旅游区域，从而确保林业产业获得更快、更好地发展。

3. PPP融资模式有利于转变政府职能，建立管干分离信息化监督系统

在PPP模式下，项目公司负责项目的建设经营，而政府的主要职能是监督项目公司及项目整体的运作，完全实现管干分离。政府监督机制的完善主要从3个方面入手：首先，引进先进的监管技术，如使用卫星遥感等方式来降低监督成本；其次，可设立行业监管科入驻项目公司实行实时监管；最后，建立合理有效的绩效考核机制，通过季度和年度的考核对项目公司的运营情况进行评估，并根据《PPP项目合同》的规定对考核结果进行相应的处理。

第二节　PPP项目融资方式与运作流程

一、PPP项目融资方式

（一）PPP项目融资的内涵及融资渠道

项目融资是PPP项目获取资金的主要来源方式。PPP项目的项目融资是指政府和社会资本合作的项目中，以项目资产、预期收益或权益作为抵押，而取得一种有限追索权的融资活动。在PPP模式下，为了实现PPP业务的核心理念，筹备组建项目公司是最常见的组织方式，因此，项目公司的融资行为也是PPP项目融资行为。

项目公司主要采取有限责任公司合伙企业的组建形式，当然，根据综合考虑投资渠道、融资方式、税收便利情况等各种情况，也可采取其他不同形式。项目公司一般在合同签订后才开始运行。

项目公司可采取单一实体或多重实体构架进行融资。目前在我国的PPP项目实体主要通过单一实体进行融资。在单一实体架构中只设立单一的项目公司并同时负责项目的融资和项目的运营管理。

而在多重实体架构下，在PPP项目中不同的任务通常由不同的主体承担。比较常见的有两种形式：一是PPP由于项目的债权人和投资人涉及多方，为了同时满足各方的不同需求，设立双重实体。二是PPP项目本身可以分为两个不同的部分，由不同的主体分别负责不同的部分，完成各部分的任务。

（二）PPP项目融资方式

根据融资方式的不同，PPP项目融资可以分为股权融资和债券融资。对于PPP项目公司而言，股权融资和债券融资的范围非常广泛，几乎包括了大部分的金融机构和金融工具。PPP项目融资的资金来源可分为股权融资、债券融资和夹层资本。

股权融资一般包括货币出资和非货币性资产出资，是PPP项目公司最重要的融资方式，也是PPP项目公司以其他方式进行融资的基础。债权融资则是通过发行债券和银行贷款的方式进行，是PPP项目中最重要的融资方式。夹层资本介于股权投资和债务融资之间，其主要表现形式是次级贷款和优先股。在PPP项目融资中，夹层资本的提供者包括股东、商业银行、机构投资者、双边和多边组织等。近年来通过夹层资本融资方式伴随着融资工具的不断丰富和创新在项目融资中的使用越来越多。

二、PPP项目运作流程

PPP项目运作流程包括项目识别、项目准备、项目采购、项目执行、项目移交5个阶段。

（一）项目识别阶段

所谓项目识别是指政府从投资规模、需求的长期性和稳定性、价格调整的灵活性及市场化程度等几个方面综合考量一个基础设施及公共服务类项目是否采用PPP模式。

（1）项目发起

PPP项目根据发起主体的不同分为政府发起和社会资本发起两种主要模式。

（2）项目筛选

项目筛选主要是指财政部门会同行业主管部门，对潜在政府和社会资本合作项目进行评估筛选，确定备选项目的过程。财政部门对入库的项目制定项目年度和中期开发计划。对列入年度开发计划项目，项目发起方应按财政部门的要求提交相关资料，新建、改建项目应提交可行性研究报告、项目产出说明和初步实施方案，存量项目应提交存量公共资产的历史资料、项目产出说明和初步实施方案。

（3）项目物有所值评价

财政部门会同行业主管部门，从定性和定量两方面开展项目物有所值评价工作。定性评价重点关注项目采用政府和社会资本合作模式与采用政府传统采购模式相比能否增加供给、优化风险分配、提高运营效率、促进创新和公平竞争等。定量评价主要通过对政府和社会资本合作项目全生命周期内政府支出成本现值与公共部门比较值进行比较,计算项目的物有所值量值,判断政府和社会资本合作模式是否降低项目全生命周期成本。

(4)财政可承受能力评估

财政承受能力论证是指识别、测算政府和社会资本合作(PPP)项目的各项财政支出责任,科学评估项目实施对当前及今后年度财政支出的影响,为PPP项目财政管理提供依据。开展PPP项目财政承受能力论证,是政府履行合同义务的重要保障,有利于规范PPP项目财政支出管理,有序推进项目实施,有效防范和控制财政风险,实现PPP可持续发展。各级财政部门(或PPP中心)负责组织开展行政区域内PPP项目财政承受能力论证工作。省级财政部门负责汇总统计行政区域内的全部PPP项目财政支出责任,对财政预算编制、执行情况实施监督管理。同时,财政部门(或PPP中心)应当会同行业主管部门,共同开展PPP项目财政承受能力论证工作。必要时可通过政府采购方式聘请专业中介机构协助。PPP项目全生命周期过程的财政支出责任,主要包括股权投资、运营补贴、风险承担、配套投入4个方面。

(二)项目准备阶段

(1)管理架构构成

通过项目价值评价和财政承受能力论证的项目,可进行项目准备。县级(含)以上地方人民政府可建立专门协调机制,主要负责项目评审、组织协调和检查督导等工作,实现简化审批流程、提高工作效率的目的。政府或其指定的有关职能部门或事业单位可作为项目实施机构,负责项目准备、采购、监管和移交等工作。

(2)实施方案编制

编制PPP实施方案是推进具体项目PPP的核心工作,需要组成专业结构合理且经验丰富的工作团队,分工协作才足以胜任。项目实施方案主要包括以下内容:①项目概况;②风险分配基本框架;③项目运作方式;④交易结构;⑤合同体系;⑥监管架构;⑦采购方式选择。

(3)实施方案审核

财政部门对应项目实施方案,进行物有所值和财政能力验证,通过验证的,由项目实施机构报政府审核,未通过验证的,可在实施方案调整后重新验证,经重新验证仍不能通过的,不再采用政府和社会资本合作模式。

(三)项目采购阶段

(1)资格预审

项目实施机构应根据项目需要准备资格预审文件,发布资格预审公告,邀请社会资本和与其合作的金融机构参与资格预审,验证项目能否获得社会资本响应和现实充分竞争,并将资格预审的评审报告提交财政部门备案,资格预审公告应在省级以上人民政府财政部门指定的媒体上发布。

(2)采购文件编制

政府在PPP项目采购过程中,采购文件的编制十分重要,采购文件内容应包括:采购邀请、竞争者须知、采购方式、竞争者应提供的资格资质、业绩证明、政府对项目实施机构的授权、实施方案的批复和项目相关审批文件、采购程序、响应文件开启时间、截止时间及地点、强制担保的保证金缴纳数额和形式、评审方法、评审标准和政府采购政策要求的项目合同草案及其他法律文本。采购文件编制是PPP项目采购中的核心环节。

（3）响应文件评审

项目实施机构应按照采购文件规定组织响应文件的接收和开启。评审小组对响应文件进行两阶段评审：

①第一阶段，确定最终采购需求方案。评审小组可以与社会资本进行多轮谈判，谈判过程中可实质性修订采购文件的技术、服务要求以及合同草案条款，但不得修订采购文件中规定的不可谈判核心条件。实质性变动的内容，须经项目实施机构确认，并通知所有参与谈判的社会资本。具体程序按照《政府采购非招标方式管理办法》及有关规定执行。

②第二阶段，综合评分。最终采购需求方案确定后，由评审小组对社会资本提交的最终响应文件进行综合评分，编写评审报告并向项目实施机构提交候选社会资本的排序名单。具体程序按照《政府采购货物和服务招标投标管理办法》及有关规定执行。

（4）谈判与合同签署

项目实施机构应成立专门的采购结果确认谈判工作组。按照候选社会资本的排名，依次与候选社会资本及与其合作的金融机构就合同中可变的细节问题进行合同签署前的确认谈判，最先达成一致的即为中选者。确认谈判完成后，项目实施机构应与中选社会资本签署确认谈判备忘录，并将采购结果以及根据采购文件、响应文件、补遗文件和确认谈判备忘录拟定的合同文本一并进行公示，公示期满无异议的项目合同，应在政府审核同意后，由项目实施机构与中选社会资本签署。需要为项目设立专门项目公司的，待项目公司成立后，由项目公司与项目实施机构重新签署项目合同，或签署关于承继项目合同的补充合同。

（四）项目执行阶段

（1）项目公司成立

PPP项目进入运行阶段，是否成立项目公司应遵循社会资本自愿的原则，有的社会资本作为PPP项目直接投资人，也直接作为项目的实施者进行项目运行，但大部分社会资本不会直接参与PPP项目的实施，而是成立专门的项目公司，作为融资主体进行项目融资，既可以吸引外部资本，又可以隔离项目风险。《关于规范政府和社会资本合作合同管理工作的通知》规定，"项目公司可以由社会资本（可以是一家企业，也可以是多家企业组成的联合体）出资设立，也可以由政府和社会资本共同出资设立。但政府在项目公司中的持股比例应当低于50%且不具有实际控制力及管理权"。实操中，项目公司的设立主体主要分为以下两种方式。一是新设项目公司。新设项目公司又可以依据政府方是否参股分为两种情形：①由社会资本按照市场化运作原则出资设立，政府方不参股。②由政府指定机构和社会资本共同出资成立，政府可以一开始就参股，也可以在项目公司成立之后由政府指定机构出资参股。二是股转和增资扩股。由政府方指定出资机构先行设立项目公司，待项目采购阶段确定中选社会资本后，中选社会资本方可通过股权转让或增资扩股方式成为已经设立的项目公司的股东。

（2）融资管理

财政部门和项目实施机构为防止项目债务偏移向政府，应对社会资本及项目公司进行监管,社会资本或项目公司应及时设计融资方案并于各融资主体、融资机构进行融资洽谈,签订融资合同,并完成融资后资产交割等一系列工作。

(3)政府绩效监测与支付

财政部门应对政府支付的义务进行统筹考虑,结合政府的中长期财政规划,将支付项纳入同级政府预算,建立政府和社会资本PPP项目政府支付台账,建立政府综合财务报告制度,并履行政府在项目合同中所涉及的自身支付义务,避免出现政府财政风险。政府和社会资本合作项目中的政府支付义务应纳入政府综合财务报告。

(4)中期评估

项目实施机构应每3~5年对项目进行中期评估,重点分析项目运行状况和项目合同的合规性、适应性和合理性;及时评估已发现问题的风险,制订应对措施,并报财政部门备案。

(五)项目移交阶段

(1)移交准备

项目合同中应明确约定移交形式、补偿方式和移交内容等。补偿方式包括无偿移交和有偿移交;移交内容包括项目资产、人员和文档等;移交标准包括设备完好率和最短可使用年限等指标。采用有偿移交的,项目合同中应明确约定补偿方案;没有约定或约定不明的,项目实施机构应按照"恢复相同经济地位"原则拟定补偿方案,报政府审核同意后实施。项目移交时,项目实施机构或政府指定的其他机构代表政府收回项目合同约定的项目资产。

(2)性能测试

项目实施机构或政府指定的机构应组建项目移交组,根据项目合同约定与社会资本或项目公司确认移交情形和补偿方式,制订资产评估和性能测试方案,项目移交工作组应委托具有相关资质的资产评估机构按照项目合同约定的评估方式,对移交资产进行资产评估,作为确定补偿金额的依据。

项目移交工作组应严格按照性能测试方案和移交标准对移交资产进行性能测试。性能测试结果不达标的,移交工作组应要求社会资本或项目公司进行恢复性修理、更新重置或移交维修保函。

(3)资产交割

项目公司准备项目资产、知识产权清单及技术法律的相关文件等,并办妥法律过户及项目管理权移交的相关工作。

(4)绩效评价

PPP项目绩效评价是PPP项目绩效管理体系中的一个关键环节。按照事先约定的绩效目标及指标体系,对项目产出、实际效果、项目管理等方面进行评价。根据相关文件规定,项目实施机构应在项目所属行业主管部门的指导下开展PPP项目绩效管理工作,必要时可委托第三方机构协助。PPP项目绩效评价具体实施流程如下:①下达绩效评价通知;②制订绩效评价工作方案;③组织实施绩效评价;④编制绩效评价报告;⑤归档资料。

案例分析：

案例1：PPP项目在A县国家储备林建设项目中的应用

一、基本情况

为构建国家木材安全保障体系，2012年我国启动了国家储备林建设工程。工程启动以来，累计落实资金1400多亿元，建设国家储备林9200多万亩[①]，国家开发银行、中国农业发展银行等金融机构为国家储备林建设项目授信3200多亿元，累计发放金融贷款1100多亿元。十年来，国家储备林建设为社会提供就业岗位总数超过360万个，木材产出收入超过1500亿元，依托国家储备林开展的绿色产业实现经济收入近100亿元，围绕国家储备林建设形成的加工企业达2700多家。国家林业和草原局《"十四五"国家储备林建设实施方案》于2023年3月14日印发。方案明确提出，"十四五"期间，我国将科学布局和实施国家储备林建设，建设国家储备林3600万亩以上，增加蓄积量7000万m^3以上，缓解木材供需矛盾，保障我国木材安全，推动国家储备林建设高质量发展。

A县国家储备林建设项目位于K市A县，计划于2019年动工，2025年建成。项目的主要建设内容是通过合理布局、科学营造林措施，培育储备乡土树种，发展优质大中径材、珍贵用材树种，充分挖掘土地潜力，利用当地资源优势，培育以绿化用材兼顾的树种，以短养长，短期为当地市场提供优质绿化苗木，建成生态稳定、树种搭配较为合理、结构相对优化、长短结合、高效集约的森林资源储备体系。通过林银战略合作，发挥有限的财政资金撬动效应，利用金融资本加快储备林建设，增强高品质木材产品和优质生态产品供给能力。到2025年，建成A县国家储备林（一期）基地建设49 016亩，其中集约人工造林10 857亩，现有林改培38 159亩。

二、项目财务概况

该项目总投资为117 422.0万元，项目资本金为27 422.0万元，项目资本金占总投资23.3%，拟申请银行贷款90 000.0万元（9.0亿元），占项目总投资的76.7%。项目期内，项目总收入460 180.1万元，年均利润总额2768.1万元，经营期内年平均收入23 009.0万元，年平均净利润5923.0万元。项目投资利润率为2.36%，项目资本金净利润率21.60%。通过对项目的财务分析，本项目的税后财务内部收益率为3.74%，税前财务内部收益率为4.15%，均小于基准收益率（ic）8%，税后财务净现值（$ic=8\%$）为-33 407.9万元，税前财务净现值（$ic=8\%$）为-31 322.3万元，均小于零。项目投资利润率为2.36%、资本金净利润率为21.60%。由于项目属于公益性项目，项目投资周期长，利润率低，因此当地政府采用PPP模式进行融资。该县采用PPP融资模式，一方面，可以增加林业投资的可控性，减少投资风险；另一方面，可以有效激励社会资本对林业行业投资，促进林业资本运营将林业公共物品的政府提供与私人产品市场提供相结合，最后PPP融资模式有利于转变政府职能，建立管干分离信息化监督系统。

三、项目运作流程

①2018年5月，A县国家储备林项目开始筹备。
②2019年7月，A县国储林项目可行性研究报告通过。

[①] 1亩=1/15 hm^2。

③2019年9月，A县发改委可研批复。
④2020年5月，获得财政部审批。
⑤2020年7月，进行招标。
⑥2020年8月，Y省某公司成功中标该项目。
⑦2020年9月3日，A县国家储备林建设(一期)PPP项目开工。
⑧2021年8月，农业发展银行A县支行获批9亿元生态环境建设与保护中长期贷款，首批投放5995万元。

四、项目融资的意义

本建设方案中的建设项目为木材储备基地建设，主要为国家和地方提供木材储备，项目建设周期长、见效慢、公益性强，少部分收益不足以覆盖投资成本或难以形成合理回报，需政府补贴部分资金，开展PPP模式，项目采取政府投入、整合项目、吸引投资和金融支持方式融资。该项目主要采用银行贷款的债务融资。通过PPP模式，采用建设—运营—移交、建设—拥有—运营等模式推进。政府与社会主体建立起"利益共享、风险共担、全程合作"的共同体关系。有效地解决了林业项目周期长、融资难的问题，也为提高当地林业质量做出了贡献。

案例2：PPP项目在B县森林公园一期工程中的应用

一、基本情况

城市森林公园不仅为城市增添了生态底色，提升区域生态承载力和林地绿地的生态功能，还为市民拓展了休闲空间，改善居住工作环境品质，让城市生活更加美好。森林公园建设是全面推进美丽中国建设的重要内容之一。然而，由于各级地方政府的财力不一，很多地方的森林公园建设开始探索引入社会资本的模式。B县是一个西南边疆区域的小县城，拟规划建设一批森林公园。B县森林公园位于县城南，东西长2235m，南北宽1730m，总面积2815亩，是一个以河谷山地景观为特色，集科普、休闲、游览、健身等功能为一体的县级城市综合公园，根据规划分三期(近期、中期、远期)实施，计划总投资3.2亿元。森林公园一期工程建设主要是基础建设，内容主要包括：公园入口区、入口广场停车楼、车行道、室外工程(景观绿化、室外给排水工程、室外电力电信工程、太阳能路灯)。

二、项目财务概况

一期工程为公园基础设施项目，计划投资9480万元。项目属于纯公益性项目，项目本身基本没有经济收益，主要以社会效益和生态效益为主。最终一期工程项目实际投资额为9690.9608万元。由于县政府财力较为薄弱，公园建设项目拟采用PPP模式进行融资。

三、项目运作流程

按照州委、州政府2016年至2017年县市城市规划区内或城市周边建设森林公园的安排部署，B县人民政府2016年进行公开招投标工作，项目决定由B县城乡建设投资开发有限公司承建。

2016年10月启动实施B森林公园建设项目，聘请Y省设计院集团完成B县森林公园总体规划、可行性研究报告、环境影响评价、岩土勘察报告，及水土保持方案等规划、报告、设计的编制工作。

2016年12月通过某州建设工程招标有限公司采取EPC模式建设公开招标，确定Y省X

公司为 B 县森林公园基础设施工程建设单位，采取施工+设计一体化的建设模式，融资建设 B 县森林公园基础设施工程。

截至 2017 年 11 月 1 日，B 县森林公园建设项目一期工程全面建成完工，并免费向公众开放。

2018 年 4 月 27 日通过竣工验收。

2019 年 12 月经审计单位审计通过。

四、项目融资的意义

由于 B 县财政资金紧张，并且该项目属于公益类项目，免费向市民开放，所以该项目为了解决财政资金困难，选择采用了 PPP 模式。由承建公司采用 EPC 模式建设，后期由政府回购。采用 PPP 模式，既有效解决因财政紧张而造成森林公园建设滞后的困难，又采用企业高效的管理方式，对项目进度和资金成本进行管理，从而在一定程度上分担了风险，提高了社会资金参与公益项目建设的积极性。

复习思考题

1. 试述 PPP 模式的特征及适用范围。
2. 简述 PPP 模式在我国的 4 个发展时期。
3. 试述 PPP 项目融资的运作流程。
4. 简述 PPP 项目融资对林业项目投资的意义。

第十章 林业投资项目财务评价

第一节 林业投资项目财务评价概述

一、林业投资项目财务评价概念和作用

投资项目财务评价是根据国家现行财税制度和价格体系，根据财务估算所提供的报表和数据，编制基本财务报表，分析计算投资项目寿命期内发生的财务效益和费用，计算评价指标，考察项目的盈利能力、清偿能力以及财务生存能力等财务状况，据此判断项目的财务可行性。

投资项目财务评价的目的主要是从项目投资者角度考察项目的盈利能力，为项目投资者提供信息支持，同时兼顾项目相关利益主体的利益要求。

林业投资项目财务评价的意义主要体现在以下几个方面：

(1) 衡量项目的财务可行性和对林农经济状况的影响

我国现行的投资体制是政府仅对重大项目和限制类项目实行核准制，对其他项目实行备案制。在此条件下，项目投资者对项目盈利水平、清偿能力等分外关心。为了保证项目的财务可行性，就要进行项目财务分析和评价。此外，一般来说，林业项目均有林农的参与。一个项目是否能真正取得成功，还要看这一项目对于参与项目的林农的经济状况的影响程度如何，以预测项目是否能够调动林农参与的积极性。这就要求分析项目在多大程度上提高了林农的收入水平，林农是否有足够的贷款偿还能力等。这都是林业投资项目财务分析需要解决的问题。

(2) 为政府确定对于非经营性林业项目的财政补贴及其他扶持措施提供决策依据

一些非经营性的公益性林业项目，往往具有较大的社会效益或国民经济效益，但是却可能难以取得较高的财务回报。为了扶持这类项目的发展，国家应对项目给予必要的财政支持，如政策性补贴、税收减免或其他弥补亏损措施等，以确保项目能够持续运营，实现其公益目标。而这些都需要进行财务评价，以保证项目在财务上具有生命力。

(3) 投资项目决策分析与评价的重要依据

随着"一带一路"建设的纵深推进，中外合资项目越来越多，外资对林业投资领域的介入也将越来越多。绝大多数政府的财政部门、私人经济组织及国际援助的发起者都要在项目评价的基础上做出资助决策，因而需要把项目的经济效益评价作为项目建议书的组成部分。通过财务评价可以科学地分析项目的盈利能力、偿债能力和财务生存能力，从而做出是否投资的决策。

(4) 银行及金融机构发放贷款的重要依据

林业项目的投资借款具有数额大、风险大、周期长等特点，稍有不慎就可能无法收回贷款本息。通过财务评价，银行及金融机构可以科学的分析投资项目的贷款偿还能力，进而确

定是否可以贷款。

(5) 项目或方案比选中起着重要作用

在项目比选中，许多项目是相互排斥的，这就意味着，实施一个项目，就不能实施另一个项目。例如，修建一个发电量为 50MW 的水库大坝，将淹没一片林地，在同一块土地上就不能再营造高产林；在一块土地上营造了一片柚木人工林，就不能再去进行农作物种植。因此，必须对各个方案进行经济效益评价以确定哪种方案能带来最大的纯收益。

(6) 为国民经济评价提供了基础

投资项目的国民经济分析是在财务分析的基础上，对其费用和效益范围、价格、汇率、折现率等进行适当的调整而得到的结果。有了详尽科学的财务分析，国民经济评价将更为简便。

二、林业投资项目财务评价内容和程序

(一) 财务评价的内容

项目决策主要分为投资决策和融资决策两个层次。投资决策着重考察项目投资价值的大小，融资决策重在分析资金筹措方案能否满足投资要求。根据不同决策的需要，财务评价可分为融资前分析和融资后分析。

(1) 融资前分析

融资前分析是指在考虑融资方案前就可以开始进行的财务分析，即不考虑债务融资条件和项目融资结构情况下进行的财务分析，是从项目投资总获利能力的角度，考察项目方案设计的合理性，反映的是项目作为一个整体的效益如何。如果分析结果表明项目盈利能力符合要求，可再考虑融资方案，继续进行融资后分析；反之，则修改、调整方案，或放弃项目。通常，财务评价应先进行融资前分析。

由于不涉及融资条件，融资前分析只进行盈利能力分析，即通过编制全投资现金流量表，计算相应的动态和静态指标来考察项目的盈利能力。

(2) 融资后分析

在融资前分析满足要求的情况下，即可设定融资方案，进行融资后分析。融资后分析是指以设定的融资方案为基础进行的财务分析，反映项目投资者投资于项目的效益如何。融资后分析的内容主要包括 3 项：财务盈利能力分析、财务清偿能力分析和财务生存能力分析。

①财务盈利能力分析　是通过运用静态或动态的分析方法，计算一系列反映项目财务盈利水平的静态或动态指标，据以考察项目建成投产后的盈利水平。在市场经济条件下，每年都会有众多的投资活动以项目方式来完成，这些资金的投放将不仅直接影响项目单位未来多年的经营状况，还会对整个国民经济发展产生重大影响。因此，评价一个项目是否值得投资，首先要考虑它建成投产后的盈利能力。

②财务清偿能力分析　项目清偿能力主要通过考察项目寿命期内各年的财务状况及固定资产投资借款本金和利息偿还状况来反映。项目清偿能力分析包括项目资金的流动性分析，即项目在运营过程中所面临的财务风险程度和偿债能力的大小；项目清偿贷款和利息的能力，这也是项目有关各方非常关心的问题。项目清偿能力的高低，既是银行进行贷款发放决策的依据，也是投资者能否通过财务杠杆实现快速发展的基础。

③财务生存能力分析　财务生存能力分析主要考察项目在运营期内，能否确保从各项经

济活动中得到足够的净现金流量使项目得以持续生存。应通过编制财务现金流量表，综合分析项目寿命期内各年的投资活动、融资活动和经营活动产生的净现金流量能否维持项目的正常运营。财务生存能力的高低是项目能否正常运转并实现盈利的基础。对于在项目经营期出现经营净现金流量不足的项目，研究提出现金流接续方案，分析政府财政补贴所需资金，评价项目财务可持续性。

（二）财务评价的程序

（1）财务效益与费用估算

识别项目的财务收益和费用是投资项目财务评价的前提。根据项目市场分析和实施条件分析结果，以及现行有关法律、法规和政策，对项目总投资、资金筹措方案、产品成本费用、营业收入、税金和利润，以及其他和项目有关的财务基础数据进行分析和估算，并将所得数据编制成辅助报表材料。

（2）编制财务评价基本报表

将分析和估算的数据进行汇总，编制成现金流量表、利润与利润分配表、资金来源与运用表、资产负债表等财务评价基本报表。财务评价基本报表是计算财务评价指标的基础。

（3）计算和分析财务效益指标

根据编制的财务基本报表，计算一系列财务盈利能力、清偿能力和生存能力指标。反映项目财务盈利能力的指标包括静态指标（投资利润率、投资利税率、资本金利润率和资本金净利润率等）和动态指标（财务内部收益率和财务净现值等）；反映项目财务清偿能力的指标包括投资回收期、借款偿还期、资产负债率、流动比率和速动比率等。

（4）提出财务评价结论

将计算出的有关指标值与国家有关部门公布的基准值、经验标准、历史标准或目标标准等加以比较，并从财务的角度提出项目可行与否的结论。

第二节 林业投资项目财务估算

一、财务估算概述

（一）财务估算基本概念

财务估算是从项目评估的角度出发，在项目市场、资源、技术条件评估的基础上，依据现行的经济法规和价格政策，采用与企业财务口径相一致的计算方法，对一系列有关的财务数据和指标进行事先收集、测算和审查，并编制财务估算表的一系列工作。项目财务估算的数据来源于项目的各项前期准备工作。

财务估算是进行财务评价的基础，财务评价所需要的大量数据是由项目评估人员在调查研究和分析判断的基础上进行测算的。因此，财务数据测算是否可靠，直接影响到财务评价和国民经济评价的结论。

林业投资项目财务估算的主要内容包括项目寿命期估算、项目投资估算、总成本费用估算、营业收入和税金估算，以及固定资产投资贷款还本付息估算等。

（二）财务估算报表

要完成上述财务估算内容，就需要正确的估算各种财务数据，编制各种财务估算报表，并以此为基础编制基本财务报表，再根据基本财务报表提供的相应数据进行财务评价。因此，林业投资项目财务评价是通过编制一系列相关的财务分析报表、计算各种财务指标来完成的。

(1) 财务估算报表

财务估算报表也称为辅助财务报表，是编制基本财务报表的基础。根据项目财务估算的内容，分为4类共12种表格。

第一类报表包括固定资产投资估算表、流动资金估算表、建设期利息估算表和项目总投资使用计划和资金筹措表4种。这类表报主要对项目建设期资金筹措和使用计划，以及项目的投资结构和支出状况进行预测。

第二类报表包括总成本费用估算表、外购原材料费用估算表、外购燃料和动力费用估算表、工资及福利费用估算表、固定资产折旧估算表及无形资产和其他资产摊销估算表。这类报表主要反映项目投产后的成本费用水平，其中，后5张报表主要为总成本费用估算表提供数据。

第三类报表为营业收入、税金及附加和增值税估算表，用于反映项目投产后的营业收入水平，并为损益分析提供依据。

第四类报表为固定资产投资借款还本付息估算表，用于反映项目投资偿还能力和速度。

(2) 相互关系

财务分析报表的基本编制顺序和关系可以大致表述如下(图10-1)：

①根据固定资产投资估算表和流动资金估算表编制项目总投资使用计划与资金筹措表、建设期利息估算表。

②根据固定资产折旧估算表、无形资产和其他资产摊销估算表、外购原材料费估算表、外购燃料和动力费估算表、工资及福利费估算表，编制总成本费用估算表。

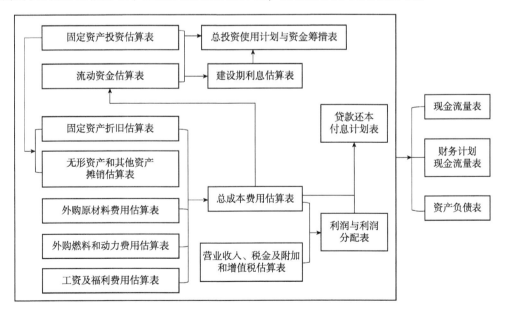

图10-1 财务分析报表相互关系

③根据主要产出和投入价格和相关资料编制营业收入、税金及附加和增值税估算表。

④根据总成本费用估算表和营业收入、税金及附加和增值税估算表编制利润与利润分配表。

⑤根据项目总投资使用计划与资金筹措表、固定资产折旧估算表、无形资产和其他资产摊销估算表、利润与利润分配表，编制借款还本付息计划表。

⑥根据上述已编制的财务估算报表，编制除利润与利润分配表和借款还本付息计划表以外的其他基本财务报表。

二、项目寿命期估算

项目寿命期是指对项目进行财务评价应延续的年限，对于林业投资项目，往往包括建设期和运营期。因为项目财务效益和费用的估算都要涉及计算的年限问题，所以项目寿命期是财务分析的重要参数。

（1）建设期

林业投资项目建设期是指从项目资金正式投入起到项目建成投产为止所需要的时间。建设期的确定应综合考虑项目的性质（新建、扩建或技术改造）、规模、项目复杂度、当地建设条件、管理水平和人员素质等因素，依据或参照主管部门制定的建设期定额，并注意建设项目所在地区的类别和工期定额种类进行确定。一般使用一次性估算法，可以根据统计资料，套用以往同类工程建设期，或参照以往类似工程的实际工期，进行适当的调整。

对于一期、二期连续建设的项目和滚动发展的总体项目等，应结合项目的具体情况来确定项目评价的建设期。

（2）运营期

项目运营期包括投产期和达产期。投产期是项目从建设投产或交付使用起，到实际年产量达到设计生产能力时为止所经历的时间；达产期也称正常生产期或达到设计生产能力期，是指达到设计规定的生产能力100%的生产期。

运营期应根据多种因素综合确定，包括行业特点、主要装置（或设备）的经济寿命期等。对于中外合资项目，考虑合资双方商定的合资年限，在按上述原则估计运营期后，还要与合资生产年限相比较，再按两者孰短的原则确定。

三、项目投资与资金筹措估算

项目投资是指投资项目从建设前期准备工作开始到项目全部建成投产为止所发生的全部投资费用，主要包括建设投资、建设期借款利息和流动资金3部分估算。

（一）建设投资估算

1. 建设投资的构成

建设投资可按概算法或形成资产法进行分类（图10-2）。

（1）按概算法分类

建设投资包括工程费用、工程建设其他费用和预备费用3项。

工程费用由建筑工程费、设备购置费（含工器具及生产家具购置费）和安装工程费构成；工程建设其他费用内容较多，且随行业和项目的不同而有所区别；一般包括形成固定资产其他费用，形成无形资产的其他费用和形成其他资产的其他费用；预备费包括基本预备费和涨价预备费。

(2)按形成资产法分类

建设投资包括形成固定资产费用、形成无形资产费用、形成其他资产费用和预备费用4部分。

形成固定资产费用指项目投产时将直接形成固定资产的建设投资,包括工程费用、工程建设其他费用中按规定将形成固定资产的费用(即固定资产其他费用)。固定资产其他费用主要包括建设单位管理费、可行性研究费、研究试验费、勘察设计费、环境影响评价费、场地准备及临时设施费、引进技术和引进设备其他费、工程保险费、联合试运转费、特殊设备安全监督检查费和市政公共设施建设及绿化费等。形成无形资产费用指将直接形成无形资产的建设投资,包括专利权、非专利技术、商标权、土地使用权和商誉等方面的费用支出。形成其他资产费用指建设投资中除形成固定资产和无形资产以外的部分,如生产准备及开办费等。预备费包括基本预备费和涨价预备费。

此外,对于土地使用权,为了与后续计算折旧和摊销相协调,在建设投资估算表中,通常可将其直接列入固定资产其他费用。

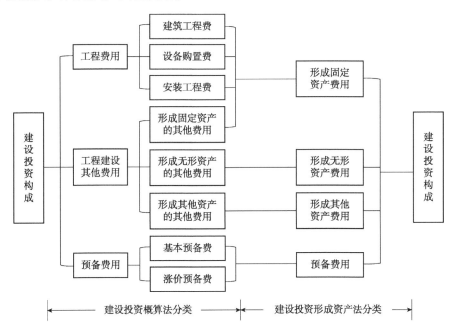

图 10-2 项目建设投资两种分类方法间的联系与区别

2. 建设投资的估算

(1)建筑工程费

一般根据设计方案提供的工程内容,按各种概算指标计算建筑工程费。表达式如下:

$$建筑工程费 = 单位工程概算指标 \times 单位工程量 \times 修正系数 \quad (10-1)$$

(2)设备购置费

$$\begin{aligned} &国内设备购置费 = 设备原价 \times (1+运杂费率) \\ &进口设备购置费 = 设备货价 + 进口费用 + 国内运杂费 \\ &融资租赁设备费 = 设备原价 + 运输费 + 保险费 + 安装调试费 \\ &工器具购置费 = 设备购置费 \times 工器具及生产家具购置费率 \end{aligned} \quad (10-2)$$

设备货价也称为合同价,可分为外币货价和人民币货价;进口费用包括国外运费、运输保险费、关税、消费税和银行财务费、外贸手续费、海关监督手续费和车辆购置附加费等;国内运杂费为到岸价与国内运杂费率的乘积。

(3)安装工程费

一般采用安装费率或概算指标计算。

$$安装工程费 = 设备吨位 \times 每吨设备安装费 \tag{10-3}$$

(4)工程建设其他费用

①建设单位管理费　按工程费与费用率指标的乘积计算。

②勘察设计费　包括为项目建设编制项目建议书、可行性研究报告、初步设计和施工图文件等所需的咨询评估、设计、施工图预算编制、研究试验所需的费用,根据有关规定计算。

③研究试验费　指为项目提供和验证设计参数、数据与资料,以及在施工中必须进行的试验等的费用,根据项目需要提出的要求计算。

④联合试运转费　一般根据不同项目的工艺设备购置费的一定百分比计算。

⑤生产职工培训费　根据需要培训的人数和培训时间,按生产准备费指标进行估算。

⑥办公及生活家具购置费　可按设计定员人数乘以综合指标(一般为每人600~800元)计算,但不包括计算机、复印机和医疗设备购置费。

⑦土地征用费或土地使用权出让金　按国家有关规定逐项计算,而后加总得出。

⑧其余工程建设其他费用　均按国家、部门、地区或行业规定的有关文件要求进行估算。

(5)预备费用

基本预备费可按式(10-4)计算:

$$基本预备费 = \left(建筑工程费 + 设备及工器具购置费 + 安装工程费 + 工程建设其他费用 \right) \times 基本预备费率 \tag{10-4}$$

涨价预备费的计算公式见式(10-5):

$$P_F = \sum_{t=1}^{n} I_t \left[(1+f)^{m+t-1} - 1 \right] \tag{10-5}$$

式中　P_F——涨价预备费;

n——建设期年数;

m——估算年到项目开工年的间隔年数;

I_t——建设期中第 t 年的用款额,应包括工程费用、其他费用及基本预备费;

f——年均投资价格上涨率;

t——第 t 年。

在项目评估中,一般把预备费纳入固定资产原值,参与折旧的计提。

建设投资估算表(形成资产法)的基本格式见表10-1所列。

表10-1　建设投资估算表(形成资产法)　　　　　万元

序号	工程或费用	建筑工程费	设备购置费	安装工程费	其他费用	合计	比例(%)
1	固定资产费用						
1.1	工程费用						

(续)

序号	工程或费用	建筑工程费	设备购置费	安装工程费	其他费用	合计	比例(%)
1.1.1	×××						
1.1.2	××						
	……						
1.2	固定资产其他费用						
1.2.1	×××						
	……						
2	无形资产费用						
2.1	×××						
	……						
3	其他资产费用						
3.1	×××						
	……						
4	预备费						
4.1	基本预备费						
4.2	涨价预备费						
5	建设投资合计						
	比例(%)						

(二)建设期借款利息估算

建设期利息指筹措债务资金的时点是在建设期内,并按规定允许在投产后计入固定资产原值的利息。按照规定,建设期利息应计入项目总投资(或总概算),列入投资计划;在项目投产后作为固定资产原值的一部分,参与计提折旧。

建设期利息包括银行借款和其他债务资金的利息以及其他融资费用。其他融资费用指某些债务融资中发生的手续费、承诺费、管理费、信贷保险费以及财政有偿资金的资金占用费。建设期利息应按照项目可行性研究报告中的项目建设资金筹措方案确定的初步贷款意向规定的利率、偿还方式和偿还期限计算。若没有规定,则按项目适用的现行一般贷款利率、期限和偿还方式计算(表10-2)。

建设期利息有两种计算方式。若各年贷款在年初一次支取使用,则计算公式为:

$$本年应计利息 = (年初借款本息累计 + 本年初借款额) \times 年利率 \tag{10-6}$$

若各年贷款在年中陆续支出,则计算公式为:

$$本年应计利息 = \left(年初借款本息累计 + \frac{本年借款额}{2}\right) \times 年利率 \tag{10-7}$$

需要说明的是,按照现行规定,对于建设期利息采用复利方法计算,即若前一年的建设期利息不偿还,则将复利至下一年度。此外,对于分期建成投产的项目,其投产后继续发生的借款费用不作为建设期利息计入固定资产原值,而是作为运营期利息计入总成本费用。

表 10-2　建设期利息估算表　　　　　　　　　　　　　万元

序号	项目	合计	建设期				
			1	2	…	$n-1$	n
1	借款						
1.1	建设期利息						
1.1.1	期初借款余额						
1.1.2	当期借款						
1.1.3	当期应计利息						
1.1.4	期末借款余额						
1.2	其他融资费用						
1.3	小计(1.1+1.2)						
2	债券						
2.1	建设期利息						
2.1.1	期初借款余额						
2.1.2	当期借款						
2.1.3	当期应计利息						
2.1.4	期末借款余额						
2.2	其他融资费用						
2.3	小计(2.1+2.2)						
3	合计(1.3+2.3)						
3.1	建设期利息合计(1.1+2.1)						
3.2	其他融资费用合计(1.2+2.2)						

(三)流动资金估算

流动资金指为维持生产所占用的全部周转资金,是流动资产与流动负债的差额,包括周转占用的工器具、原材料、燃料、在产品、产成品以及现金等。根据项目特点和资料掌握情况,可以采用扩大指标估算法进行粗略估算,也可按流动资金的主要项目分别详细估算。

1. 扩大指标估算法

扩大指标估算法是根据现有实际资料确定出该类项目扩大指标定额,推算出拟建项目所需的流动资金数量。其具体方法包括:销售收入资金率法、总成本(或经营成本)资金率法、固定资产价值资金率法和单位产量资金率法等。

(1)销售收入资金率法

它是指项目流动资金所需量与其一定时期内(通常为一年)的销售收入的比率。

$$流动资金额=项目年销售收入×销售收入资金率 \qquad (10-8)$$

式中,项目年销售收入取项目正常生产年份的数值;销售收入资金率根据同类项目的经验数据确定。

(2)总成本(或经营成本)资金率法

它是指项目流动资金需要量与其一定时期(通常为一年)内总成本(或经营成本)的比率。

$$\text{流动资金额} = \text{项目年总成本(或经营成本)} \times \text{总成本(或经营成本)资金率} \quad (10-9)$$

式中，项目年总成本(或经营成本)取项目正常生产年份的数值；总成本(或经营成本)资金率根据同类项目的经验数据确定。

(3) 固定资产价值资金率法

它是指项目流动资金需要量与固定资产价值的比率。

$$\text{流动资金额} = \text{固定资产价值} \times \text{固定资产价值资金率} \quad (10-10)$$

式中，固定资产价值根据前述方法得出；固定资产价值资金率根据同类项目的经验数据确定。

(4) 单位产量资金率法

它是指项目单位产量所需流动资金。

$$\text{流动资金额} = \text{达产期年产量} \times \text{单位产量资金率} \quad (10-11)$$

式中，单位产量资金率根据同类项目经验数据确定。

2. 分项详细估算法

扩大指标估算法难以准确估算流动资金需要量。为了提高流动资金估算的准确性，可以使用分项详细估算法(即按占用周转资金的类别分别进行估算，然后将各类周转资金数量加总，即为项目所需的流动资金额)进行估算。

(1) 周转次数的确定

$$\text{周转次数} = 360/\text{最低周转天数} \quad (10-12)$$

最低周转天数参照同类项目的平均周转天数并结合项目特点确定，或按部门(行业)规定，在确定最低周转天数时应考虑储存天数、在途天数，并考虑适当的保险系数。

(2) 流动资产的估算

它是指可以在1年或超过1年的1个营业周期内变现或耗用的资产。主要包括存货、应收账款和现金等。

$$\text{存货} = \text{外购原材料、燃料} + \text{在产品} + \text{产成品}$$

$$\text{外购原材料、燃料} = \text{年外购原材料、燃料费}/\text{分项周转次数}$$

$$\text{在产品} = \frac{\text{年外购原材料、燃料及动力费} + \text{年工资及福利费} + \text{年修理费} + \text{其他制造费用}}{\text{在产品周转次数}} \quad (10-13)$$

$$\text{产成品} = \text{年经营成本}/\text{产成品周转次数}$$

$$\text{应收账款} = \text{年经营成本}/\text{应收账款周转次数} \quad (10-14)$$

$$\text{现金} = \frac{\text{年工资及福利费} + \text{年其他费用}}{\text{现金周转次数}}$$

$$\text{年其他费用} = \text{制造费用} + \text{管理费用} + \text{财务费用} + \text{营业费用} - (\text{工资及福利费} + \text{折旧费} + \text{维简费} + \text{摊销费} + \text{修理费} + \text{利息支出}) \quad (10-15)$$

(3) 预付账款

$$\text{预付账款} = \text{外购商品或服务年费用金额}/\text{预付账款周转次数} \quad (10-16)$$

(4) 流动负债估算

它是指将在1年或超过1年的一个营业周期内偿还的债务。在项目评价中，流动负债的估算可以只考虑应付账款和预收账款。

$$应付账款 = \frac{年外购原材料、燃料及动力费}{应付账款周转次数}$$

$$预收账款 = 预收的营业收入年金额/预收账款周转次数 \qquad (10-17)$$

（5）流动资金估算

流动资金估算见表10-3所列。

$$项目所需流动资金 = 流动资产 - 流动负债$$
$$= 存货 + 应收账款 + 现金 - 应付账款 \qquad (10-18)$$

表10-3　流动资金估算表　　　　　　　　　　　　　　　　万元

序号	项目	最低周转天数	周转次数	计算期				
				1	2	…	$n-1$	n
1	流动资产							
1.1	存货							
1.1.1	外购原材料、燃料及动力							
1.1.2	在产品							
1.1.3	产成品							
1.2	应收账款							
1.3	现金							
1.4	预付账款							
2	流动负债							
2.1	应付账款							
2.2	预收账款							
3	流动资金(1-2)							
4	流动资金当期增加额							

以上估算过程是从成本费用，特别是年经营成本的角度考虑对资金的占用（不考虑折旧及利润等），而资金周转次数越多，则全年所需流动资金相对越少。

流动资金一般在投产前开始筹措。为简化计算，流动资金一般在投产第一年开始安排，并随生产运营计划的不同而有所不同，因而流动资金的估算应根据不同的生产运营计划分年进行。

国家有关主管部门规定，生产经营性项目必须自备所需流动资金的30%作为铺底，并计入建设项目总概算，竣工投产后计入生产流动资金，其余差额部分（70%）可借款解决，其借款部分按全年计算利息，其利息计入当年财务费用并入总成本，项目期末时回收全部流动资金。

（四）投资使用与资金筹措估算

资金是林业投资项目顺利实施的重要条件，因此，在项目总投资估算后必须进行投资使用与资金筹措的估算，确保项目所需资金能够落到实处。

应按林业项目建设期和投产期所需资金数量编制投资使用计划，保证项目能够正常施工，以防资金不能按期到位或积压浪费。投资使用计划应分年编制，在编制投资使用计划时应同资金来源筹措估算结合起来编制，保证两个计划相互衔接。

在编制项目投资使用计划基础上，应编制确定资金筹措方案。与投资使用计划类似，资金筹措方案也必须分年编制。资金筹措方案包括的内容主要有：确定项目的筹措资金渠道；确定每种渠道筹措的资金额。资金筹措的评估主要考察项目所需各项资金是否能及时、足额到位，是否能够满足项目的设计目标，包括以下几个方面：①审查融资数量的合理性，主要是指各年融资进度与项目工程建设进度能否吻合。②审查融资的可靠性、保证性和合理性，主要是指建设资金的来源是否正当、合理，是否符合国家政策规定，资金数量能否满足项目要求，是否有可靠的保证并留有余地。③审查融资是否能满足既定目标，主要是指融资必须满足项目既定的各项目标，包括技术、经济等目标。一般来说，资金筹措方案的选定要特别考虑其经济合理性：一是分析融资结构是否合理；二是分析融资成本是否低廉；三是分析判断项目的融资风险。

项目资金筹措方案确定后，就可以编制总投资使用计划与资金筹措表（表10-4）来反映项目总投资和资金筹措情况。

表10-4　总投资使用计划与资金筹措表　　　　　　　　　　　　　　　　万元

序号	项目	合计		1		...	
		人民币	外币	人民币	外币	人民币	外币
1	总投资						
1.1	建设投资						
1.2	建设期利息						
1.3	流动资金						
2	资金筹措						
2.1	项目资本金						
2.1.1	用于建设投资						
2.1.2	用于流动资金						
2.1.3	用于建设期利息						
2.2	债务资金						
2.2.1	用于建设投资						
2.2.2	用于流动资金						
2.2.3	用于建设期利息						
2.3	其他资金						

四、项目成本费用估算

投资项目成本费用构成了项目的主要现金流出，它对项目的净效益具有重要影响。一个项目的获利能力，不仅取决于总投资的大小，也取决于项目成本费用的高低。只有准确地做好成本费用的估算工作，才能为正确决策奠定基础。

在林业投资项目财务分析中，项目成本费用的估算通常包括项目的总成本费用、经营成本费用、固定成本和可变成本。估算的方法主要有类比成本估算法、项目成本估算法和要素成本估算法。其中，类比成本估算法精度较低，项目成本估算法计算较为复杂，而要素成本估算法计算简便、易于掌握，应用较为广泛。因此，下面仅介绍要素成本估算法。

（一）总成本费用估算

总成本费用是指在一定时期内（通常为一年）为生产销售产品或提供服务而花费的全部费用。通常总成本费用可表示为：

$$\text{总成本费用} = \text{外购原材料、燃料及动力费} + \text{工资及福利费} + \text{折旧费} + \text{修理费} + \text{摊销费} + \text{利息支出} + \text{其他费用} \quad (10-19)$$

（1）外购原材料、燃料及动力费估算

需要由相关专业技术人员提出项目外购原材料、燃料及动力的年耗用量，根据选定价格体系下的预测价格进行估算。采用的价格时点和价格体系应与营业收入的估算一致。

（2）工资及福利费估算

工资及福利费是指项目为获得职工提供的服务而给予职工各种形式的报酬以及其他相关支出，包括职工工资、奖金、津贴和补贴、职工福利费以及各种社会保险费等。工资及福利费应按项目全部新增人员的数量估算。在林业项目中，应注意项目管理人员、熟练劳动力和非熟练劳动力之间工资水平的差异。

（3）折旧费估算

固定资产计算折旧的方法主要包括直线法、双倍余额递减法、年数总和法和工作量法等，一般使用直线法和工作量法。折旧年限、预计净残值率可在税法允许的范围内自行确定或按行业规定确定。对于林业项目，应注意根据项目固定资产的技术经济特征确定其折旧年限和残值率。固定资产折旧估算表见表 10-5 所列。

表 10-5　固定资产折旧估算表　　　　　　　　　　万元

序号	项目	合计	计算期				
			1	2	…	$n-1$	n
1	房屋、建筑物						
1.1	原值						
1.2	当期折旧费						
1.3	净值						
2	机器设备						
2.1	原值						
2.2	当期折旧费						
2.3	净值						
	……						
3	合计						
3.1	原值						
3.2	当期折旧费						
3.3	净值						

①直线法　也称平均年限法，是按照固定资产的使用年限平均计算固定资产折旧，每期折旧额均相等。

$$\text{固定资产年折旧额} = \frac{\text{固定资产原值} - \text{预计净残值}}{\text{折旧年限}} \quad (10-20)$$

②双倍余额递减法　指按固定资产账面净值和固定折旧率计算折旧的方法。其年折旧率是直线法的2倍，通常不考虑固定资产的预计净残值。

$$年折旧率=\frac{2}{折旧年限}\times 100\%$$

$$年折旧额=固定资产净值\times 年折旧率$$

$$最后两年折旧额=\frac{固定资产账面净值-预计净残值}{2} \quad (10-21)$$

③年数总和法　指以固定资产原值减去预计净残值后的余额为基数，按逐年递减的折旧率进行折旧的方法。

$$年折旧率=\frac{折旧年限-已使用年数}{折旧年限\times\left(\dfrac{折旧年限+1}{2}\right)}\times 100\%=\frac{折旧年限-已使用年数}{年数总和}\times 100\%$$

$$年折旧额=(固定资产原值-预计净残值)\times 年折旧率 \quad (10-22)$$

④工作量法　对一些价值很大而又不经常使用的大型设备，以及汽车等运输设备，可以按工作量计提折旧。

$$单位工作量折旧额=\frac{固定资产原值-预计净残值}{预计工作总量} \quad (10-23)$$

$$某项固定资产年折旧额=该项固定资产当年工作量\times 单位工作量折旧额 \quad (10-24)$$

(4) 修理费估算

修理费是指为保持固定资产的正常运转和使用，对其进行必要修理所发生的费用，按修理范围的大小和修理时间间隔的长短可分为大修理和中小修理。修理费一般可按固定资产原值(扣除所含的建设期利息)的一定百分比(一般为3%~5%)，或按占固定资产折旧费的一定比率(一般为50%)估算。百分数的选取应考虑行业和项目特点，在运营期各年，修理费率一般取固定值。根据项目特点也可间断性地调整费率，开始取较低值，以后取较高值。

(5) 摊销费估算

无形资产和其他资产的原值，在项目运营期内以摊销形式进入总成本费用。法律和合同规定了法定有效期限或受益年限的，摊销年限从其规定，否则摊销年限应注意符合税法的要求。摊销费的估算一般采用平均年限法，不计残值(表10-6)。

表10-6　无形资产及其他资产摊销估算表　　　　　　　　　万元

序号	项目	合计	计算期				
			1	2	…	n-1	n
1	无形资产						
1.1	土地使用权						
1.1.1	当期摊销费						
1.1.2	净值						
1.2	专有技术和专利权						
1.2.1	当期摊销费						
1.2.2	净值						

(续)

序号	项目	合计	计算期				
			1	2	…	$n-1$	n
1.3	其他无形资产						
1.3.1	当期摊销费						
1.3.2	净值						
2	其他资产						
2.1	当期摊销费						
2.2	净值						
3	合计						
3.1	当期摊销费						
3.2	净值						

(6)利息支出估算

项目运营期的利息支出包括长期借款(固定资产借款)利息支出以及流动资金借款利息支出。

长期借款利息在项目建设期发生的,计入建设期利息,形成固定资产原值,参与折旧;在运营期发生的,则计入项目总成本费用中的利息支出。计算公式如下:

$$每年应计长期借款利息 = \left(年初借款本金累计 + \frac{本年借款额}{2}\right) \times 年利率 \quad (10-25)$$

流动资金借款(短期借款)按单利计息,并假定是在年初借用,则需全年计息。由于流动资金是周转使用,则一般假定流动资金借款在生产经营期不归还,而是在项目终了时一次性归还。计算公式如下:

$$流动资金借款年利息 = 当年累计流动资金借款 \times 流动资金借款年利率 \quad (10-26)$$

(7)其他费用估算

其他费用包括其他制造费用、其他管理费用和其他营业费用3项,是指由制造费用、管理费用和营业费用分别扣除工资及福利费、折旧费、摊销费和修理费后的其余部分。其他制造费用可按固定资产原值(扣除所含建设期利息)的一定百分比估算或按人员定额估算;其他管理费用可按人员定额或取工资及福利费总额的倍数估算;其他营业费用可按营业收入的一定百分比估算。

(二)经营成本估算

经营成本又称营运成本或运行成本,是指生产总成本扣除折旧费、摊销费和利息支出后的总成本,即生产总成本费用扣除非付现成本费用的剩余部分。经营成本不同于会计中的成本概念,是指项目一定时期内(通常为一年)为生产和销售产品而发生的经常性现金支出,是构成总成本费用的主要组成部分。计算公式如下:

$$经营成本 = 总成本费用 - 折旧费 - 摊销费 - 利息支出 \quad (10-27)$$

经营成本这一概念,在项目现金流量分析中十分重要,它确保了现金流量分析的收付实现制原则。

(三)可变成本与固定成本估算

产品的总成本费用,按其与产量的关系可分为可变成本和固定成本两种。固定成本指在一定产量变动范围内不随产量变动而变动的费用,如固定资产折旧费、管理费用等;可变成本指总成本中随产量变动而变动的费用,如原材料费用等。可变成本和固定成本通常参照类似项目两种成本比例来确定,如果没有现成的资料,可采用一些数学方法进行分解。在我国的项目评价中,一般将原材料、辅助材料、燃料动力划为可变成本,其余成本均划为固定成本。

将产品总成本划分为可变成本和固定成本,主要是用于项目的风险分析,以判断项目抵御风险能力的大小。

综上所述,项目总成本费用估算见表10-7所列。

表10-7 总成本费用估算表　　　　　　　　　　　　　万元

序号	项目	合计	计算期				
			1	2	…	$n-1$	n
1	外购原材料费						
2	外购燃料及动力费						
3	工资及福利费						
4	修理费						
5	其他费用						
6	经营成本(1+2+3+4+5)						
7	折旧费						
8	摊销费						
9	利息支出						
10	总成本费用合计(6+7+8+9) 其中:可变成本 　　　固定成本						

五、项目营业收入和税金估算

(一)项目营业收入估算

项目营业收入是指项目建成投产后在某一期间通过销售各种产品或提供劳务所获得的货币收入,是项目效益的最主要的体现。营业收入估算的基础数据包括产品或服务的数量和价格,二者都与市场预测密切相关。因此,在估计营业收入时,应对市场预测的相关结果进行确认,特别应对采用价格的合理性进行说明。

计算公式为:

$$营业收入 = 产品(或劳务)年销售量 \times 销售单价 \quad (10-28)$$

营业收入的估算基于一项重要假定,即当期产品产量等于当期销售量。对于林业项目来说应注意:将主副产品(或不同等级产品)的销售收入全部计入营业收入;由于林业自然再生产和经济再生产相结合的特殊性,项目投产后不同年份的单位产出可能会有所不同。如一个核桃林项目,在第3年投产到第8年达产之间,有可能每年的单位产量都会有所不同。

此外,林业项目往往是以林农为主体的经营项目,林农生产的产品除销售外还应包括自产自用的消费和储备,因此,林农经营的项目总收入应是项目全部产品(包括主副产品)的总价值。对于林业技术改造项目或在原来生产基础上追加投资的项目,其效益的表现形式为增量效益。如果同时生产多种产品,应当将各种产品的营业收入汇总相加,得出项目年营业总收入(表10-8)。

表10-8 营业收入、税金及附加和增值税估算表　　　　　　　　　　　万元

序号	项目	合计	计算期			
			1	2	…	n-1	n
1	营业收入						
1.1	产品A营业收入						
	单价						
	数量						
	销项税额						
1.2	产品B营业收入						
	单价						
	数量						
	销项税额						
	……						
2	税金及附加						
2.1	消费税						
2.2	城市维护建设税						
2.3	教育费附加						
3	增值税						
	销项税额						
	进项税额						

(二)项目税金估算

1. 税金及附加

(1)税金及附加

它是指项目经营活动发生的消费税、资源税、城市维护建设税、教育费附加及房产税、土地使用税、车船使用税、印花税等相关税费(表10-8)。

(2)税金及附加的估算

①消费税　我国对部分货物征收消费税。项目评价中对适用消费税的产品,应按税法规定计算消费税。计算公式为:

$$应纳税额 = 销售额 \times 税率$$
$$应纳税额 = 销售数量 \times 单位税额 \tag{10-29}$$

②资源税　指对在我国境内开采应税矿产品和生产盐的单位和个人,就其应税数量征收

的一种税。在中华人民共和国境内开采《中华人民共和国资源税暂行条例》规定的矿产品或者生产盐的单位和个人，为资源税的纳税义务人，应缴纳资源税。其应税产品包括7类：原油、天然气、煤炭、其他非金属矿原矿、黑色金属矿原矿、有色金属矿原矿、盐。根据《中华人民共和国资源税法》规定，资源税实行从价计征或者从量计征，计算公式为：

$$从价计征：应纳税额=销售额×适用税率$$
$$从量计征：应纳税额=课税数量×单位税额 \tag{10-30}$$

③城市维护建设税　国家向缴纳增值税和消费税的单位和个人征收的专用于城市维护建设的一种附加税，计税依据为纳税人实际缴纳的增值税和消费税税额。市区适用税率为7%，县城、镇的适用税率为3%。计算公式为：

$$城市维护建设税=(实际缴纳增值税+消费税)×适用税率 \tag{10-31}$$

④教育费附加　主要用于各地改善教学设施和办学条件，凡缴纳增值税和消费税的单位和个人，都是教育费附加的缴纳人。教育费附加的计征依据是各缴纳人实际缴纳的增值税和消费税的税额，征收率为3%。计算公式为：

$$教育费附加=(实际缴纳的增值税+消费税)×3\%$$
$$地方教育附加=(实际缴纳的增值税+消费税)×2\% \tag{10-32}$$

⑤房产税　指以房屋为征税对象，按房屋的计税余值或租金收入为计税依据，向产权所有人征收的一种财产税。计算公式为：

$$从价计征：全年应纳税额=应税房产原值×(1-扣除比例)×1.2\% \tag{10-33}$$
$$从租计征：全年应纳税额=不含增值税租金收入×12\%(或4\%) \tag{10-34}$$

⑥土地使用税　指对使用国有土地的单位和个人，按使用的土地面积定额征收的税。计算公式为：

$$应纳税额=应税土地的实际占用面积×适用单位税额 \tag{10-35}$$

⑦车船使用税　指对在中国境内应依法到公安、交通、农业、渔业、军事等管理部门办理登记的车辆、船舶，根据其种类，按照规定的计税依据和年税额标准计算征收的一种财产税。

⑧印花税　指对经济活动和经济交往中树立、领受具有法律效力的凭证的行为所征收的一种税。

2. 增值税

(1) 增值税

它是指以商品(含应税劳务)在流转过程中的产生增值额为征税对象的一种流转税。按照税法规定，增值税作为价外税不包含在税金及附加中，其纳税人为在我国境内销售货物或提供加工、修理、修配劳务以及进口货物的单位和个人。当采用含(增值)税价格计算销售收入和原材料、燃料动力成本时，利润和利润分配表以及现金流量表中应单列增值税科目；否则，不包括增值税科目。项目评价中需注意按相关法规采用适宜的计税方法。

一般情况下，在经济评估中可采用不含增值税的价格估算项目运营期内的投入和产出。在此情况下，评估中应注意：首先，在项目财务效益分析中，产品营业税金及附加不包括增值税，产出物的价格不含增值税中的销项税，投入物的价格中也不含增值税中的进项税；其次，由于税金附加是以增值税为计算基数，所以在财务效益分析及评估中，还应单独计算项目的增值税额(销项税额减进项税额)。

(2) 增值税的估算

增值税的税率、计征依据、计算方法和减免方法均应按国家有关规定执行。产品出口退税比例，按现行有关规定计算。一般纳税人现行增殖税率分为3种：销售货物或者提供加工、修理修配劳务以及进口货物、提供有形动产租赁服务等适用税率为13%；提供交通运输业服务、邮政服务、基础电信服务、建筑服务、销售不动产、不动产租赁、转让土地使用权、粮食、食用植物油、自来水、暖气、冷气、热水、煤气、石油液化气、天然气、沼气、居民用煤炭制品、图书、报纸、杂志等适用税率为9%；销售无形资产、增值电信服务、金融服务、现代服务、生活服务等适用6%的税率；出口货物等特殊业务适用0%税率。计算公式为：

$$应纳税额 = 当期销项税额 - 当期进项税额 \quad (10-36)$$

$$销项税额 = 销售额 \times 销项税税率 \quad (10-37)$$

$$进项税额 = 当期允许抵扣税款的购进货物或劳务 \times 进项税税率 \quad (10-38)$$

小规模纳税人适用征收率，征收率为3%。计算公式为：

$$应纳税额 = 销售额 \times 征收率 \quad (10-39)$$

3. 所得税

所得税是针对项目应税所得额征收的税种。所得税率应按项目评估分析年税法规定的税率确定，目前基本上采取25%的税率。要注意使用有关的所得税优惠政策，并加以说明。此外，所得税的征收额以项目年利润为基础，不属于税金及附加的范畴。计算公式为：

$$应交所得税 = 应纳税所得额 \times 适用税率 \quad (10-40)$$

第三节　林业投资项目财务评价报表

投资项目财务评价报表分为辅助报表和基本报表。基本报表包括：现金流量表、利润与利润分配表、资金来源与运用表、资产负债表等。

一、现金流量表

(一)现金流量表概念及作用

现金流量表是指反映项目在计算期内各年的现金流入、现金流出和净现金流量的计算表格。编制现金流量表的主要作用是计算财务内部收益率、财务净现值和投资回收期等技术经济指标。根据投资计算基础不同，现金流量表可分为全投资现金流量表和自有资金现金流量表。

(二)现金流量表结构

(1) 全投资现金流量表

全投资现金流量表不分投资资金来源，以全部投资作为计算基础，用以计算全部投资税前及税后财务内部收益率、财务净现值和投资回收期等评价指标。编制目的是考察各个项目全部投资的盈利能力，以便于项目的比选。

现金流入包括产品销售(营业)收入、回收固定资产余值(净残值)和回收流动资金；现金流出包括固定资产投资、流动资产投资、经营成本、税金及附加和所得税等(表10-9)。表中数据可依据"营业收入、营业税金及附加和增值税估算表""建设投资估算表""流动资金估算表""总投资使用计划与资金筹措表""总成本费用估算表""利润与利润分配表"等有关报表填列。

表 10-9　全投资现金流量表　　　　　　　　　　　　　　　　　万元

序号	项目＼年份	建设期		投产期		达产期				合计
		1	2	3	4	5	…	$n-1$	n	
1	现金流入									
1.1	营业收入									
1.2	回收固定资产余值									
1.3	回收流动资金									
2	现金流出									
2.1	固定资产投资									
2.2	流动资产投资									
2.3	经营成本									
2.4	税金及附加									
2.5	所得税									
3	净现金流量(1-2)									
4	累计净现金流量									
5	所得税前净现金流量(3+2.5)									
6	所得税前累计净现金流量									
		所得税后				所得税前				

计算指标：财务内部收益率：

　　　　　财务净现值：

　　　　　投资回收期：

(2) 自有资金现金流量表

自有资金现金流量表从投资者角度出发，以投资者的出资额作为计算基础，将借款本金偿还和利息支付作为现金流出，用以计算自有资金的财务内部收益率、财务净现值等评价指标(表 10-10)。编制目的是考察项目自有资金的盈利能力。

现金流入项与全投资相同，现金流出项比全投资多了借款本金偿还和借款利息支付两项。表中数据除依据前面所提各表外，还包括"借款还本付息计划表"。

表 10-10　自有投资现金流量表　　　　　　　　　　　　　　　万元

序号	项目＼年份	建设期		投产期		达产期				合计
		1	2	3	4	5	…	$n-1$	n	
1	现金流入									
1.1	营业收入									
1.2	回收固定资产余值									
1.3	回收流动资金									
2	现金流出									
2.1	固定资产投资中自有资金									
2.2	流动资产投资中自有资金									

(续)

序号	项目 \ 年份	建设期		投产期		达产期				合计
		1	2	3	4	5	...	$n-1$	n	
2.3	经营成本									
2.4	借款本金偿还									
2.5	借款利息支付									
2.6	税金及附加									
2.7	所得税									
3	净现金流量(1-2)									

计算指标：财务内部收益率：

财务净现值：

以上两种现金流量表各有其特定的目的。全投资现金流量表假定全部投资均为自有资金，因而不必考虑借款本金的偿还和利息的支付，为投资项目的比选建立了共同的基础。自有资金现金流量表主要考察自有资金的盈利能力和向外借款对项目是否有利：当全投资内部收益率大于借款利率时，自有资金的内部收益率必定大于全投资内部收益率，且借款比例越高，自有资金内部收益率越大；当全投资内部收益率大于基准收益率，且基准收益率大于借款利率时，自有资金净现值大于全投资净现值。

(3) 财务计划现金流量表

财务计划现金流量表反映了项目计算期内各年的投资活动、融资活动和经营活动所产生的各项现金流入和流出状况。其作用为记录项目现金流入和流出的数量和时序，计算净现金流量和累计盈余资金，分析项目是否有足够的净现金流量维持正常运营，以实现项目的持续性。

财务计划现金流量表分为5项：经营活动净现金流量、投资活动净现金流量、融资活动净现金流量、净现金流量和累计盈余资金。每一项活动的净现金流量又分为现金流入和现金流出。经营活动现金流量主要依据"营业收入、营业税金及附加和增值税估算表""利润与利润分配表""总成本费用估算表"填列；投资活动现金流量主要依据"建设投资估算表""总投资使用计划与资金筹措表""流动资金估算表"填列；融资活动现金流量主要依据"总投资使用计划与资金筹措表""总成本费用表""借款还本付息计划表"填列。具体见表10-11所列。

表10-11 财务计划现金流量表 万元

序号	项目	合计	计算期				
			1	2	...	$n-1$	n
1	经营活动净现金流量(1.1-1.2)						
1.1	现金流入						
1.1.1	营业收入						
1.2	现金流出						
1.2.1	经营成本						

(续)

序号	项目	合计	计算期				
			1	2	…	n-1	n
1.2.2	税金及附加						
1.2.3	增值税						
1.2.4	所得税						
2	投资活动净现金流量(2.1-2.2)						
2.1	现金流入						
2.2	现金流出						
2.2.1	建设投资						
2.2.2	流动资金						
3	融资活动净现金流量(3.1-3.2)						
3.1	现金流入						
3.1.1	项目资本金投入						
3.1.2	建设投资借款						
3.1.3	流动资金借款						
3.2	现金流出						
3.2.1	各种利息支出						
3.2.2	偿还债务本金						
4	净现金流量(1+2+3)						
5	累计盈余资金						

二、利润与利润分配表

(1) 利润与利润分配表的概念和作用

利润与利润分配表是用来反映项目寿命期内各年的营业收入、总成本费用、利润总额、所得税及税后利润分配情况，用以计算总投资收益率、资本金净利润率等指标的表格。

(2) 利润与利润分配表

利润与利润分配表的项目包括：营业收入、税金及附加、总成本费用、利润总额、所得税、税后利润、盈余公积金和公益金、应付利润、未分配利润和累计未分配利润等(表10-12)。它们的关系为：

$$利润总额=营业收入-税金及附加-总成本费用+补贴收入 \quad (10-41)$$

$$税后利润(净利润)=利润总额-所得税 \quad (10-42)$$

$$可供分配利润=净利润+期初未分配利润 \quad (10-43)$$

营业收入、税金及附加和补贴收入根据"营业收入、税金及附加和增值税估算表"填列；总成本费用按"总成本费用估算表"填列；所得税按照相应税率计算，但要考虑减免所得税和弥补上年亏损等因素。

表 10-12　利润与利润分配表　　　　　　　　　　　　　　　万元

序号	年份 项目	投产期		达产期				合计
		3	4	5	…	$n-1$	n	
1	营业收入							
2	税金及附加							
3	总成本费用							
4	补贴收入							
5	利润总额(1-2-3+4)							
6	弥补以前年度亏损							
7	应纳税所得额(5-6)							
8	所得税							
9	净利润(5-8)							
10	期初未分配利润							
11	可供分配利润(9+10)							
12	提取法定盈余公积金							
13	可供投资者分配的利润(11-12)							
14	应付优先股股利							
15	提取任意盈余公积金							
16	应付普通股股利(13-14-15)							
17	各投资方利润分配							
18	未分配利润(13-14-15-17)							
19	息税前利润(利润总额+利息支出)							
20	息税折旧摊销前利润 (息税前利润+折旧+摊销)							

税后利润等于利润总额减去所得税。可供分配利润则包括盈余公积金和公益金、应付利润和未分配利润。法定盈余公积金可按净利润计提；应付利润即按照规定应付给投资者的利润；未分配利润即为可供分配利润减去盈余公积金以及应付利润后的余额。

三、资金来源与运用表

(1)资金来源与运用表的概念和作用

资金来源与运用表反映项目寿命期内各年的资金盈余或短缺状况，用于选择资金筹措方案，制定适宜的借款及还款计划，并为编制资产负债表提供依据。

(2)资金来源与运用表的结构

资金来源与运用表分为3项：资金来源、资金运用和盈余资金。资金来源减去资金运用即为盈余资金("+"表示当年有资金盈余，"-"表示当年资金短缺)(表10-13)。

表10-13 资金来源与运用表 　　　　　　　　　　　　　　　　万元

序号	年份 项目	建设期		投产期		达产期				合计
		1	2	3	4	5	…	n-1	n	
1	资金来源									
1.1	利润总额									
1.2	折旧费									
1.3	摊销费									
1.4	长期借款									
1.5	流动资金借款									
1.6	其他短期借款									
1.7	自有资金									
1.8	其他									
1.9	回收固定资产余值									
1.10	回收流动资金									
2	资金运用									
2.1	固定资产投资									
2.2	建设期利息									
2.3	流动资金									
2.4	所得税									
2.5	应付利润									
2.6	长期借款本金偿还									
2.7	流动资金借款本金偿还									
2.8	其他短期借款本金偿还									
3	盈余资金									
4	累计盈余资金									

利润总额、所得税和应付利润依据"利润与利润分配表"填列，折旧费和摊销费依据"总成本费用估算表"填列，各种借款、建设期利息和流动资金等依据"总投资使用计划与资金筹措表"填列，各种借款本金偿还依据"借款还本付息计划表"填列，回收固定资产余值和回收流动资金依据"全投资现金流量表"填列。

四、借款还本付息计划表

(1)借款还本付息计划表的概念及作用

借款还本付息计划表是反映项目寿命期内各年借款本金偿还和利息支付情况的表格，主要用于计算偿债备付率和利息备付率等指标。

(2)借款还本付息计划表的结构

借款还本付息计划表可根据"总投资使用计划与资金筹措表"填列,在编制时,应根据不同的借款来源分别列示(表10-14)。此外,本表可与辅助报表"建设期利息估算表"合二为一。

表10-14 借款还本付息计划表   万元

序号	项目	利率	1	2	3	…	n-1	n
1	借款1							
1.1	期初借款余额							
1.2	当期还本付息							
1.2.1	还本							
1.2.2	付息							
1.3	期末借款余额(1+1.1-1.2.1)							
2	借款2							
2.1	期初借款余额							
2.2	当期还本付息							
2.2.1	还本							
2.2.2	付息							
2.3	期末借款余额(2+2.1-2.2.1)							
3	借款合计							
3.1	期初借款余额							
3.2	当期还本付息							
3.2.1	还本							
3.2.2	付息							
3.3	期末余额							

计算指标:利息备付率(%):
　　　　　偿债备付率(%):

五、资产负债表

(1)资产负债表的概念及作用

资产负债表综合反映了项目寿命期内各年年末资产、负债和所有者权益的增减变化及对应关系,以考察项目三者的关系是否合理,用以计算资产负债率、流动比率和速动比率等指标,进行清偿能力分析。

(2)资产负债表的结构

资产负债表(表10-15)包括3个部分:资产、负债和所有者权益,三者的关系为:

$$资产=负债+所有者权益 \tag{10-44}$$

表 10-15 资产负债表　　　　　　　　　　　　　　　　　　　　　万元

序号	项目 \ 年份	建设期		投产期		达产期				合计
		1	2	3	4	5	…	n-1	n	
1	资产									
1.1	流动资产总额									
1.1.1	应收账款									
1.1.2	存货									
1.1.3	现金									
1.1.4	累计盈余资金									
1.2	在建工程									
1.3	固定资产净值									
1.4	无形及递延资产净值									
2	负债及所有者权益									
2.1	流动负债总额									
2.1.1	应付账款									
2.1.2	流动资金借款									
2.1.3	其他短期借款									
2.2	长期借款									
	负债小计									
2.3	所有者权益									
2.3.1	资本金									
2.3.2	资本公积金									
2.3.3	累计盈余公积金									
2.3.4	累计未分配利润									

资产负债率(%)
流动比率(%)
速动比率(%)

　　资产负债表中数据有些可以根据相关报表直接填列，有些则需要经过分析整理综合后方能填列。可直接填列的有：应收账款、存货和现金可依据"流动资金估算表"填列；累计盈余资金可依据"资金来源与运用表填列"；各项借款可依据"总投资使用计划与资金筹措表"填列；累计盈余公积金和累计未分配利润可依据"利润和利润分配表"填列；固定资产净值、无形资产和递延资产净值可依据"固定资产折旧估算表"和"无形资产及其他资产摊销费估算表"填列；经过分析整理综合填列的有：在建工程和资本金可依据"总投资使用计划与资金筹措表"分析整理综合后填列；资本公积金要经过分析综合后填列。资本公积金包括资本溢价和赠款两大项，具体来源为：投资者实际缴付的出资额超过资本金的差额；法定财产重估增值；资本汇率折算差额；接受捐赠的财产。

第四节　林业投资项目财务分析

一、盈利能力分析

盈利能力是反映项目财务效益的主要指标，进行盈利能力分析的目的是考察项目的盈利水平。按是否考虑资金的时间价值，可分为静态分析和动态分析，相应的评价指标也分为静态指标和动态指标。根据投资决策的阶段，财务盈利能力分析包括融资前分析和融资后分析。

(一)融资前分析

融资前分析排除了融资方案的影响，从项目投资总获利能力角度考察项目的经济合理性，以动态分析为主，静态分析为辅。

(1)静态分析

主要是计算静态投资回收期，数据来源是项目"全投资现金流量表"。为了反映所得税对项目的影响，可分别计算所得税前和所得税后的静态投资回收期。该指标相关内容在第七章第三节中已有介绍。

(2)动态分析

以项目"全投资现金流量表"为基础，为了反映所得税对项目的影响，动态分析指标包括：所得税前财务净现值和财务内部收益率，以及所得税后财务净现值和财务内部收益率。指标的相关内容可参考第七章第四节。

(二)融资后分析

如果融资前盈利能力分析表明项目可行，则进一步做融资后盈利能力分析。融资后分析同样包括动态分析和静态分析两个方面。

(1)静态分析

衡量项目融资后财务盈利水平的静态指标主要包括总投资收益率和资本金净利润率。总投资收益率反映了总投资的盈利水平，主要依据"总投资使用计划与资金筹措表"和"利润与利润分配表"中相应数据计算。资本金净利润率考虑了筹资方案所带来的利息的影响，更好地反映了项目资本金的增值能力是否能够满足投资者追求利润最大化的要求，主要依据"总投资使用计划与资金筹措表"和"利润与利润分配表"中相应数据计算。两个指标的相应公式可参考第七章第三节。

(2)动态分析

衡量项目融资后财务盈利水平的动态指标主要包括项目资本金净现值和项目资本金内部收益率。这两个指标从项目权益投资者角度，考察了在拟定的融资方案下，项目给资本金的出资者所带来的投资效益，主要依据"自有资金现金流量表"中相应数据计算。具体公式和评价方法可参考第七章第四节。

二、清偿能力分析

清偿能力分析主要是考察项目计算期内各年财务状况和偿债能力。清偿能力分析的主要指标有固定资产投资借款偿还期、利息备付率、偿债备付率以及流动性分析指标等。其中，固定资产投资借款偿还期可参考第七章第三节。

（一）流动性分析

（1）资产负债率

资产负债率是指项目各期期末负债总额和资产总额的比率，反映了项目各年所面临的财务风险程度和偿债能力，是反映项目偿债能力的最主要的指标。计算公式为：

$$资产负债率 = \frac{负债总额}{资产总额} \times 100\% \qquad (10-45)$$

由上式可知，该指标主要依据"资产负债表"中相关数据计算。

对该指标的分析，应结合国家宏观经济状况、行业发展趋势、所处竞争环境等具体条件判断。在实际运用中，可将项目的资产负债率与行业的资产负债率比较，若小于等于行业的平均水平，则项目在财务上是可以接受的。通常，这一比率越小，说明回收借款的保障越大；反之，则投资风险就越高。因此，该指标不仅能衡量投资者利用债务资金进行投资和生产经营活动的能力，而且也能反映债权人发放借款的安全程度。项目财务分析中，在长期债务还清后，可不再计算资产负债率。

（2）流动比率

流动比率是指项目各期期末流动资产总额与流动负债总额的比率，是反映项目各年偿还流动负债能力的指标。计算公式为：

$$流动比率 = \frac{流动资产总额}{流动负债总额} \qquad (10-46)$$

式中，流动资产包括现金、应收账款、存货、累计盈余资金等项目；流动负债包括应付账款、短期借款等项目。该指标主要依据"资产负债表"中相关数据计算。

通常，流动比率越高，说明项目偿还流动负债的能力越强，项目的经营风险越小。因此，该指标衡量了项目的短期偿债能力。一般认为，保持2：1的流动比率较为合适。

（3）速动比率

速动比率是指项目各期期末速动资产与流动负债的比率，是反映项目快速偿付流动负债能力的指标。计算公式为：

$$速动比率 = \frac{速动资产}{流动负债} \times 100\% \qquad (10-47)$$

$$速动资产 = 流动资产 - 存货 \qquad (10-48)$$

速动资产主要指容易变现的流动资产。由于流动资产中的存货变现能力较差，若存货占有较大比重，一旦需要立即偿还流动负债时就可能导致项目出现资金周转不灵的情况，因此用扣除存货后的速动资产计算的速动比率更能反映项目的短期偿债能力。一般认为，速动比率略大于1较为合适。

（二）备付率分析

（1）利息备付率（ICR）

利息备付率是指在借款偿还期内的息税前利润（$EBIT$）与应付利息（PI）的比值，它从付息资金来源的充裕性角度反映了项目偿付债务利息的保障程度和支付能力。计算依据为"借款还本付息计划表"。计算公式为：

$$ICR = EBIT/PI \qquad (10-49)$$

式中　ICR——利息备付率；
　　　EBIT——息税前利润；
　　　PI——计入总成本费用的应付利息。

利息备付率分年计算，表示使用项目盈利偿付利息的保障倍率。利息备付率越高，表明利息偿付的保障程度越高。利息备付率应测定其最低可接受值，一般情况下，不宜低于2。若利息备付率低于1，则表明项目没有足够资金支付利息，偿债风险较大。

(2) 偿债备付率(DSCR)

偿债备付率是指借款偿还期内，用于计算还本付息的资金($EBITDA-TAX$)与应还本付息金额(PD)的比值，是从还本付息资金来源的充裕性角度反映项目偿付债务本息的保障程度和支付能力。计算依据为"借款还本付息计划表"。计算公式为：

$$DSCR = \frac{EBITDA-TAX}{PD} \quad (10-50)$$

式中　DSCR——偿债备付率；
　　　EBITDA——息税前利润加折旧和摊销；
　　　TAX——应交所得税；
　　　PD——应还本付息额，包括还本金额、计入总成本费用的全部利息；融资租赁费用可视同借款偿还；运营期内的短期借款本息也应纳入计算。

偿债备付率应分年计算，表示可用于还本付息的资金偿还借款本息的保证倍率，正常情况下应大于1，且越大越好。偿债备付率也应测定其最低可接受值，一般情况下，不宜低于1.3。

三、生存能力分析

生存能力分析也称为资金平衡分析，主要是通过计算项目的净现金流量和累计盈余资金来分析和判断项目是否有足够的净现金流量来维持项目的正常运营。主要依据"财务计划现金流量表"中相应数据分析计算。

(1) 分析计算净现金流量

项目的净现金流量由经营净现金流量、投资净现金流量和融资净现金流量构成。通常，在项目建设期要靠融资来维持投资所需资金，在项目运营期要靠项目经营实现的较大净现金流量来还本付息，并实现盈利。项目的经营净现金流量较大，说明项目方案比较合理，实现自身资金平衡的可能性较大，不会过分依赖短期融资来维持运营。因此，产生足够的经营净现金流量对于实现项目的财务可持续性至关重要。

(2) 分析计算累计盈余资金

在整个运营期间，项目在个别年份净现金流量出现负值是允许的，但不能容许任一年份的累计盈余资金出现负值，否则只能通过短期融资来弥补资金缺口，维持项目正常运营。但数额较大或较频繁的短期融资，有可能导致以后的累计盈余资金无法实现正值，从而影响项目的正常运营，进而对项目的预期盈利能力产生影响。因此，项目各年累计盈余资金不出现负值是财务生存的必要条件。

财务生存能力分析应结合清偿能力分析进行。由于运营期前期的还本付息负担较重，应特别注重运营期前期的财务生存能力分析。

此外，很多林业投资项目具有非经营性特征，由于不以营利为目的，因此对这类项目的财务评价主要是进行财务生存能力分析。若未通过财务生存能力分析，说明项目实现的营业收入难以满足项目运营的需要，则可据此估算项目运营期各年所需的政府补贴数额。

案例分析：

一、基本情况

某林化项目是新建项目，生产国内市场紧缺的某种林化产品甲产品，年生产规模为2300吨。项目拟于2017年开工，建设期2年，2019年投产，当年达产80%，2020年起，达产100%，生产经营期按10年计算，计算期12年。

①厂址位于某城市远郊，租用一般农田50亩，每亩每年租金2834元，在项目建设期初全部付清。项目拟建综合办公楼3000m^2，生产车间6500m^2，单位造价1000元/m^2；仓储设施3000m^2，单位造价400元/m^2。以及全套生产加工设备价值为2495万元，安装工程费以设备购置费的15%计算。水、电等基础设施花费80万元。此外，项目开办费75万元，由于近几年物价涨幅较大，预备费用按项目建设基本费用的4.75%计提。

②项目建设投资按两年分别投入，第1年投入2095.7万元，其余部分第2年投入。其中，自有资金1266.7万元，其余部分全部由中国建设银行贷款，年利率为9.72%。项目第1年借款1700万元，第2年借款1500万元。企业根据自身资金情况，将提供34.2%流动资金，并全部在第3年投入，其余由中国工商银行贷款，年利率为8.64%。

③根据技术评估及市场调查取得的外购原材料、燃料及动力的资料见表10-16所列：

表10-16 某林化项目外购原材料、燃料及动力消耗定额表

项目	单位	消耗定额	单价(元)
原材料A	t	1.15	4550
原材料B	t	0.62	1538
辅助材料C	t	0.70	260
包装物	t	0.021	715
低值易耗品	t	0.12	2800
其他材料	t	0.75	177
水	t	170	2.6
电	度	1264	0.37
煤	t	1.78	180

企业生产定员为26人，其中生产人员21人，管理人员5人。据预测，生产人员年平均工资为10 000元/人，管理人员年平均工资为18 000元/人。项目固定资产综合折旧率为6.3%，修理费按折旧费的50%提取，其他费用按工资总额的273%提取。项目无形资产按10年平均摊销，其他资产按5年平均摊销。

④正常生产年份下，全年所需的现金为112.8万元，产生的应收账款、应付账款、在产品和产成品分别为2118万元、1858.5万元、2410万元和2118万元。此外，应收账款和应

付账款的周转天数分别为 30d 和 24d；外购原材料、燃料及动力储备期为 2 个月；在产品、产成品的周转天数分别为 18d 和 36d；现金周转天数为 30d；外购原材料、燃料及动力的赊购期为 1 个月。

⑤已知该林化项目年产甲产品 2300t，并能全部销售，经预测该产品在生产期初的出厂价格为 17 380 元/t(含税)。该产品缴纳增值税，税率为 13%，外购材料适用税率也是 13%，城市维护建设税按增值税的 7% 计算，教育费附加按增值税的 3% 计算。项目适用的所得税率为 25%，盈余公积按税后利润的 10% 提取。

二、解析

(一)编制财务报表

1. 工程费用估算

(1)综合办公楼 3000m²，单位造价 0.1 万元/m²，则

办公楼估算价值 = 3000×1000 = 300(万元)

(2)生产车间工程费用

①建筑工程费用：生产车间建筑面积 6500m²，单位造价 1000 元/m²，则

生产车间估算价值 = 6500×1000 = 650(万元)

②设备购置费：全套生产加工设备价值总计为 2495 万元。

③安装工程费：以设备购置费的 15% 计算，则

安装工程费 = 2495×15% = 374.25(万元)

(3)仓储设施 3000m²，单位造价 400 元/m²，则

仓储设施估算价值 = 3000×400 = 120(万元)

(4)辅助工程包括项目水、电基础设施等共计花费 80 万元。

项目工程费用 = 300+650+2495+374.25+120+80 = 4019.25(万元)

2. 无形资产估算

项目租用一般农田 50 亩，每亩每年租金 2834 元，共租用 12 年，则

$$土地使用费 = 50×2834×12 = 170(万元)$$

3. 其他资产投资估算

本项目发生开办费 75 万元。

4. 预备费用估算

$$预备费用 = (4019.25+170+75)×4.75\% = 202.6$$

$$项目建设投资 = 工程费用+无形资产+其他资产+预备费用$$
$$= 4019.25+170+75+202.6 = 4466.9(万元)$$

5. 建设期利息估算

$$第1年借款利息 = \left(年初借款本息累计+\frac{本年借款额度}{2}\right)×年利率$$
$$= (0+1700/2)×9.72\% = 82.62(万元)$$

$$第2年借款利息 = \left(年初借款本息累计+\frac{本年借款额度}{2}\right)×年利率$$
$$= (1782.62+1500/2)×9.72\% = 246.17(万元)$$

建设期利息总计 = 82.62+246.17 = 328.79(万元)
项目建设投资(含息)总额 = 项目建设投资+建设期利息
= 4466.9+328.79 = 4795.7(万元)

根据上述结果编制建设期投资估算表和建设期利息估算表，见表 10-17 和表 10-18 所列。

表 10-17 建设投资估算表[①]   万元

序号	工程或费用	建筑工程费	设备购置费	安装工程费	其他费用	合计	比例(%)
1	固定资产费用	1070.0	2575.0	374.3		4019.3	83.8
1.1	工程费用	1070.0	2575.0	374.3		4019.3	
1.1.1	生产车间	650.0	2495.0	374.3		3519.3	
1.1.2	综合办公楼	300.0				300.0	
1.2.3	仓储设施	120.0				120.0	
1.2.4	辅助工程		80.0			80.0	
2	无形资产费用				170.0	170.0	3.5
3	其他资产费用				75.0	75.0	1.6
4	预备费				202.5	202.5	4.2
5	建设期利息				328.8	328.8	6.9
6	建设投资合计(1+2+3+4+5)	1070.0	2575.0	374.3	776.3	4795.7	100.0
	比例(%)	22.3	53.7	7.8	16.2	100.0	

注：根据上述结果编制建设期利息估算表，见表 10-18 所列。

表 10-18 建设期利息估算表   万元

| 序号 | 项目 | 合计 | 建设期 | |
			1	2
1	借款			
1.1	建设期利息	328.8	82.6	246.2
1.1.1	期初借款余额	1782.6	0.0	1782.6
1.1.2	当期借款	3200.0	1700.0	1500.0
1.1.3	当期应计利息	328.8	82.6	246.2
1.1.4	期末借款余额	5311.4	1782.6	3528.8
1.2	其他融资费用	0		
1.3	小计(1.1+1.2)	328.8	82.6	246.2
2	合计	328.8	82.6	246.2
2.1	建设期利息合计	328.8	82.6	246.2
2.2	其他融资费用合计	0		

[①] 所有表格计算过程中所用数据均为原始值，并未做四舍五入，因此最终合计的结果可能不等于其部分之和。后文的表格也存在相同的情况。

6. 原材料、燃料及动力估算

根据表 10-16 数据及以下公式,可计算外购原材料、燃料及动力费用,编制外购原材料、燃料及动力费估算表(表 10-19)。

$$投产期产量 = 2300 \times 80\% = 1840(t)$$

$$\begin{matrix}投产期外购原材料、\\ 燃料及动力费\end{matrix} = \begin{matrix}外购原材料、燃料\\ 及动力定额\end{matrix} \times 单价 \times 投产期产量$$

$$\begin{matrix}达产期外购原材料、\\ 燃料及动力费\end{matrix} = \begin{matrix}外购原材料、燃料\\ 及动力定额\end{matrix} \times 单价 \times 达产期产量$$

表 10-19 外购原材料、燃料及动力费估算表 万元

序号	项目	单位	消耗定额	单价(元)	投产期	达产期	
					3	4	5~12
	生产负荷(%)				80.0	100.0	100.0
1	外购原材料				1260.7	1575.9	1575.9
	原材料 A	t	1.15	4550	962.8	1203.5	1203.5
	原材料 B	t	0.62	1538	175.5	219.3	219.3
	辅助材料 C	t	0.70	260	33.5	41.9	41.9
	包装物	t	0.021	715	2.8	3.5	3.5
	低值易耗品	t	0.12	2800	61.8	77.3	77.3
	其他材料	t	0.75	177	24.4	30.5	30.5
2	外购燃料及动力				226.3	282.9	282.9
	水	t	170	2.6	81.3	101.7	101.7
	电	t	1264	0.37	86.1	107.6	107.6
	煤	t	1.78	180	59.0	73.7	73.7
3	合计(1+2)				1487.1	1858.8	1858.8

7. 流动资金估算

根据所给数据可计算出流动资产和流动负债各项的周转次数和各年数值,从而估算出流动资金额,结合表 10-19,可编制流动资金估算表(表 10-20)。

表 10-20 流动资金估算表 万元

序号	项目	最低周转天数	周转次数	计算期				
				3	4	5	...	12
1	流动资产			662.4	828.0	828.0	828.0	828.0
1.1	现金	30	12	7.5	9.4	9.4	9.4	9.4
1.2	应收账款	30	12	141.2	176.5	176.5	176.5	176.5
1.3	存货			513.7	642.1	642.1	642.1	642.1
1.3.1	外购原材料、燃料及动力	60	6	247.8	309.8	309.8	309.8	309.8

(续)

序号	项目	最低周转天数	周转次数	计算期				
				3	4	5	…	12
1.3.2	在产品	18	20	96.4	120.5	120.5	120.5	120.5
1.3.3	产成品	36	10	169.4	211.8	211.8	211.8	211.8
1.4	预付账款	0	0					
2	流动负债			99.1	123.9	123.9	123.9	123.9
2.1	应付账款	24	15	99.1	123.9	123.9	123.9	123.9
2.2	预收账款	0	0					
3	流动资金(1-2)			563.3	704.1	704.1	704.1	704.1
4	流动资金当期增加额			563.3	140.7	0	0	0

8. 资金筹措估算

第1年资本金 = 2178.3 − 1782.6 = 395.7(万元)

第2年资本金 = 1266.72 − 395.7 = 871.0(万元)

投产期流动资金借款 = 563.3 × 65.8% = 370.7(万元)

根据上述数据编制总投资使用计划与资金筹措表(表10-21)。

表10-21 项目总投资使用计划与资金筹措表　　　　　万元

序号	项目	建设期		投产期	达产期	合计
		1	2	3	4	
1	总投资	2178.3	2617.2	563.3	140.7	5499.5
1.1	建设投资	2095.7	2371.0			4466.7
1.2	建设期利息	82.6	246.2			328.8
1.3	流动资金			563.3	140.7	704.0
2	资金筹措	2178.3	2617.2	563.3	140.7	5499.5
2.1	项目资本金	395.7	871.0	192.6		1459.3
2.1.1	用于建设投资	395.7	871.0			1266.7
2.1.2	用于流动资金			192.6		192.6
2.2	债务资金	1782.6	1746.2	370.7	140.7	4040.2
2.2.1	用于建设投资(含息)	1782.6	1746.2			3528.8
2.2.2	用于流动资金			370.7	140.7	511.4

9. 营业收入和税金估算

年营业收入 = 2300 × 17 380 = 3997.4(万元)

$$年增值税 = \frac{(营业收入 - 外购原材料、燃料及动力) \times 增值税率}{1 + 增值税率}$$

$$= \frac{(3997.4 - 1858.84) \times 13\%}{1 + 13\%} = 246(万元)$$

年城市维护建设税=年增值税×税率=246×7%=17.22(万元)
年教育费附加=年增值税×税率=246×3%=7.38(万元)

根据上述结果,编制营业收入、税金及附加和增值税估算表(表10-22)。

表10-22 营业收入、税金及附加和增值税估算表　　　　　　　　　万元

序号	项目	计算期					
		3	4	5	…	11	12
1	营业收入	3197.9	3997.4	3997.4	3997.4	3997.4	3997.4
1.1	产品甲	3197.9	3997.4	3997.4	3997.4	3997.4	3997.4
2	税金及附加	19.7	24.6	24.6	24.6	24.6	24.6
2.1	城市维护建设税	13.8	17.2	17.2	17.2	17.2	17.2
2.2	教育费附加	5.9	7.4	7.4	7.4	7.4	7.4
3	增值税	196.8	246.0	246.0	246.0	246.0	246.0

10. 工资及福利费估算

生产人员年工资总额=21×1=21(万元)
管理人员年工资总额=5×1.8=9(万元)

11. 折旧费估算

根据表10-17和表10-18估算结果,项目建设投资(含息)总额为4795.7万元,则:

固定资产投资总额=建设投资(含息)总额-无形及其他资产
　　　　　　　　=4795.7-170-75=4550.7(万元)
年固定资产折旧=4550.7×6.3%=286.7(万元)

12. 无形资产及其他资产摊销费估算

无形资产年摊销费=170.04/10=17(万元)
其他资产年摊销费=75/5=15(万元)

13. 修理费估算

修理费=287×50%=144(万元)

14. 财务费用(利息支出)估算

投产期流动资金利息=370.7×8.64%=32.0(万元)
正常年份流动资金利息=511.4×8.64%=44.2(万元)

15. 其他费用估算

其他费用=30×273%=81.9(万元)

根据上述数据,可计算编制总成本费用估算表(表10-23)、利润及利润分配表(表10-24)和借款还本付息表(表10-25)。

由上述财务报表可编制现金流量表(表10-26~表10-28)和资产负债表(表10-29)。

第十章 林业投资项目的财务评价

表10-23 总成本费用估算表

单位：万元

序号	项目	投产期	达产期									合计
		3	4	5	6	7	8	9	10	11	12	
1	外购原材料费	1260.7	1575.9	1575.9	1575.9	1575.9	1575.9	1575.9	1575.9	1575.9	1575.9	15444.0
2	外购燃料及动力费	226.3	282.9	282.9	282.9	282.9	282.9	282.9	282.9	282.9	282.9	2772.6
3	工资及福利费	30.0	30.0	30.0	30.0	30.0	30.0	30.0	30.0	30.0	30.0	300.0
4	修理费	143.4	143.4	143.4	143.4	143.4	143.4	143.4	143.4	143.4	143.4	1434.0
5	折旧费	286.7	286.7	286.7	286.7	286.7	286.7	286.7	286.7	286.7	286.7	2867.0
6	摊销费	32.0	32.0	32.0	32.0	32.0	17.0	17.0	17.0	17.0	17.0	245.0
7	利息支出	375.0	320.4	223.6	119.8	44.0	44.0	44.0	44.0	44.0	44.0	1302.9
8	其他费用	81.9	81.9	81.9	81.9	81.9	81.9	81.9	81.9	81.9	81.9	819.0
9	总成本费用合计(1+2+…+8)	2436.1	2753.3	2656.5	2552.6	2476.8	2461.8	2461.8	2461.8	2461.8	2461.8	25184.5
	其中：可变成本	1487.1	1858.8	1858.8	1858.8	1858.8	1858.8	1858.8	1858.8	1858.8	1858.8	18216.6
	固定成本	949.0	894.4	797.6	693.8	618.0	603.0	603.0	603.0	603.0	603.0	6967.9
10	经营成本(9-5-6-7)	1742.4	2114.1	2114.1	2114.1	2114.1	2114.1	2114.1	2114.1	2114.1	2114.1	20769.6

169

表10-24 利润与利润分配表

单位：万元

序号	项 目	投产期 3	达产期 4	5	6	7	8	9	10	11	12	合计
1	营业收入	3197.9	3997.4	3997.4	3997.4	3997.4	3997.4	3997.4	3997.4	3997.4	3997.4	39174.5
2	税金及附加和增值税	216.5	270.6	270.6	270.6	270.6	270.6	270.6	270.6	270.6	270.6	2651.9
3	总成本费用	2437.0	2754.2	2657.4	2553.5	2477.7	2462.7	2462.7	2462.7	2462.7	2462.7	25193.5
4	补贴收入											
5	利润总额(1-2-3+4)	544.5	972.6	1069.4	1173.3	1249.1	1264.1	1264.1	1264.1	1264.1	1264.1	11329.1
6	弥补以前年度亏损											0.0
7	应纳税所得额(5-6)	544.5	972.6	1069.4	1173.3	1249.1	1264.1	1264.1	1264.1	1264.1	1264.1	11329.1
8	所得税	136.1	243.2	267.4	293.3	312.3	316.0	316.0	316.0	316.0	316.0	2832.3
9	净利润(5-8)	408.3	729.5	802.1	879.9	936.8	948.0	948.0	948.0	948.0	948.0	8496.8
10	期初未分配利润											0.0
11	可供分配利润(9+10)	408.3	729.5	802.1	879.9	936.8	948.0	948.0	948.0	948.0	948.0	8496.8
12	提取法定盈余公积金	40.8	72.9	80.2	88.0	93.7	94.8	94.8	94.8	94.8	94.8	849.7
13	可供投资者分配的利润(11-12)	367.5	656.5	721.9	791.9	843.1	853.2	853.2	853.2	853.2	853.2	7647.2
14	应付优先股股利											0.0
15	提取任意盈余公积金											0.0
16	应付普通股股利(13-14-15)	367.5	656.5	721.9	791.9	843.1	853.2	853.2	853.2	853.2	853.2	7647.2
17	各投资方利润分配											0.0
18	未分配利润(13-14-15-17)	367.5	656.5	721.9	791.9	843.1	853.2	853.2	853.2	853.2	853.2	7647.2
19	息税前利润(利润总额+利息支出)	919.5	1293.1	1293.1	1293.1	1293.1	1308.1	1308.1	1308.1	1308.1	1308.1	12632.0
20	息税前折旧摊销前利润(息税前利润+折旧+摊销)	1238.1	1611.7	1611.7	1611.7	1611.7	1611.7	1611.7	1611.7	1611.7	1611.7	15743.8

表10-25 借款还本付息计划表

单位：万元

序号	项目	利率	1	2	3	4	5	6	7	合计
1	借款及还本付息		1782.6	3528.8	4941.7	4394.8	3215.5	1389.1	0.0	19252.4
1.1	期初借款余额			1782.6	3528.8	2801.9	1753.8	633.0	0.0	10500.1
1.1.1	本金			1700.0	3200.0					4900.0
1.1.2	建设期利息			82.6	328.8					411.4
1.2	本年借款		1700.0	1500.0						3200.0
1.3	本年应计利息	9.72	82.6	246.2	343.0	272.3	170.5	61.5	0.0	1176.1
1.4	本年还本				726.9	1048.2	1120.7	633.0	0.0	3528.8
1.5	本年付息				343.0	272.3	170.5	61.5	0.0	847.3
2	偿还借款本金资金来源				726.9	1048.2	1120.7	1198.6	1255.5	5349.9
2.1	利润				408.2	729.5	802.1	879.9	936.8	3756.5
2.2	折旧				286.7	286.7	286.7	286.7	286.7	1433.4
2.3	摊销				32.0	32.0	32.0	32.0	32.0	160.0

计算指标：借款偿还期：

利息备付率（%）：

偿债备付率（%）：

表 10-26 全投资现金流量表

单位：万元

序号	项目	建设期 1	建设期 2	投产期 3	投产期 4	达产期 5	达产期 6	达产期 7	达产期 8	达产期 9	达产期 10	达产期 11	达产期 12	合计
1	现金流入			3197.9	3997.4	3997.4	3997.4	3997.4	3997.4	3997.4	3997.4	3997.4	6381.5	41558.6
1.1	营业收入			3197.9	3997.4	3997.4	3997.4	3997.4	3997.4	3997.4	3997.4	3997.4	3997.4	39174.5
1.2	回收固定资产余值												1680.0	1680.0
1.3	回收流动资金												704.1	704.1
2	现金流出	2096.0	2371.0	2522.2	2525.4	2384.7	2384.7	2384.7	2384.7	2384.7	2384.7	2384.7	2384.7	28592.5
2.1	固定资产投资	2096.0	2371.0											4467.0
2.2	流动资产投资			563.3	140.7									704.0
2.3	经营成本			1742.4	2114.1	2114.1	2114.1	2114.1	2114.1	2114.1	2114.1	2114.1	2114.1	20769.6
2.4	税金及附加和增值税			216.5	270.6	270.6	270.6	270.6	270.6	270.6	270.6	270.6	270.6	2651.9
3	所得税前净现金流量（1-2）	-2096.0	-2371.0	675.8	1472.0	1612.7	1612.7	1612.7	1612.7	1612.7	1612.7	1612.7	3996.8	12966.1
4	累计所得税前净现金流量	-2096.0	-4467.0	-3791.3	-2319.3	-706.6	906.0	2518.7	4131.4	5744.0	7356.7	8969.3	12966.1	—
5	所得税			136.1	243.2	267.4	293.3	312.3	316.0	316.0	316.0	316.0	316.0	2832.2
6	所得税后净现金流量（3-5）	-2096.0	-2371.0	539.7	1228.8	1345.3	1319.3	1300.4	1296.6	1296.6	1296.6	1296.6	3680.7	10133.9
7	累计所得税后净现金流量	-2096.0	-4467.0	-3927.3	-2698.5	-1353.2	-33.9	1266.5	2563.2	3859.8	5156.5	6453.1	10133.9	—

所得税前

所得税后

计算指标：财务内部收益率：

财务净现值：

投资回收期：

表10-27 自有投资现金流量表

单位：万元

序号	项目	建设期 1	建设期 2	投产期 3	4	5	6	7	达产期 8	9	10	11	12	合计
1	现金流入			3197.9	3997.4	3997.4	3997.4	3997.4	3997.4	3997.4	3997.4	3997.4	6381.5	41558.6
1.1	营业收入			3197.9	3997.4	3997.4	3997.4	3997.4	3997.4	3997.4	3997.4	3997.4	3997.4	39174.5
1.2	回收固定资产余值												1680.0	1680.0
1.3	回收流动资金												704.1	704.1
2	现金流出	395.7	871.0	3347.5	3944.0	3944.0	3577.8	2741.0	2744.8	2744.8	2744.8	2744.8	2744.8	32544.7
2.1	固定资产投资中自有资金	395.7	871.0											1266.7
2.2	流动资产投资中自有资金			192.6										192.6
2.3	经营成本			1742.4	2114.1	2114.1	2114.1	2114.1	2114.1	2114.1	2114.1	2114.1	2114.1	20769.6
2.4	借款本金偿还			685.0	995.7	1068.3	779.9							3528.8
2.5	借款利息支付			375.0	320.4	223.6	119.8	44.0	44.0	44.0	44.0	44.0	44.0	1302.9
2.6	税金及附加和增值税			216.5	270.6	270.6	270.6	270.6	270.6	270.6	270.6	270.6	270.6	2651.9
2.7	所得税			136.1	243.2	267.4	293.3	312.3	316.0	316.0	316.0	316.0	316.0	2832.2
3	净现金流量(1-2)	-395.7	-871.0	-149.6	53.4	53.4	419.6	1256.4	1252.6	1252.6	1252.6	1252.6	3636.7	9013.9

计算指标：财务内部收益率：
财务净现值：

表 10-28 财务计划现金流量表

单位：万元

序号	项目	合计	建设期 1	建设期 2	投产期 3	投产期 4	投产期 5	投产期 6	投产期 7	计算期 8	计算期 9	计算期 10	计算期 11	计算期 12
1	经营活动净现金流量(1.1-1.2)	12920.7	0.0	0.0	1103.0	1369.5	1345.3	1319.3	1300.4	1296.6	1296.6	1296.6	1296.6	1296.6
1.1	现金流入	39174.5	0.0	0.0	3197.9	3997.4	3997.4	3997.4	3997.4	3997.4	3997.4	3997.4	3997.4	3997.4
1.1.1	营业收入	39174.5	0.0	0.0	3197.9	3997.4	3997.4	3997.4	3997.4	3997.4	3997.4	3997.4	3997.4	3997.4
1.2	现金流出	26253.8			2095.0	2627.9	2652.1	2678.1	2697.0	2700.8	2700.8	2700.8	2700.8	2700.8
1.2.1	经营成本	20769.6			1742.4	2114.1	2114.1	2114.1	2114.1	2114.1	2114.1	2114.1	2114.1	2114.1
1.2.2	税金及附加	241.1			19.7	24.6	24.6	24.6	24.6	24.6	24.6	24.6	24.6	24.6
1.2.3	增值税	2410.8			196.8	246.0	246.0	246.0	246.0	246.0	246.0	246.0	246.0	246.0
1.2.4	所得税	2832.2			136.1	243.2	267.4	293.3	312.3	316.0	316.0	316.0	316.0	316.0
2	投资活动净现金流量(2.1-2.2)	-5499.2	-2178.2	-2617.0	-563.3	-140.7	0.0	0.0	0.0	0.0	0.0	0.0	0.0	0.0
2.1	现金流入	0.0												
2.2	现金流出	5499.2	2178.2	2617.0	563.3	140.7	0.0	0.0	0.0	0.0	0.0	0.0	0.0	0.0
2.2.1	建设投资	4795.2	2178.2	2617.0	563.3	140.7								
2.2.2	流动资金	704.0				140.7								
3	融资活动净现金流量(3.1-3.2)	667.8	2178.3	2617.2	-496.7	-1175.4	-1291.9	-899.7	-44.0	-44.0	-44.0	-44.0	-44.0	-44.0
3.1	现金流入	5499.5	2178.3	2617.2	563.3	140.7	0.0	0.0	0.0	0.0	0.0	0.0	0.0	0.0
3.1.1	项目资本金投入	1459.3	395.7	871.0	192.6									
3.1.2	建设投资借款	3528.8	1782.6	1746.2										
3.1.3	流动资金借款	511.4			370.7	140.7								
3.2	现金流出	4831.7	0.0	0.0	1060.0	1316.1	1291.9	899.7	44.0	44.0	44.0	44.0	44.0	44.0
3.2.1	各种利息支出	1302.9			375.0	320.4	223.6	119.8	44.0	44.0	44.0	44.0	44.0	44.0
3.2.2	偿还债务本金	3528.8			685.0	955.7	1068.3	779.9						
4	净现金流量(1+2+3)	8089.4	0.1	0.2	43.0	53.4	53.4	419.6	1256.4	1252.6	1252.6	1252.6	1252.6	1252.6
5	累计盈余资金	30606.7	0.1	0.3	43.3	96.7	150.1	569.7	1826.1	3078.8	4331.4	5584.1	6836.7	8089.4

第十章 林业投资项目的财务评价

表 10-29 资产负债表

单位：万元

序号	项目	建设期 1	建设期 2	投产期 3	投产期 4	5	6	7	达产期 8	9	10	11	12
1	资产	2179.1	4796.3	5181.4	5080.8	4814.6	4914.7	5851.5	6799.5	7747.6	8695.6	9643.7	10591.7
1.1	流动资产总额	0.1	0.3	704.9	923.3	976.1	1395.2	2651.0	3903.0	5155.0	6407.1	7659.1	8911.2
1.1.1	应收账款			141.2	176.5	176.5	176.5	176.5	176.5	176.5	176.5	176.5	176.5
1.1.2	存货			513.7	642.1	642.1	642.1	642.1	642.1	642.1	642.1	642.1	642.1
1.1.3	现金			7.5	9.4	9.4	9.4	9.4	9.4	9.4	9.4	9.4	9.4
1.1.4	累计盈余资金	0.1	0.3	42.5	95.3	148.1	567.2	1823.0	3075.0	4327.0	5579.1	6831.1	8083.2
1.2	在建工程	2179.0	4796.0										
1.3	固定资产净值			4263.5	3976.5	3689.5	3402.5	3115.5	2828.5	2541.5	2254.5	1967.5	1680.5
1.4	无形资产及递延资产净值			213.0	181.0	149.0	117.0	85.0	68.0	51.0	34.0	17.0	0.0
2	负债及所有者权益	2178.3	4795.5	5181.1	5080.4	4814.2	4914.3	5851.1	6799.1	7747.2	8695.2	9643.2	10591.3
2.1	流动负债总额			469.8	635.3	635.3	635.3	635.3	635.3	635.3	635.3	635.3	635.3
2.1.1	应付账款			99.1	123.9	123.9	123.9	123.9	123.9	123.9	123.9	123.9	123.9
2.1.2	流动资金借款			370.7	511.4	511.4	511.4	511.4	511.4	511.4	511.4	511.4	511.4
2.1.3	其他短期借款												
2.2	长期借款	1782.6	3528.8	2843.8	1848.2	779.9							
2.2	负债小计	1782.6	3528.8	3313.6	2483.5	1415.2	635.3	635.3	635.3	635.3	635.3	635.3	635.3
2.3	所有者权益	395.7	1266.7	1867.5	2597.0	3399.0	4279.0	5215.8	6163.8	7111.9	8059.9	9007.9	9956.0
2.3.1	资本金	395.7	1266.7	1459.3	1459.3	1459.3	1459.3	1459.3	1459.3	1459.3	1459.3	1459.3	1459.3
2.3.2	资本公积金												
2.3.3	累计盈余公积金			40.8	113.8	194.0	282.0	375.6	470.5	565.3	660.1	754.9	849.7
2.3.4	累计未分配利润			367.4	1023.9	1745.8	2537.7	3380.8	4234.1	5087.3	5940.5	6793.8	7647.0
计算指标	资产负债率(%)	81.8	73.6	64.0	48.9	29.4	12.9	10.9	9.3	8.2	7.3	6.6	6.0
计算指标	流动比率			1.5	1.5	1.5	2.2	4.2	6.1	8.1	10.1	12.1	14.0
计算指标	速动比率			0.4	0.4	0.5	1.2	3.2	5.1	7.1	9.1	11.0	13.0

(二)财务评价

1. 盈利能力分析

1)融资前分析

(1)静态指标

$$全部投资回收期_{税前}=6-1+709/1612=5.44(年)$$
$$全部投资回收期_{税后}=7-1+36/1300=6.03(年)$$

假定项目所在行业的基准投资回收期为9年,由于这两项指标均小于基准值,因此项目投资能按时收回,项目的投资回收能力较强。

(2)动态指标

假定项目所在行业的基准收益率为10%,则净现值为:

$$NPV(10\%)_{所得税前}=4280.81(万元)$$
$$NPV(10\%)_{所得税后}=2905.96(万元)$$

由于这两个指标值均大于0,因此项目在经济上是可行的。

$$IRR_{所得税前}=26\%$$
$$IRR_{所得税后}=21\%$$

由于这两个指标值均大于基准收益率10%,因此同样可以得出项目可行的结论。

2)融资后分析

(1)静态指标

①总投资收益率

$$年息税前利润=息税前利润总额/生产期=12\ 632/10=1263.2(万元)$$
$$总投资收益率=年息税前利润/总投资=1263.2/5499.5=22.97\%$$

②资本金净利润率

$$年均净利润=净利润总额/生产期=8497/10=849.7(万元)$$
$$资本金净利润率=年均净利润/资本金=849.7/1459.3=58.23\%$$

假定项目所在行业的基准总投资收益率为10%,投资者期望报酬率为30%,由于这两项指标均高于相应的行业基准总投资收益率和资本金净利润率,因此,项目是可行的。

(2)动态分析

$$NPV_{资本金}(10\%)=2952.49(万元)$$
$$IRR_{资本金}=30\%$$

由于资本金净现值大于零,资本金内部收益率大于行业基准收益率,因此项目是可行的。

2. 清偿能力分析

1)固定资产投资借款偿还期

$$P_d=(借款偿还后开始出现盈余年分数-开始还款年份)+\frac{当年偿还借款额}{当年可用于还款的资金额}$$
$$=(6-3)+\frac{780}{1145}=3.68(年)$$

假设银行要求该项目在8年内还清借款,由于该项目的借款偿还期限远小于借款机构所要求的期限，因此项目具有较强偿还借款的能力。

2）流动性分析

由"资产负债表"中相关数据可计算出各年的资产负债率、流动比率和速动比率。由计算结果可知：项目建成投产后，资产负债率为64%，随着借款偿还，项目资产负债率相应下降，还款后资产负债率最高为12.9%，最低为6.0%，说明项目偿债能力较强；项目各年流动比率均大于等于1.5，最高达到14.0，说明项目短期偿债能力较强；项目各年速动比率均不低于0.4，最高达到13.0，同样说明项目快速偿还短期负债的能力较强。

3）备付率分析

（1）利息备付率

表10-30 利息备付率

项目	3	4	5	6
息税前利润	919	1293	1293	1293
应付利息	375	320	224	120
利息备付率	2.45	4.04	5.78	10.79

由表10-30的计算结果可知，在借款偿还期内，项目的利息备付率均大于2，最高达到10.79，说明项目利息偿付的保障程度较高。

（2）偿债备付率

表10-31 偿债备付率

项目	3	4	5	6
息税折旧摊销前利润	1238	1612	1612	1612
所得税	136	243	267	293
应还本付息额	1060	1316	1292	900
偿债备付率	1.04	1.04	1.04	1.47

由表10-31的计算结果可知，在借款偿还期内，项目的偿债备付率均大于1，说明项目偿还借款本息的能力较强。

3. 生存能力分析

由"财务计划现金流量表"可知，项目所有年份的净现金流量和累计盈余资金在整个期间都没有出现负值，说明项目可以正常运营。在建设期，项目的净现金流量和累计盈余资金都为零，说明通过融资满足了投资活动资金的需要；在借款偿还期，项目的净现金流量和累计盈余资金都为零，说明项目产生了足够的经营净现金流量来满足偿还借款本金的需要；随着借款本金的偿还，项目的净现金流量和累计盈余资金均转为正值，为项目实现盈余提供了保障。

复习思考题

1. 简述投资项目财务评价的内容、方法和基本财务报表。

2. 简述项目财务盈利能力分析包括的主要指标及如何运用这些指标进行评价。
3. 简述项目偿债能力分析的主要指标及这些指标的异同。
4. 简述项目生存能力分析的内容和作用。
5. 2003年，某国际公司拟投资建厂，生产某种林化工产品，年产量为23 000t，已知条件：

(1) 项目建设实施进度计划

第1年完成投资计划20%，第2年完成投资计划55%，第3年完成全部投资，第4年投产，当年生产负荷达到设计生产能力的70%，第5年达设计生产能力的90%，第6年达产。项目生产期按15年计算。

(2) 建设投资估算

本项目固定资产投资估算额为52 000万元，其中需外汇30 000万美元（外汇牌价为：1美元8.3元人民币）。本项目无形与递延资产额为180万元，预备费用5000万元。

(3) 建设投资资金来源

该公司投资本项目的自有资金为20 000万元，其余为贷款。贷款额为40 000万元，其中外汇贷款为2300万美元。贷款的人民币部分从中国建设银行获得，年利率为12.48%（名义利率，按季结息）。贷款的外汇部分从中国银行获得，年利率为8%（实际利率）。

(4) 生产经营费用估计

达产后，全厂定员为1100人，工资及福利费按每人每年7200元估算，年其他费用为860万元。存货占用流动资金估算为7000万元。年外购原材料、燃料和动力费估算为19 200万元。年经营成本约为2100万元。各项流动资金最低周转天数为：应收账款30d，现金40d，应付账款30d。

试进行下列投资估算：

① 按分项估算法估算流动资金。
② 估算建设期利息。
③ 估算总投资。

6. 1994年，某新建项目资料如下：

① 年产A产品500 000t，其主要技术和设备拟从国外引进。厂址位于某城市近郊，占用农田约30hm²，靠近铁路、公路、码头，水陆交通运输方便；靠近主要原料和燃料产地，供应有保证；水、电供应可靠。

该项目拟两年建成，三年达产，即在第3年投产，当年生产负荷达到设计生产能力的40%（200 000t），第4年达到60%（300 000t），第5年达到设计产量，生产期按10年计算，加上两年投资建设期，计算期为12年。

② 固定资产投资估算（含涨价预备费）为50 000万元，第1年投资22 400万元，余下第2年投资。固定资产投资估算中外币2000万美元，折合人民币17 400万元（按当时官方汇率1美元=8.7元），全部通过中国银行向国外借款，年利率9%，第1年、第2年国外借款分别为7400万元、10 000万元，偿还期4年，等额偿还本金。人民币部分（32 600万元）包括：项目自有资金（资本金）10 000万元（第1、2年各投入5000万元），向中国建设银行借款22 600万元，年利率为9.72%，国内借款建设期利息按复利累计计算到投产后第1年支付。国外借款建设期利息按复利累计计算到建设期末，与本金合计在一起，按4年等额偿还。

③流动资金估算为12 000万元，其中：项目自有资金为3600万元(第3年投入)，向中国工商银行借款8400万元，年利率为10.98%。三年投产期间，各年投入的流动资金分别是4800万元、2400万元和4800万元。

④经分析预测，建设期末的A产品售价(不含增值税)900元/t，按预测到建设期末的价格(不含增值税)估算，原材料费为10 000万元，燃料动力费为1500万元。该产品增殖税率为13%，城市维护建设税按增值税的7%计取，教育费附加按增值税的3%计取。

⑤全厂定员为2000人，工资按每人每年4800元计算，职工福利费按工资总额的14%计提。

⑥固定资产原值为52 597万元，净产值为2597万元。按平均年限法折旧，折旧年限为10年。无形资产为1000万元，按10年摊销。

要求根据上述资料完成项目财务基础数据的测算，编制相关辅助报表和基本报表，并对该项目进行财务评价，判断该项目在财务上是否可行，并说明理由。

7. 某林业加工项目资料如下(综合实习所用材料)：

①加工车间400m²，建筑工程单位造价1000元/m²，车间内全套加工生产线的设备购置费为150万元，安装工程费率为15%；综合楼1500m²，单位造价1000元/m²；晒场2000m²，单位造价100元/m²；配套低温库设备总价值130万元，安装费率15%；项目承担单位自有建设用地，新厂无需新征土地，原有水、电基础设施能满足生产要求，不用增容，无其他无形资产；开办费为50万元；基本预备费取工程费用和其他费用合计的4.5%，涨价预备费不计。

②项目建设期2年，其中第一年完成总投资的40%，可通过资本金解决(即借款=0)；第2年完成60%投资，需全部向银行借款(年内分期借款)，借款年利率为9.90%；项目在第2年年末建成投产，运营期13年。已知流动资金投资额为597.40万元，其中第3年需要541.19万元，第4年达产，需新增流动资金56.21万元；企业根据自身资金状况，将提供30%的铺底流动资金，全部在第3年投入，其余通过申请银行借款解决，贷款年利率为8.5%。

③该项目达产后生产规模为年加工林产品甲7100t，正常年份需原料A 7500t，单价2500元/t(不含增值税)。第3年投产，生产负荷为90%，第4年达产100%；生产经营期按10年计算，计算期12年。项目正常年份产品的生产具体消耗情况见表10-32所列：

表10-32 生产具体消耗情况

项目		单位	林产品甲
水	数量	t	30 000
	单价	元/t	0.6
电	数量	kW·h	252 000
	单价	元/(kW·h)	0.5
生产工人	数量	人	70
	单价	元/(人·月)	1000
车间管理人员	数量	人	8
	单价	元/(人·月)	1200

此外，现金、应收账款周转天数均为30d，外购原材料、燃料及动力周转天数为40d，在产品周转天数为20d，产成品周转天数为30d，应付账款周转天数为20d。

④根据规定，项目固定资产折旧采用直线折旧法进行分类折旧。其中，建筑物和机器设备的折旧年限为10年，残值分别为10.5万元、16.1万元。无形资产与其他资产分别在投产年开始后的10年和5年内摊入成本。修理费按固定资产折旧额的50%计提，其他费用按年营业收入的6%提取。建设期利息和预备费用计入固定资产原值。

⑤本项目生产林产品甲。经预测，未来时期该产品的市场运行平稳，以市场销售价格为基础调整得到的产品的出厂价为3500元/t(不含增值税)。

⑥本项目增值税率为13%，其中进项税只计算外购原材料的；城市维护建设税按增值税的5%计取，教育费附加按增值税的3%计取；所得税税率为25%；按10%计提盈余公积金；项目不考虑分红。

⑦已知该行业基准总投资收益率为9%，投资者期望回报率为15%；项目贴现率为10%，行业基准投资回收期为8年。

要求根据上述资料完成项目财务基础数据的测算，编制相关辅助报表和基本报表，并对该项目进行财务评价，判断该项目在财务上是否可行，并说明理由。

第十一章 林业投资项目的国民经济评价

林业项目的经济评价分为财务评价与国民经济评价。对于微观投资者，财务评价的结果已经可以满足其投资决策的需要。然而由于项目涉及的林农业主、企业、银行等微观主体与政府所追求的目标有时会不完全一致，尤其是在现代社会经济活动中，政府对经济的宏观调控作用越来越大，政府必须通过有效的投资活动，使国家有限的资源在全社会实现合理配置。要实现该目的，只站在微观角度的项目财务评价是不够的，应从国家和全社会的角度进行项目的国民经济评价。

第一节 国民经济评价作用与步骤

一、国民经济评价定义

国民经济评价又称费用效益分析，于20世纪30年代开始在西方国家的公共项目评价中得以运用。它是按照资源合理配置的原则，从国家整体角度考察项目的效益和费用，用货物影子价格、影子工资、影子汇率和社会折现率等经济参数分析、计算项目对国民经济的净贡献，评价项目的经济合理性。

项目的国民经济效益是指项目对国民经济所做的贡献，分为直接效益和间接效益。项目的国民经济费用是指国民经济为项目付出的代价，分为直接费用和间接费用。

(一) 直接效益和直接费用

直接效益是指由项目产出物产生并在项目计算范围内的经济效益，一般表现为增加项目产出物或者服务的数量以满足国内需求的效益；替代效益较低的相同或类似企业的产出物或者服务，使替代企业减产(停产)从而减少国家有用资源耗费或者损失的效益；增加出口或者减少进口从而节支的外汇等。

直接费用是指项目使投入物形成，并在项目范围内计算的费用。一般表现为其他部门为本项目提供投入物，需要扩大生产规模所耗用的资源费用；减少对其他项目或者最终消费投入物的供应而放弃的效益；增加进口或者减少出口从而耗用或者减少的外汇等。

(二) 间接效益和间接费用

间接效益和间接费用是指项目对国民经济做出的贡献与国民经济为项目付出的代价中，在直接效益和直接费用未得到反映的那部分效益和费用。通常把与项目相关的间接效益(外部效益)和间接费用(外部费用)统称为外部效果。

外部效果的计算范围应考虑环境及生态影响效果，技术扩散效果和产业关联效果。为防止外部效果计算扩大化，项目的外部效果一般只计算一次相关效果，不应连续计算。

二、国民经济评价作用

(一)国民经济评价是宏观上合理配置国家有限资源的需要

国家的资源(包括资金、外汇、土地、劳动力以及其他自然资源)是有限的,必须在资源的各种相互竞争的用途中做出选择。而这种选择必须借助于国民经济评价,从国家的整体角度去考虑。把国民经济当作一个大系统,项目的建设就是这个大系统中的一个子系统,项目的建设与生产,要从国民经济这个大系统中汲取大量的投入,同时也向国民经济这个大系统提供一定数量的产出。经济评价就是评价项目从国民经济中汲取的投入与向国民经济提供的产出对国民经济建设这个大系统的经济目标的影响,从而选择对大系统目标优化最有利的项目或方案。

(二)国民经济评价是真实反映项目对国民经济净贡献的需要

我国不少商品价格不能反映价值,也不能反映供求关系。在这种商品价格"失真"的条件下,按现行价格计算项目的投入或产出,是不能确实反映项目建设给国民经济带来的效益和费用支出的。因此,就必须运用能反映资源真实价格的影子价格,借以计算建设项目的费用和效益,以得出该项目的建设是否对国民经济的总目标有力的结论。

(三)国民经济评价是投资决策科学化的需要

国民经济评价,首先,有利于引导投资方向,运用影子价格、影子汇率等参数,可以起到鼓励或抑制某些行业或项目发展的作用,促进国家资源的合理配置;其次,有利于控制投资规模,当投资规模膨胀时,可以适当提高社会折现率,控制一些项目的通过;再次,有利于提高计划质量,项目是计划的基础,经过充分论证和科学评价的备选项目,才便于各级计划部门从宏观经济角度对项目进行排队和取舍。

三、国民经济评价步骤

一般地,国民经济评价是在财务评价的基础上通过调整来完成的,但有些项目不进行财务评价,此时,国民经济评价可以直接进行。

(一)在财务评价基础上进行国民经济评价的步骤

第一步,调整效益费用范围,确定影子价格;第二步,计算项目效益与费用价值流;第三步,编制项目经济现金流量表;第四步,计算经济评价指标;第五步,不确定性分析;第六步,综合评价与结论。

(二)直接进行国民经济评价的步骤

第一步,项目效益费用识别,确定影子价格;其他步骤同(一)。

第二节 国民经济评价参数确定

国民经济评价的理论基础是福利经济学。福利经济学从生产资源的有效率配置和国民收入在社会成员之间的分配两个方面来研究一个国家实现最大的社会福利所需具备的条件和国家为了增进社会福利应有的政策措施。所有的国家,特别是发展中国家,都面临着一个基本的经济问题,即如何把有限资源分配到各种不同的用途中去,资源的这些不同用途,并不是资源分配过程的最终目标,而是一些手段。国家通过这些手段调配资源,为的是追求更为基本的目标,例如,消除贫困、促进经济增长,减少不公平的收入分配等目的。国民经济评价正是基于这样的理论基础来确定影子价格、社会折现率和影子汇率等评价参数的。其中影子价格是国民经济评价的重要参数。

一、社会折现率

社会折现率是建设项目经济评价的通用参数。在国民经济评价中用计算经济净现值时的折现率,并作为经济内部收益率的基准值,是建设项目经济可行性的主要判别依据。社会折现率表征社会对资金时间价值的估量,适当的社会折现率有助于合理分配建设资金,引导资金投向对国民经济贡献大的项目,调节资金供需关系,促进资金在短期和长期项目间的合理配置。社会折现率应体现国民经济发展目标和宏观调控意图。根据我国目前的投资收益水平、资金机会成本、资金供需情况以及社会折现率对长、短期项目的影响等因素,2006年国家发展和改革委员会、建设部发布的《建设项目经济评价方法与参数(第三版)》中将社会折现率规定为8%,供各类建设项目评价时的统一采用。

二、影子价格

影子价格指的是资源处于最优配置状态时的边际产出价值,它是为实现一定的社会发展目标而人为确定的、比交换价格更能合理利用资源的效率价格,能更好地反映出产品的社会价值和资源的稀缺程度;它是国家从自身经济利益出发,对项目提出的资源、劳动力、外汇价格要求;它是一种经济活动中的外生变量,是对项目需求施以影响的一种财政、金融政策性工具和手段。它应与国民经济的增长相适应。国民经济评价中用影子价格代替市场价格来计算经济效益和经济费用,能够使稀缺的国家资源产生最大的经济效益,起到资源优化配置的作用。

三、影子汇率

影子汇率是国民经济评价的重要参数,它是国家对外汇价值的估量,是外汇与人民币之间换算的计算参数,同时又是经济换汇成本或结汇成本的效益高低的判断标准。

影子汇率是外汇的影子价格,它不同于国家外汇牌价汇率,它能真实地反映外汇对国民经济的真实价值。在经济不发达国家,由于对进口货物征收高额的关税和对出口货物的价格补贴、黑市汇率高于官方汇率、国家的外汇支出往往大于外汇收入等原因,官方汇率往往低于其影子价格,不能真实地反映外汇的实际价值,出现外汇的价值与价格背离现象。因此,使用影子价格可以正确地反映项目对国民经济的贡献以及国家需要付出的代价。

影子汇率是由国家统一测定并定期调整的,国家发布的影子汇率有两种形式:一种是根据测定结果直接发布某一时期的影子汇率数值;另一种是将牌价汇率与影子汇率挂钩,发布影子汇率换算系数,通过换算系数计算影子汇率。计算公式为:

$$影子汇率 = 牌价汇率 \times 换算系数 \qquad (11-1)$$

按《建设项目经济评价方法与参数(第三版)》规定,影子汇率换算系数是1.08。

四、影子工资

所谓影子工资是指项目使用劳动力时，社会为此付出的代价。它包含在调整为经济价值的经营成本之中。反映该劳动力用于拟建项目而使社会为此放弃的原有效益，由劳动力的边际产出和劳动力的就业或转移而引起的社会资源消耗构成。根据项目所在地的劳动力就业状况、劳动力就业或转移成本测定。

影子工资一般是通过影子工资换算系数计算，影子工资换算系数是指影子工资与项目财务分析中的劳动力工资之间的比值。即：

$$影子工资 = 财务工资 \times 影子工资换算系数 \qquad (11-2)$$

我国农林业对所在行业劳动力影子工资换算系数做如下划分：一般林业劳动力的影子工资换算系数小于1，熟练工人等于1，科技人员大于1；农忙季节等于1，农闲季节小于1。

五、土地影子费用

土地是项目投资的特殊投入物。在项目国民经济效益分析中，土地影子费用（亦即土地的影子价格）应包括拟建项目占用土地而使国民经济为此而放弃的效益（即土地机会成本），以及国民经济为投资项目占用土地而新增加的资源消耗（如拆迁费用、剩余劳动力安置费等）。计算公式为：

$$土地影子费用 = 土地机会成本 + 新增资源消耗费用 \qquad (11-3)$$

土地机会成本指项目占用土地使国家损失原来用途的净收益。新增资源消耗费用只考虑拆迁费用、安置费用、养老保险费等，其他发生的费用都计算在建设工程费中。

六、贸易费用和贸易费用率

在国民经济评价中贸易费用是一项计算参数。贸易费用指物资、外贸、商业系统经销该货物用影子价格计算的流通费用。在计算时难度较大，一般直接由国家确定贸易费用率来计算。由生产厂家直接供应的货物，则不计算贸易费用。

(1) 进口物的贸易费

进口物的贸易费 = 到岸价 × 影子汇率 × 贸易费用率

(2) 出口物的贸易费

出口物的贸易费 = (离岸价 × 影子汇率 − 国内运费) × 贸易费用率 ÷ (1+贸易费用率)

(3) 非外贸物的贸易费

非外贸物的贸易费 = 出厂影子价格 × 贸易费用率

第三节　国民经济评价指标

一、综合经济现金流量表

对整个项目的经济评价还要借助于综合经济现金流量表进行分析。

综合经济现金流量表与财务现金流量表的格式基本相同，但在内容上有很大差异。在现金流入中各种形式补贴不再计入流入之列，在现金流出部分中各种形式的税收、提留基金和贷款利息都不计入流出，从国民经济的角度分析这些都属于国民经济内部的转移支付。

在经济现金流量表中筹资部分可以省略，直接计算出筹资前的净效益即可，借款和还本付息不在现金流量表中反映。但是，需特别指出的是，涉及外国资本在国内投资时，我国对外国资本贷款还本付息要列入流量表中，同财务分析一样进行现金流量分析。因为对一个国家来说，偿还国外贷款的利息实质是资金流出国外，对国家来说是现金流出。这是同西方国家的项目评估中现金流量分析方法不同的地方。

二、国民经济评价指标

国民经济评价指标包括国民经济盈利能力分析指标、外汇效果分析指标和单位生产能力主要资源消耗量等指标。

(一) 国民经济盈利能力分析指标

(1) 经济内部收益率(EIRR)

经济内部收益率(economic internal rate of return，EIRR)是指项目计算期内经济净现值累计等于零的折现率。它是反映项目对国民经济贡献的相对指标。表达式为：

$$\sum_{t=1}^{n}(B-C)_t(1+EIRR)^{-t}=0 \tag{11-4}$$

式中　B——效益流量；

　　　C——费用流量；

　　　$(B-C)_t$——第t年的经济效益流量；

　　　n——计算期。

经济内部收益率等于或大于社会折现率表明项目对国民经济的经济贡献达到或超过了要求水平，这时应认为项目是可以接受的。

(2) 经济净现值(ENPV)

经济净现值是指用社会折现率将项目计算期内各年净效益流量折算到项目建设期初的现值之和。表达式为：

$$ENPV=\sum_{t=1}^{n}(B-C)_t(1+i_s)^{-t} \tag{11-5}$$

式中　i_s——社会折现率；

　　　B——效益流量；

　　　C——费用流量；

　　　$(B-C)_t$——第t年的经济效益流量；

　　　n——计算期。

经济净现值等于或大于零表示国家为拟建项目付出代价后，可以获得符合社会折现率的社会盈余，或除得到符合社会折现率的社会盈余外，还可以得到以现值计算的超额社会盈余。这时就认为项目是可以接受的。

(二) 外汇效果分析指标

(1) 经济外汇净现值(ENPVF)

经济外汇净现值是用以衡量投资项目对于国家外汇的真正净贡献(创汇)或净消耗(用汇)的指标。当投资项目的经济外汇净现值等于0，说明该投资项目对于国家外汇收支没有损耗；大于 0 则说明对国家外汇收支有净贡献。即指生产出口产品项目的外汇流入和外汇流出的差额，采用影子价格和影子工资计算按规定的折现率（国外贷款平均利率或社会折现率）折算到基年的现值之和。该指标可通过经济外汇流量表直接求得，表达式为：

$$ENPV_F = \sum_{t=1}^{n} (FI-FO)_t (1+i_s)^{-t} \tag{11-6}$$

式中　FI——外汇流入量；

　　　FO——外汇流出量；

　　　$(FI-FO)_t$——第 t 年的经济外汇流量；

　　　n——计算期。

当有产品替代进口时，可按净外汇效果计算经济外汇净现值。

（2）经济换汇成本（EFC）

当有产品直接出口时，应计算经济换汇成本。经济换汇成本是用影子价格、影子工资和社会折现率计算出生产出口产品而投入的国内资源现值，与生产出口产品的经济外汇净现值比值。国内资源现值通常用人民币表示，而经济外汇净现值通常用美元表示。因此，应计算为换取 1 美元的外汇所需要的人民币数额，由此来分析评价项目产品是否值得出口。表达式为：

$$EFC = \frac{\sum_{t=1}^{n} DR_t (1+i_s)^{-t}}{\sum_{t=1}^{n} (FI' - FO')(1+i_s)^{-t}} \tag{11-7}$$

式中　DR_t——项目在第 t 年为出口产品投入的国内资源（包括投资、原材料、工资、其他投入和贸易费用），元；

　　　FI'——生产出口产品的外汇流入，美元；

　　　FO'——生产出口产品的外汇流出（包括应由出口产品分摊的固定资产投资及经营费用中的外汇流出），美元；

　　　n——计算期。

（3）经济节汇成本（EMC）

当有产品替代进口时，应计算经济节汇成本。经济节汇成本等于项目计算期内生产替代进口产品所投入国内资源的限制与生产替代进口产品的经济外汇净现值之比，即节约 1 美元所需要的人民币金额。表达式为：

$$EMC = \frac{\sum_{t=1}^{n} DR''_t (1+i_s)^{-t}}{\sum_{t=1}^{n} (FI'' - FO'')(1+i_s)^{-t}} \tag{11-8}$$

式中　DR''_t——项目在第 t 年为生产替代进口产品投入的国内资源（包括投资、原材料、工资、其他投入和贸易费用），元；

　　　FI''——生产替代进口产品所节约的外汇流入，美元；

　　　FO''——生产替代进口产品的外汇流出（包括应由替代进口产品分摊的固定资产投资及经营费用中的外汇流出），美元；

　　　n——计算期。

经济换汇成本和经济节汇成本(元/美元)小于或等于影子汇率,表明该项目产品出口或替代进口是有利的。

(三) 单位生产能力主要资源消耗量等指标

依据《政府投资项目可行性研究报告编写通用大纲(2023年版)》和《企业投资项目可行性研究报告编写参考大纲(2023年版)》的要求,投资项目还需要评估资源和能源利用效果。此部分主要分析拟建项目的矿产资源、森林资源、水资源(含非常规水源)、能源、再生资源、废物和污水资源化利用,以及设备回收利用情况,通过单位生产能力主要资源消耗量等指标分析,提出资源节约、关键资源保障,以及供应链安全、节能等方面措施,计算采取资源节约和资源化利用措施后的资源消耗总量及强度。计算采取节能措施后的全口径能源消耗总量、原料用能消耗量、可再生能源消耗量等指标,评价项目能效水平以及对项目所在地区能耗调控的影响。

复习思考题

1. 简述国民经济评价及其作用。
2. 简述国民经济评价的主要参数。
3. 简述国民经济评价的指标。
4. 某木材加工厂向银行贷款1000万元购买一生产线,影子价格与国内市场换算系数为1.3。假设该生产线使用期为20年,社会折现率为8%,使用期内大修等费用每年需要10万元,影子价格与国内市场换算系数为1.1,试问该生产线每年至少应获得多少收益才不会亏本?
5. 某工业项目建设期为2年,生产期18年,占用大豆田1000亩。项目占用以前,该土地3年内平均每亩产量为0.5t。预计该地区大豆单产可以5%逐年递增。每吨大豆的生产成本为600元。大豆为外贸货物,按直接出口处理,其离岸价格250美元/t,该地区大豆主要在当地消费。由口岸至该地区的实际铁路运费为20元/t,铁路运输换算系数为2.5。社会折现率按8%计算。影子汇率换算系数为1.08,官方牌价取1美元等于6.82元,贸易费用率取0.1。试计算该土地的机会成本。

第十二章　林业投资项目不确定性分析

由于各方案技术经济变量(如投资、成本、产量、价格等)，受政治、文化、社会因素、经济环境，资源与市场条件，技术发展情况等因素的影响，而这些因素是随着时间、地点、条件改变而不断变化的，这些不确定性因素在未来的变化就构成了项目决策过程的不确定性。同时项目经济评价所采用的数据一般都带有不确定性，加上主观预测能力的局限性，对这些技术经济变量的估算与预测不可避免地会有误差，从而使投资方案经济效果的预期值与实际值可能会出现偏差。这种情况通称为项目的风险与不确定性。风险与不确定性管理成为项目管理的一个重要内容。国家发展和改革委员会发布的《政府投资项目可行性研究报告编写通用大纲(2023年版)》和《企业投资项目可行性研究报告编写参考大纲(2023年版)》要求，投资项目必须评估项目风险管控方案，具体要求包括风险的识别与评价、风险管控方案和风险应急预案。风险与不确定性分析是项目风险管理的前提与基础。通过分析方案各个技术经济变量(不确定性因素)的变化对投资方案经济效益的影响(还应进一步研究外部条件变化如何影响这些变量)，分析投资方案对各种不确定性因素变化的承受能力，进一步确认项目在财务和经济上的可靠性，这个过程称为风险与不确定性分析。这一步骤作为项目财务分析与国民经济分析的必要补充，有助于加强项目风险管理与控制，避免在变化面前束手无策。同时，在风险与不确定性分析基础上做出的决策，可在一定程度上避免决策失误导致的巨大损失，有助于决策的科学化。

第一节　林业投资项目不确定性分析概述

一、不确定性与风险的含义

一般来说，风险是指在一定的条件下和一定的时期内可能发生各种结果的变动程度。在涉及风险问题的研究中，风险的定义大致可分为两类：第一类强调风险的不确定性；第二类强调风险损失的不确定性。因此，无论何种定义，风险与不确定性都是有密切的关系。但在严格的界定中，风险和不确定性是有区别的。风险是指事前可以知道所有可能的结果，以及每种结果的概率。不确定性是指事前不知道所有可能的结果，或者虽然知道可能结果，但不知道它们出现的概率。

二、不确定性分析与风险的关系

通过财务评价，我们知道了一个投资项目的收益和成本已知或可被精确地预测出来的情况。但未来的收益和成本常是或多或少不确定的，可能发生的这些收益或成本的时间越久，不确定性就越大。

与林业项目有关的将来成本和收益，特别是建立在跨越几十年的预测基础上的收益和成本，常常是极不准确的。有关营林措施效果的知识也常是有限的。对未来收获的期望可能由于不可预测的事件，如火灾或其他自然灾害而破灭。而在做出预测时假定的技术、产品价格和生产成本很可能以难以预测的方式变化。因此，要保证一个项目的投资成功，必须正确认识相关的不确定性和相关的风险，并在实施过程中加以控制。

　　风险和不确定性都是用来识别、分析、评价影响项目的主要因素，以防范不利影响的，从而提高项目的成功率。它们之间既有区别又有联系。不确定性是风险的起因，它们是相伴而生的。由于人们对事物认知的局限性，可获得资源的不完备性以及未来事物本身发展的不确定性使未来经济活动的实际结果偏离预期目标，这就形成了结果的不确定性，从而使经济活动的主体可能得到高于或低于预期的收益，甚至遭受一定的损失，导致经济活动"有风险"。不确定性与风险的区别在于：风险是可预测的，而不确定性是不可预测的。风险是可量化，其发生的概率是可知的，因此风险的分析可以采用概率分析法分析各种情况发生的概率和影响；不确定性的发生概率是未知的，对不确定性只能先假设，进而使用敏感性分析等方法进行分析。所以，不确定性代表不可知事件，因而有更大的影响。而如果同样事件可以量化风险，则其影响可以防范并得到有效降低。

　　例如，如果没有可以用于预测的统计学基础的话，某种木材将来的价格可能是不确定的。相反地，森林火灾的风险可以像保险公司估计房屋火灾一样进行统计性的估计。另外，风险可以通过分散而加以消灭。

　　如果一块林地是一个小林主的唯一财产，尽管火灾毁灭这种财产的风险很小，但却会给他带来严重的后果。相反地，如果这块林地仅是某个大林主拥有的数百块林地之一，平均火灾损失的统计预测是能够作出的，并可以用类似于一些无风险商业项目中对可预知的定期成本那样进行扣除。

　　这与房屋保险公司承担成千上万幢个体房屋所有者的损失风险一样，可以通过将其分散到很大的保险数目上而有效地消灭这种风险。这说明，尽管任何投资者都必须考虑到项目内在风险，而他们的敏感程度将受他们的处境影响。通常，能够分散风险的多样化的投资者，特别是政府，抗风险的能力较强。

　　一般而言，投资者是规避风险的。假如面临两个具有同等期望收益的项目，但一个比另一个具有较大风险时，许多投资者大都喜欢较低风险的那个项目。相应地，投资者要求从风险较大的项目中获得更大的收益，即风险溢价。项目产出结果的不确定性越大，投资者对其投资项目要求的风险溢价也越大。

　　在投资分析中，没有一个普遍被人们接受的消除不确定性的技术。然而，不确定分析方法，可以帮助投资者在遇到不确定性时能够做出一致的决策。如何在这些标准中做出适当的选择，取决于投资者的目标及其对承担风险的态度。

三、不确定性分析的作用

　　在项目评估中，一般说来，在对投资项目进行确定性分析后，对项目效益的好坏，已有大致的结论。然而，投资项目的可行性研究是在依据过去或现有的资料、预测数据和必要的假设条件下进行的，而项目的建设和运营是在将来发生的。由于未来的情况在不断发生变化，预测过程中包含着诸多不确定性因素，如原材料和产品价格、外汇汇率、工艺技术、生产能力、经济寿命期等的变化，都会直接影响到备选项目效益的高低，导致投资项目评估与项目的实际情况出现变差。而且,由于客观事物之间的相互联系性,各种因素的变化还会发生连锁反应。因此,必须在确定性分析的基础上做好不确定性分析和研究工作。通过研究和分析可能存在的不确定性因素,以及不确定性因素的变动范围、对项目效益的影响程度,调整各种相关的预测数据,在允许的误差幅度内进行再分析和再选择。只有这样,才能尽量避免或减少因不确定性因素造成的各种损失,取得预期的投资效益。

四、不确定性分析方法的类型与程序

为评价不确定性因素对投资项目经济效果的影响,通常采用盈亏平衡分析、敏感性分析和概率分析等方法。盈亏平衡分析一般用于财务评价,敏感性分析和概率分析可同时用于财务评价和国民经济评价。这3种分析方法是相互独立的,分析者可根据需要选择其中的一种或几种分析方法。相关分析方法的一般步骤如下:

(1)鉴别主要不确定性因素

虽然影响投资项目的不确定因素很多,但不同的因素在不同的投资活动中不确定性程度及其对投资方案的影响程度是不同的。因此,在对投资项目进行不确定性分析时,首先要从各个变量及相关诸因素中,找出不确定性程度较大和对投资项目影响较大的主要因素。这些变量和因素是不确定性分析的重点。在投资项目的不确定因素中,其主要的不确定性因素有销售收入(产品价格和产品数量)、生产成本、投资支出和建设周期等。引起它们变化的原因一般为:物品价格上涨,技术工艺发生变化,市场变化,投资变化,建设期延长等。

(2)估计不确定性因素变化范围,进行初步分析

找出主要的不确定性因素后,就要估计其变化范围,确定其边界值或变化率,也可先进行盈亏平衡分析《建设项目经济评价方法与参数》(第三版)将盈亏平衡分析归为不确定性分析。

(3)进行敏感分析

对不确定性因素进行敏感分析,即分析其对投资项目的影响程度。

(4)进行概率分析

对不确定性因素在已确定的变化范围内,估计其可能值及各可能值出现的概率,并在这些条件下计算最大期望值和取得效益的可能性,进而进行判断投资项目风险。

第二节 盈亏平衡分析

一、盈亏平衡分析概述

盈亏平衡是指全部的销售收入扣除销售税金及附加后等于其总成本费用。在这种情况下,项目的经营结果既无盈利又无亏损。盈亏平衡分析是通过计算盈亏平衡点(Break-even-Point,BEP)处的产量或生产能力利用率,分析拟建项目成本与收益的平衡关系,判断拟建项目适应市场变化的能力和风险大小的一种分析方法。所以,盈亏平衡分析也称量本利分析。盈亏平衡点是项目盈利与亏损的分界点,它标志着项目不盈不亏的生产经营临界水平,

反映在一定的生产经营水平时工程项目的收益与成本的平衡关系。盈亏平衡分析的主要目的在于通过盈亏平衡计算找出和确定一个盈亏平衡点，以及进一步突破此点后增加销售数量、增加利润、提高盈利的可能性。盈亏平衡分析还能够有助于发现和确定企业增加盈利的潜在能力以及各个有关因素变动对利润的影响程度。通过盈亏平衡分析，可以看到产量、成本、销售收入三者的关系，预测经济形势变化带来的影响，分析工程项目抗风险的能力；从而为投资方案的优劣分析与决策提供重要的科学依据。但是由于盈亏平衡分析仅仅是讨论价格、产量、成本等不确定因素的变化对工程项目盈利水平的影响，却不能从分析中判断项目本身盈利能力的大小。另外，盈亏平衡分析乃是一种静态分析，没有考虑货币的时间价值因素和项目计算期的现金流量的变化，因此，其计算结果和结论是比较粗略的，还需要采用其他的能分析判断出因不确定因素变化而引起项目本身盈利水平变化幅度的、动态的方法进行不确定性分析。

二、盈亏平衡分析的一般方法

(一)盈亏平衡分析的假设条件
(1)生产量等于销售量。
(2)固定成本不变，单位变动成本与生产量成正比变化。
(3)销售价格不变。
(4)只按单一产品计算，若项目生产多种产品，则换算为单一产品计算。

(二)盈亏平衡点的确定
(1)盈亏平衡点产量(保本销售量)Q_0

根据盈亏平衡分析的假设条件可知产品的销售价格不变，则：

$$TR = P \times Q \tag{12-1}$$

式中　TR——销售收入；
　　　P——产品销售单价；
　　　Q——产品的销售数量。

项目的总成本费用TC，从决策用的成本概念来看，包括固定成本(FC)和变动成本$C_V \times Q$，即：

$$TC = FC + C_V \times Q \tag{12-2}$$

式中　C_V——单位变动成本。

盈亏平衡分析的前提是按销售组织生产，即生产量等于销售量。盈亏平衡时则有：

$TR = TC$，即：

$$P \times Q_0 = FC + C_V \times Q_0,$$

$$Q_0 = \frac{FC}{P - C_V} \tag{12-3}$$

式中　Q_0——盈亏平衡点。

盈亏平衡分析也可以用图12-1表示：

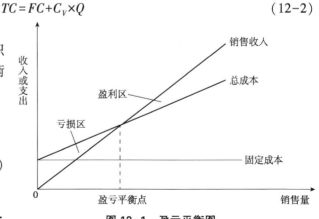

图12-1　盈亏平衡图

(2)盈亏平衡点的生产能力利用率 Φ

若已知项目设计生产能力为 Q_g,平衡点产量为 Q_0,则:

$$\Phi = \frac{Q_0}{Q_g} \times 100\% \qquad (12-4)$$

盈亏平衡点生产能力利用率的经济意义是:为使项目不致亏损时的最低生产能力利用率。Φ 值越小,说明只占用少许的项目生产能力就可以达到平衡点产量,即项目的风险就越小。

(3)盈亏平衡销售单价 P_0

令 P_0 为盈亏平衡销售单价,则:

$$TR = P_0 \times Q \qquad (12-5)$$

由于 $TC = FC + C_V \times Q$ 且 $TR = TC$,所以 $P_0 \times Q = FC + C_V \times Q$
即得:

$$P_0 = \frac{FC + C_V \times Q}{Q}, \quad P_0 = \frac{FC}{Q} + C_V \qquad (12-6)$$

三、应用举例

【例12-1】 某森工企业木材单位变动成本174元,售价626元,固定成本1.26亿元,根据国家政策,每年采伐量最大不得超过36万 m^3,及该项目的设计生产能力为36万 m^3。试进行盈亏平衡分析,并求当销售量为30万 m^3 时的保本单价。

解:(1)平衡点产量
由式(12-3)得:

$$Q_0 = \frac{FC}{P - C_V} = \frac{126\ 000\ 000}{626 - 174} = 278\ 761.06\ (m^3)$$

(2)平衡点生产能力利用率
由式(12-4)得:

$$\Phi = \frac{Q_0}{Q_g} \times 100\% = \frac{278\ 761.06}{360\ 000} = 77.43\%$$

(3)保本单价
由式(12-6)得:

$$P_0 = \frac{FC}{Q} + C_V = \frac{126\ 000\ 000}{300\ 000} + 174 = 420 + 174 = 594\ (元/m^3)$$

第三节 敏感性分析

一、敏感性分析概述

(一)敏感性因素、敏感性分析及其作用

敏感性分析是指在未来影响项目的一个或几个因素发生变化时,测定项目的成本收益对这些因素变化的敏感程度的分析。项目的敏感性分析是项目可行性研究中不可缺少的一环,

是对投资项目进行技术经济分析的一种主要方法。所谓敏感性是指投资方案的各种因素变化对投资项目经济效果的影响程度。若因素小幅度变化能够带来项目经济效果较大幅度的变化，则称该因素为项目的敏感性因素；反之，则称为非敏感性因素。

任何投资项目在其进行过程中，都会遇到各种各样影响项目成功的不利因素，即所谓风险，如林木生长情况不理想、市场价格下跌、成本增加、产量估算的误差等情况。这些因素变化都会对项目的收益成本产生重大影响，并可能使投资项目不能达到其既定的成本效益目标、时间目标和质量目标。不难看出，敏感性分析实质上是对项目所能承担风险程度的分析。

项目敏感性分析的主要作用在于它可以使人们在缺少资料的情况下，在对项目未来的情况进行预测时，能够弥补和缩小预测的误差，并使项目决策人充分考虑到可能出现最不利的情况以及如何应付这些不利情况，使项目决策人心中有数，措施得当，从而确保投资项目的成功。同时，通过投资项目的敏感性分析，可以帮助项目决策分析人员找到影响项目盈利能力的决定性因素。所谓决定性因素就是那些对投资项目成本收益影响最大的因素，这些决定性因素可能是未来价格的变化，也可能是社会政治因素的变化，它反映出投资项目在未来可能遇到的最大风险。

（二）敏感性分析步骤和内容

(1) 确定分析指标

分析指标就是指敏感性分析的具体对象，即方案的经济效果指标。由于敏感性分析是在确定性分析的基础上进行的，一般来说，敏感性分析的指标应与确定性分析采取的指标一致，不应另立指标。否则，不便于比较分析。一般常用的分析指标有净现值、净年值、内部收益率及投资回收期等。

确定分析指标可以遵循以下两个原则：第一，是与经济效果评价指标具有特定含义有关。如果主要分析方案状态和参数变化对方案投资回收快慢的影响，则可选用投资回收期作为分析指标；如果主要分析林木产品价格波动对方案超额收益的影响，则可选用净现值、净年值等价值指标作为分析指标；如果主要分析投资大小对林业项目投资方案资金回收能力的影响，则可选用内部收益率作为分析指标。第二，是与方案评价的要求深度和方案特点有关。如果在方案机会研究阶段，深度要求不高，可选用静态的评价指标；如果在详细的可行性研究阶段，则应该选用动态评价指标。

(2) 选择不确定因素，设定其变动范围

影响项目的不确定因素很多，事实上没有必要对所有的不确定因素都进行敏感性分析。可以从以下两个方面考虑选择需要分析的不确定性因素：第一，选择的因素要与确定的分析指标相联系，预计在可能变动的范围内，因素变动会引起评价指标的较强烈变动。否则，当不确定性因素变化一定幅度时，并不能反映评价指标的相应变化，达不到敏感性分析的目的，如折现率因素对静态评价指标不起作用。第二，因素在确定性分析中采用的数据准确性把握不大。选择好了不确定性因素后，根据实际情况设定这些因素的变化范围。

(3) 计算不确定性因素对评价指标的影响程度

对于各个不确定因素的各种可能变化幅度，分别计算其对其他分析指标影响的具体数值，即固定其他不确定因素，变动某一个或某几个因素，计算经济效果指标值。在此基础上,建立不确定因素与分析指标之间的对应数量关系,并用图或表格表示。

(4)确定敏感性因素,判断项目的风险程度

敏感性因素就是其数值变动能显著影响方案经济效果的因素。根据上述步骤的测定结果可确定敏感性因素,并由此可以判断项目的风险程度。

二、敏感性分析方法

(一)单因素敏感分析

单因素敏感分析指假定影响方案经济指标的其他参数不变,仅考虑某一参数变化对方案经济效益的影响的分析方法。

【例12-2】某项目的现金流量表见表12-1所列。表中所采用的数据是根据对未来最可能出现的情况预测得来的。由于对未来影响经济环境的某些因素把握不大,投资额、经营成本和产品价格均有可能在±20%的范围变动。设标准折现率为10%,试分别就上述3个不确定因素做敏感性分析(结果保留整数)。

表12-1 某项目现金流量表   万元

项目	时间(年)		
	0	1~10	10
投资	15 000		
销售收入		22 000	
经营成本		15 200	
增值税金		2200	
期末资产残值回收			2000
净现金流量	-15 000	4600	2000

解:设投资额为 K,年销售收入为 S,年经营成本为 C,年增值税金为 T,期末资产净残值为 SV,则净现值为:

$NPV = -K+(S-T-C) \times (P/A, 10\%, 10) + SV \times (P/F, 10\%, 10)$

$= -15\ 000 + (22\ 000 - 2200 - 15\ 200) \times (P/A, 10\%, 10) + 2000 \times (P/F, 10\%, 10)$

$= -15\ 000 + 4600 \times 6.1446 + 2000 \times 0.3855$

$= 14\ 036.16(万元)$

设投资额变动百分比为 X,其变动后的净现值为:

$NPV = -K \times (1+X) + (S-T-C) \times (P/A, 10\%, 10) + SV \times (P/F, 10\%, 10)$

设经营成本变动百分比为 Y,其变动后的净现值为:

$NPV = -K + [S-T-C \times (1+Y)] \times (P/A, 10\%, 10) + SV \times (P/F, 10\%, 10)$

设销售收入变动百分比为 Z,其变动后的净现值为:

$NPV = -K + [S \times (1+Z) - T - C] \times (P/A, 10\%, 10) + SV \times (P/F, 10\%, 10)$

根据上述公式,分别取不同的 X、Y、Z 值,可以计算出各个不确定性因素在不同变动幅度下的方案净现值,计算结果见表12-2所列及如图12-2所示。

表 12-2　某项目投资敏感分析表

不确定因素	变动率								
	-20%	-15%	-10%	-5%	0	5%	10%	15%	20%
投资额	17 036	16 286	15 536	14 786	14 036	13 286	12 536	11 786	11 036
经营成本	32 716	28 046	23 376	18 706	14 036	9366	4696	26	-4643
产品价格	-13 000	-6241	518	7277	14 036	20 795	27 554	34 313	41 072

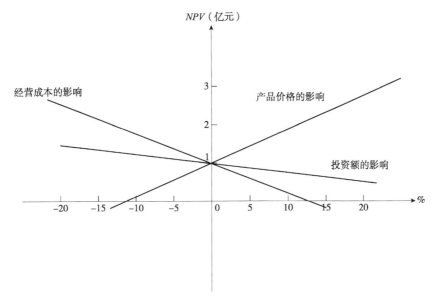

图 12-2　敏感性曲线

由表 12-2 可以看出，在同样的变动幅度下，产品价格的变化对净现值影响较大，经营成本变动的影响次之，投资额变动的影响最小。

如果令 $NPV=0$，利用前面的公式可得：$X=93.57\%$，$Y=15.03\%$，$Z=10.38\%$。这意味着，如果投资额与产品价格不变，年经营成本只要比预期的增加 15.03% 以上；或投资额与经营成本不变，产品价格只要低于预期的 10.38% 以上，方案就变得不可接受。而对于投资额来说，在经营成本与产品价格不变的条件下，投资额增加 93.57%，才会使方案变得不可接受。

根据以上分析，本投资方案的产品价格与经营成本是敏感因素。在做出是否采用本方案的决策前，应该对未来的产品价格和经营成本及其可能的变动范围做出更为精准的预测和估算。如果产品价格低于原预测值的 10.38% 以上或经营成本高于原预测值 15.03% 以上的可能性较大，则意味着本方案有较大的风险。而投资额则显然不是本方案的敏感性因素，只要增加的投资额不超过 93.57%，就不会影响决策的结论。

(二) 多因素的敏感性分析

单因素敏感性分析实质上是在假设各影响因素之间不相关的前提下对单个因素进行的。但是，各因素之间往往存在着相互依赖的关系，一个因素的变动会引起其他因素的变动。因此，单因素敏感性分析有较大的局限性，它不能反映两个或两个以上因素同时变化的结果。

多因素敏感性分析则可以克服这些弊端。

多因素敏感性分析是考察多个因素同时变化对项目的影响程度，决策者可以掌握各个因素对指标影响的重要程度，在对各相关因素相互变化进行预测、判断的基础上，对项目的经济效果做进一步的判断，或在实际执行中对敏感因素加以控制，减少风险。

【例12-3】根据例12-2给出的数据进行多因素敏感性分析：沿用上例中的符号，首先考察投资额与经营成本同时变动的情况，然后再分析投资额、经营成本和产品价格同时变动的情况。

如果投资额与经营成本同时变动，则变动后方案的净现值为：

$$NPV = -K \times (1+X) + [S-T-C \times (1+Y)] \times (P/A, 10\%, 10) + SV \times (P/F, 10\%, 10)$$

将表12-3中的数据带入上式，整理后得：

$$NPV = 14\ 036 - 15\ 000X - 93\ 397.92Y$$

令 $NPV = 0$，得：

$$Y = -0.1606X + 0.1503$$

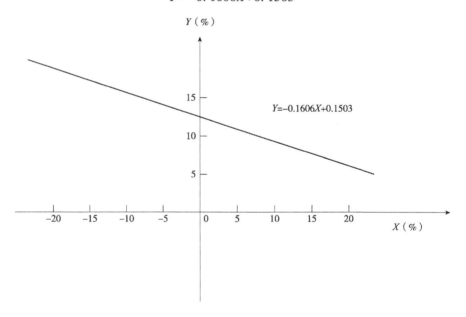

图12-3 双因素敏感性分析图

这是一个直线方程，可以用图12-3表示出来，它是 $NPV=0$ 的临界线。在临界线下方的区域，$NPV>0$，这就是说，如果投资额与经营成本同时变动，只要它们变动的范围不超过临界线的下方区域(含临界线上的点)，方案是可以接受的。如果投资额、经营成本和产品价格这3个因素同时变动，则变动后的净现值为：

$$NPV = -K \times (1+X) + [S \times (1+Z) - T - C \times (1+Y)] \times (P/A, 10\%, 10) + SV \times (P/F, 10\%, 10)$$

将表12-2中的数据带入上式，整理后得：

$$NPV = 14\ 036 - 15\ 000X - 93\ 397.92Y + 135\ 181.2Z$$

令 $NPV=0$，可得到一个由 X、Y、Z 构成的三维空间中的一个平面，它把该三维空间分成两个部分，处于该平面下方的区域由 X、Y、Z 组合，NPV 大于或等于零，方案可以接受。处于该平面上方区域的 X、Y、Z 组合，NPV 均小于零，方案不可接受。

第四节 概率分析

因素的不确定性分析在一定程度上就不确定性因素对项目效益的影响做出了定量描述，这有助于确定在项目决策过程中及实施过程中需要重点研究与控制的因素。但是，它没有考虑各种不确定因素在未来发生变动的概率，这可能会影响到分析结论的准确性，实际上，各种不确定性因素在未来发生某一幅度变动的概率一般是不会相同的，发生变动的概率不同，就意味着项目承受风险的大小不同。例如，两个具有同样敏感性的因素，在一定的不利变动幅度内，一个发生的概率很大，一个发生的概率很小，那么前一因素带给项目的风险很大，后一因素带给项目的风险很小，以至于可以忽略不计。这些敏感性分析无法解决的问题，就需要借助于概率分析进行分析确定。

概率分析是对不确定性因素发生变动的可能性及其对方案经济效益的影响进行评价的方法。其基本原理是：假设不确定性因素是服从某种概率分布的随机变量，因而方案经济效益作为不确定性因素的函数是一个随机变量。通过研究和分析这些不确定性因素的变化规律及其与方案经济效益的关系，可以全面了解技术方案的不确定性和风险，从而为决策者提供更可靠的依据。

概率分析主要包括经济效益的期望值分析、标准差分析、离散系数分析以及方案的经济效益达到某种标准或要求的可能性分析。

一、期望值分析

在概率计算中，期望值是以一个概率分布中相应概率为权数计算的各个可能值的加权平均值。投资方案经济效益的期望值是指参数在一定概率分布条件下，投资效果所能达到的加权平均值。其一般表达式：

$$E(X) = \sum_{i=1}^{n} X_i P_i \tag{12-7}$$

式中　$E(X)$——变量的期望值；

　　　X_i——变量 X 的第 i 个值($i=1, 2, \cdots, n$)；

　　　P_i——变量 X_i 的概率。

当方案经济效益指标的期望值到达某种标准时，如 $E(NPV) \geq 0$ 后 $E(IRR) \geq i_0$，则方案可行。多方案比较时，一般情况下，效益指标的期望值越大越好，费用类指标的期望值则越小越好。

【例 12-4】 某项目有 3 个方案可供选择，它们各自面临的经济前景有 3 种可能，即最理想、最可能和最悲观。各种状态发生的概率和有关数据见表 12-3 所列，试按期望值进行评估。

各方案净现值的期望值分别是：

$$E_A(X) = 180 \times 0.3 + 150 \times 0.5 + 80 \times 0.2 = 145(万元)$$
$$E_B(X) = 160 \times 0.3 + 120 \times 0.5 + 100 \times 0.2 = 128(万元)$$
$$E_C(X) = 200 \times 0.3 + 160 \times 0.5 + 50 \times 0.2 = 150(万元)$$

显然，方案 C 的期望值最大，因而，应该选择 C 方案。

表 12-3　某项目方案各种转台发生的概率

状态	概率	NPV(万元)		
		A方案	B方案	C方案
最理想	0.3	180	160	200
最可能	0.5	150	120	160
最悲观	0.2	80	100	50

二、标准差分析

用经济效益期望值表达风险程度只是一种初步的、概略的观察，而且对于应做风险程度比较的项目(如两个方案的期望值相等)仅计算期望值是不够的。方案的风险程度与经济效益的概率分布有着密切的关系。概率分布越集中，经济效益期望值实现的可能性就越大，风险程度就越小。所以考察方案的经济效益概率的离散程度是有必要的。标准差就是反映一个随机变量实际值与其期望值偏离程度的指标。这种偏离程度可作为度量风险与不确定性的一种尺度，标准差越大，表示随机变量可能变动的范围就越大，不确定性与风险就越大。在两个期望值相同的方案中，标准差大的方案意味着经济效益存在的风险大。标准差的一般计算公式为：

$$\sigma = \sqrt{\sum_{i=1}^{n} P_i [X_i - E(x)]^2} \tag{12-8}$$

式中　σ——变量 X 的标准差。

【例 12-5】以例 12-4 的资料，分别计算方案 A、B、C 的标准差，分析方案的风险。

解：利用式(12-6)，整理计算方案 A、B、C 的标准差为：

$$\sigma_A = \sqrt{\sum_{i=1}^{n} P_i [X_i - E(x)]^2} = 35$$

$$\sigma_B = \sqrt{\sum_{i=1}^{n} P_i [X_i - E(x)]^2} = 22.27$$

$$\sigma_C = \sqrt{\sum_{i=1}^{n} P_i [X_i - E(x)]^2} = 52.92$$

显然 B 方案风险最小，C 方案风险最大。

三、离散系数分析

由于风险与收益一般是呈正相关性的关系，所以就会产生这样一种情况：期望值越大的方案，标准差也就越大；期望值越小的方案，其标准差也就越小。所以当多方案进行比较，尤其是期望值不一样的情况，仅考虑标准差未必能决策较优的方案。为此引入另一个指标即离散系数 V，其计算公式如下为：

$$V = \frac{\sigma(X)}{E(X)} \tag{12-9}$$

离散系数是一个相对数，能更好地反映投资方案的风险程度。当多个投资方案进行比较时，离散系数较小的方案风险较小。

【例 12-6】仍以例 12-4 的资料，计算 3 个备选方案的离散系数，分析它们的风险程度。

解：利用式(12-9)，分别计算 A、B、C 3 个方案的离散系数为

$$V_A = \frac{\sigma(X)}{E(X)} = \frac{35}{145} = 0.24$$

$$V_B = \frac{\sigma(X)}{E(X)} = \frac{22.27}{128} = 0.17$$

$$V_C = \frac{\sigma(X)}{E(X)} = \frac{55.92}{150} = 0.37$$

显然 B 方案风险最小，C 方案风险最大。

四、可能性分析

若随机变量 X 服从正态分布，则可将随机变量转化为标准正态分布，并查表计算出经济效益达到某种标准的可能性，即：

$$P(X<X_0) = P\left(Z < \frac{X_0 - E(X)}{\sigma(X)}\right) \tag{12-10}$$

【例 12-7】已知某方案的净现值出现的概率成正态分布，净现值的期望值为 30 万元，标准差为 12 万元，试确定：①净现值大于等于零的概率。②净现值超过 50 万元的概率。

解：由题意可知：$E(X)=30$，$\sigma(X)=12$，由式(12-9)可得：

① $P(NPV \geq 0) = 1 - P(NPV<0)$

$= 1 - \left(Z < \frac{0-30}{12}\right)$

$= 1 - P(Z < -2.5)$

$= 1 - 0.0062$（由标准正态分布表查得）

$= 0.9938$

② $P(NPV \geq 50) = 1 - P(NPV<50)$

$= 1 - \left(Z < \frac{50-30}{12}\right)$

$= 1 - 0.9525$

$= 0.0475$

概率分析作为一种有效的分析方法可以改善不确定性条件下或风险条件下投资决策的有效性。但不确定条件下的投资决策难点在于不知道或难以确定影响投资决策的因素的发生概率。此难题可借助于以博弈论为理论基础的不确定性决策的分析方法，限于篇幅不再做赘述。

复习思考题

1. 简述对投资项目进行确定性分析后还要进行不确定性分析的原因。
2. 简述盈亏平衡分析及基本原理。

3. 简述敏感性分析和方法及步骤。

4. 简述概率分析及它的意义。

5. 某人造板厂拟引进一生产线进行纤维板的生产,该项目方案设计生产能力为每年可生产 50 000m³ 纤维板(约 210 万张),单位产品售价 70 元/张,总固定成本 3000 万元,单位变动成本 30 元/张,并与产量成正比关系,求以产量、生产能力利用率表示的盈亏平衡点。

6. 某投资项目的收入、固定资产投资、变动成本均在正负 20% 之间变化,$I = 15\%$(表 12-4)。试分析收入、变动成本、固定资产投资对净现值的影响。

表 12-4　现金流量表　　　　　　　　　　　　　　　　　　　　　万元

项目	时间(年)		
	1	2~9	10
现金流入			
1. 销售收入		1000	1000
2. 回收固定资产余值			32
3. 回收流动资产余值			200
现金流出			
1. 固定资产投资	800		
2. 流动资金	200		
3. 经营成本		600	600
其中:固定成本		130	130
变动成本		470	470
4. 税金		110	110
净现金流量	-1000	290	522

已知某林产品加工企业拟投资一竹制品加工项目,该项目预期净现值出现的概率呈正态分布,净现值的期望值为 30 万元,标准差为 12 万元,如果项目预期盈利出现概率在 70% 以上则进行投资,试确定该项目是否值得投资。

第十三章 林业投资项目社会及环境影响评价

国外的经验表明，对拟建项目的投资效益如果仅从财务上、经济上进行评价，难以对项目做出最优的选择，容易产生偏差，还应从项目对社会发展目标的贡献和影响方面进行分析，从社会的角度考察项目所产生的效应，使项目整体优化，顺利实施，以不断提高投资的整体效益。国家发展和改革委员会制定的《政府投资项目可行性研究报告编写通用大纲（2023年版）》《企业投资项目可行性研究报告编写参考大纲（2023年版）》和《关于投资项目可行性研究报告编写大纲的说明（2023年版）》等文件对投资项目的社会影响、环境影响分析提出了更高和更具体的要求，同时更加突出项目对碳达峰碳中和的影响分析。政府投资项目与企业投资项目中，对于高耗能、高排放项目，在项目能源资源利用分析的基础上，要求预测并核算项目年度碳排放总量、主要产品碳排放强度，提出项目碳排放控制方案，明确拟采取减少碳排放的路径与方式，分析项目对所在地区碳达峰碳中和目标实现的影响。

第一节 林业投资项目的环境影响评价

环境是指影响人类生存和发展的各种天然的和经过人工改造的自然因素的总体。包括大气、水、海洋、土地、矿藏、森林、草原、野生生物、自然遗迹、人文遗迹、自然保护区、风景名胜区、城市和乡村等。环境有自然环境和社会环境之分。

自然环境是社会环境的基础，社会环境又是自然环境的发展。

为实施可持续发展战略，预防因规划和建设项目实施后对环境造成的不良影响，促进经济、社会和环境的协调发展，2003年9月1日，国家颁布实施了《中华人民共和国环境影响评价法》（简称《环境影响评价法》），2016年7月2日第十二届全国人民代表大会常务委员会第二十一次会议重新修订，要求对规划和建设项目进行环境影响评价。为在林业建设项目中贯彻实施《环境影响评价法》，2006年4月国家环保总局发布《环境影响评价技术导则——造林工程》（征求意见稿）、国家林业局于2006年8月16日印发了《林业建设项目可行性研究报告编制规定（试行）》（简称《可研报告编制规定》）、2008年10月1日国家环境保护部颁布实施《建设项目环境影响评价分类管理名录》等文件，明确了环境影响评价的章节及编制规定。

环境评价或环境影响评价是指对规划和建设项目实施后可能造成的环境影响进行分析、预测和评估，提出预防或者减轻不良环境影响的对策和措施，进行跟踪监测的方法与制度。通俗说就是分析项目建成投产后可能对环境产生的影响，并提出防止生态破坏和环境污染的对策和措施。环境影响评价的根本目的是鼓励在规划和决策中考虑环境因素，最终达到更具环境相容性的人类活动。

一、林业投资项目环境影响评价概述

广义上来理解，林业投资项目包括营林项目、采伐项目、森林环境保护项目、木材加工和化工项目。投资项目可以是一个大型的项目，既有营林项目，又有后续工业项目，也可以是各自分开建设的项目。一个木材加工企业纵向投资项目一方面是开办采育林场，建设原料林基地，另一方面是进行木材深加工，包括"三板"生产及贴面、家具和办公用品项目等。因此，从广义角度来看，林业项目包括非污染生态影响(生态破坏)和污染生态影响(环境污染)两类。

林业项目对环境的影响，既有其有利的一面，也有其不利的一面。环境影响评价是从环境角度就林业项目所产生的影响进行分析评判。林业项目对环境的影响可分为两类：一类是对环境有利的，如可增加植被、防风固沙、保持水土、改良土壤、固碳释氧等；一类是对环境有害的，如可引起水土流失、地力衰退、生物多样性减少、面源污染、三废污染等。林业项目对环境的有利影响属于正效应，对环境的有害影响属于负效应。

(一)营造林项目

营造林项目如原料林基地等建设项目的生态影响因素分析(表13-1)可从施工期和运营期两个时期来考察。

(1)在施工期的主要影响因素
①造林规模、布局、地块、树种的确定与选择。
②林地清理、整地、栽植、采伐、树种改培、抚育。

(2)在运营期的主要影响因素
①扩坎、松土、除草、追肥、采伐更新等活动。
②林地经营过程中较大范围内单一树种林地班块的形成。

表13-1 生态环境影响因子识别

主要工程活动	生态环境影响
造林规模与布局的选择确定	与相关政策及当地土地规划和农林业发展规划的冲突、对区域生态系统结构与功能的改变、对土地利用结构的改变、对区域景观格局的改变等
地块的选择	对土地资源承载力的影响、对区域重要生态敏感区和重点保护物种的影响
树种的选择	对区域生物多样性的影响
林地清理	植被破坏、野生动物栖息地变化、水土流失、地形地貌和景观的改变
整地、栽植、采伐、抚育	水土流失及土壤结构、土壤肥力的变化
改培	土地生产力降低、区域生物多样性影响
扩坎、松土、除草、追肥、采伐等活动	水土流失、土壤面源污染
病虫害防治	植被破坏、土壤面源污染
原料林采伐	植被破坏、造成水土流失、景观发生变化
修建道路	植被破坏、造成水土流失、景观发生变化、区域生物多样性影响

(二)非营造林项目

非营造林项目如木材加工项目等。木材加工企业纵向投资项目的一个重要方面是木材的深加工。加工投资项目的整个寿命周期都可能造成环境污染，这些污染从阶段上主要是 3 个方面的污染。

(1) 项目建设过程中形成的污染

如建设对环境的破坏、对资源的破坏等。

(2) 项目生产过程中产生的污染

如生产过程中产生"三废"或噪音直接对空气、土壤和水质等自然环境产生污染或加大噪音强度等。

(3) 项目终结后产生的污染

投资项目评估中对项目的环境影响评估主要是对项目建成后的环境状况进行分析，这是因为项目的生产期在整个寿命期是最长的，项目的效益期也是最长的。

(三) 环境的影响测度方法和主要指标

对环境的影响测度可以用定量和定性两种方法。可定量测度的主要指标包括：

(1) 生物增长量

它是指在单位时间里或单位面积上，由于林业项目的影响使生物增加或减少的数量，如砍伐森林使野生动物的数量减少。

(2) 食物链比例结构的变化

它是指同一食物链中由于林业项目的影响使得同一食物链中各种生物层次的比例结构发生变化，如西北地区退耕还林后有害生物鼢鼠增加。

(3) 水土流失量

它是指在林业项目区域内水土流失的面积和水土流失的体积、重量，用来表示林业项目对环境的破坏程度。

(4) 土壤退化率

它是指土壤沙化或次生盐碱化面积同总土地面积之比，用来衡量林业项目造成土地沙化或盐渍化等退化的破坏程度。

(5) 土壤有机质含量的增减量

它是指单位体积土壤中有机质含量增加或减少的数量。用来衡量林业项目对土壤肥力的影响程度。地力衰退及生产力下降的现象在大部分松、杉、桉、杨等树种的人工林中均有出现。

(6) 森林覆盖率

它是指森林(林地)增加或减少的面积同总土地面积的比率。用来衡量林业项目对森林植被的保护和破坏程度。

(7) 土壤或水源有害物质增减率

它是指土壤和水源单位体积中有害物质的增加或减少量。用来衡量林业项目对土壤和水源的污染程度。

(8) 自然资源人均占有的增减量

它是指自然资源增减总量与对应人口数量之比，反映林业项目对自然资源的保护和破坏程度。

(9) 单位投资减少水土流失量

它是指减少的水土流失量与总投资额之比，反映林业项目投资对水土保持的效应。

(10) 单位投资森林覆盖面积

它是指林业项目增加的林地面积与总投资额之比。

二、环境污染

林业环境指林业生物赖以生存和繁育、为人类提供足够产品的客观条件，包括土地、水体、大气、光和热以及这些自然因素的综合。林业生产对自然条件的依赖性强，林业环境的好坏，对林产品的数量与质量起着决定性的作用。林业生产过程在从其他部门获得大量物质和能量的同时，产生了一系列的环境问题。

1. 农药污染

（1）农药对环境的污染

农药除了在生产过程中因"三废"的排放而污染环境外，在运输、贮藏、分装、零售及农田喷施过程中都可能发生污染。

①农药对大气的污染　当用地面或航空器械喷雾或喷粉施药时，农药能直接进入大气。农药还会从土壤表面、植物表面及水面蒸发直接进入大气。

②农药对水体的污染　施用时散落在田间的农药，随雨水或灌溉水冲刷，流入河道、湖泊以至海洋等水体。洗涤施药用具的废水、倾倒余弃废药液等也进入了水体。水体一旦被污染，农药中的有害成分就可通过水草和水生生物食物链进行富集。

③农药对土壤的污染　在施用农药的过程中，大部分农药落入土壤，部分飘浮于空中，最后又因降雨与自身的沉降，也落入土壤之中。此外，拌种、浸种、毒谷、毒土、除草及土壤消毒等农药施用措施，也会使农药进入土壤。

（2）农药对生态系统的污染

①农药在植物体内的残留污染　田间施用农药，有些黏附于作物的外表，有些则能够渗透到植物的根、茎、叶和种子之中，有些能通过水溶液为根所吸收。这些农药虽然在外界环境和体内酶的作用下能够逐渐降解，但速度是很缓慢的，直到植物收获时仍可能有一定量的残留。由于植物对农药的吸收富集以及通过食物链的传递，常使许多农、畜、禽产品中农药的残留量过高，奶制品、肉、蛋等多有有机氯残留，叶菜和水果中多有有机磷残留。

②农药对动物的污染　农药对昆虫的危害即最突出的是施用农药导致害虫产生抗药性。其次是施用农药杀死了害虫的天敌，使自然界害虫与天敌之间失去平衡。再者施用农药也会杀死传粉昆虫，从而影响植物产量。农药对飞禽的危害即飞禽体内农药的积蓄，来自取食含有农药的植物种子和无脊椎小动物、鱼类等。

③农药对森林食品的污染和对人类的危害　农药对人类的危害有两方面，一是使用农药所引起的直接毒害；二是农药通过被污染森林食品进入人体，对人体健康构成威胁。

2. 化肥污染

化肥对林业生产的作用很大，但如果施用不当，则不仅对林业生产不利，而且还会对环境造成污染。

（1）氮肥对环境的污染

氮肥造成的环境问题是硝酸盐淋失导致对地下水的污染，反硝化作用损失的氮对大气臭氧层的破坏，以及由于径流汇集于水体的富营养化等。

(2)磷肥对环境的污染

有关的研究表明我国各地使用的磷肥中含有多种重金属；无论哪种类型的磷矿，含氟量基本上与全磷量成正比关系，长期使用磷肥，会导致土壤中的含氟量增高；磷矿中常伴生铀、镭、钍等天然放射性元素，在磷肥生产过程中，铀和磷一起进入磷肥，使磷肥中也含有微量的天然放射性元素。这些因素足以导致对环境的污染。

3. 加工污染

木材加工企业纵向投资项目的另一方面则是木材的深加工。木材加工过程中产生的环境污染主要是粉尘、水、噪声污染等。

(1)粉尘污染

木质粉尘是在木材加工过程中的必然产物。它对环境的影响主要是对车间内部作业环境和车间外大气环境两个方面。在室内环境中，木质粉尘的危害不仅对人体健康有损害，降低车间防火条件，引发粉尘燃爆事故，影响安全生产。排放或扩散到车间外的木质粉尘严重地影响到周围居民的正常生活以及温室蔬菜等作物的生长，造成一些民事纠纷。

在人造板、家具、木材加工工业生产过程中，都能散放出大量的粉尘，称为生产性粉尘。其发生的过程概括为两类：一是机械过程，其中包括固体物质(木材等)的粉碎、研磨等，粉末状或散粒状物料的混合、筛选等。二是物理化学过程，其中包括物质的不完全燃烧或爆破，物质被加热时产生的蒸汽在空气中凝结或被氧化。

(2)水污染

木材工业中，尤其是人造板工业的水污染是相当严重的。这是因为它需要消耗大量的工艺水，这些水是作为溶剂、稀释剂、纤维载运体等，使用后大多直接排放，从而造成水污染。

木材工业的废水，主要是木材可溶物和胶粘剂的残余物质引起的污染。生产湿法纤维板产生的废水，污染是比较严重的，可从分析其废水水质来说明。木材溶解物的总量和制造纤维板所用的树种和制浆预热工艺条件有关。白液中有机物的浓度和其再循环的程度有密切关系。随着白液循环使用的次数增加，水温上升，碳水化合物在循环系统中将发生进一步的水解。

(3)噪声污染

木材加工工厂中的常用设备，如各类锯机、刨床、铣床等，在空转时都会产生噪声。在木材工业中，噪声主要来源于木工机床和人造板机床设备。噪声的产生主要是噪声、空气动力性噪声和电磁性噪声。其中机械噪声主要包括两个方面：一是因主轴不平衡，引起机械振动性噪声；二是因整机刚度不足，引起结构振动性噪声。空气动力性噪声是由于气体的非稳定过程，或气体的扰动，气体与物体的相互作用而引起空气相应地疏密的变化，形成疏密的弹性波，则产生空气动力性噪声。主要包括齿尖噪声、涡流噪声及周期性排气声。

(4)固体废弃物

木材加工项目生产过程中，将产生边角料、不合格产品、除尘器灰渣等固体废弃物。这些废弃物利用处理不当，将造成很大的环境污染。

三、环境质量评价

环境质量指由于人类的生产、生活所引起的环境变化，对人类健康及生产和生活影响的优劣程度。

评价环境质量一般以国家规定的环境标准或污染物在环境中的本底值作为依据。通过环境质量评价,可以给出一个地区的环境质量状况及其各个时期的演变趋势,为制定污染物排放标准和环境标准、为区域环境综合整治、为制定区域发展规划等提供依据。

(一)项目区域环境污染调查与评价

项目区域环境污染调查是搞好环境质量评价工作的基础。要做好项目区域环境污染调查与评价,首先要充分准备,收集与环境污染有关的自然环境条件、社会经济状况,生物和人群受污染危害的有关资料,拟定区域环境污染调查提纲。在充分准备的基础上,展开调查与评价。主要内容包括:

(1)区域环境调查

包括自然、社会和经济条件,主要工农业产品种类、产量、产值、经济发展状况等。

(2)污染源调查与评价

包括工业污染源、农业污染源、城市生活污染源等。调查内容大致包括:

①污染源概况;

②能源、水源和其他资源的使用情况;

③污染源的控制和综合防治情况,包括目前的控制能力、治理措施、治理。

(3)区域环境背景值调查

调查在不受污染情况下,区域环境各组成要素,如大气、水体、土壤、生物等的化学成分。

(4)区域污染现状调查

测定区域污染物的组成与时间和空间分布。

(5)区域污染危害效应调声。

(二)环境质量现状评价

主要通过环境污染调查和监测,进行环境污染现状评价。

(1)确定评价参数

评价参数指进行评价时所采用的对环境产生主要影响的污染物(污染因子)。参数选择关系到评价结论的可靠性。参数不但要具有代表性,而且要切实可行。一般选择排放量大、浓度高、毒性强、难于在环境中降解、对人体健康和生态系统危害较大的污染物及反映环境要素基本性质的一些因子作为评价参数。

(2)制定评价标准

环境质量标准简称环境标准是环境保护法规的主要组成部分,是评价环境质量优劣和加强环境管理的重要依据。

①环境标准的种类　按用途可分为环境质量标准、污染物排放标准、污染控制技术标准、污染警报标准及基础方法标准;按适用范围可分为国家标准、地方标准或行业标准;按污染介质和被污染的对象可分为水质控制标准、大气控制标准、噪声控制标准、废渣控制标准及土壤控制标准等。

②制定环境质量标准的原则　保证人体健康和维护生态系统;进行经济损益分析,剖析所费与所得之间的关系;注意区域差异性。

(3)进行环境现状质量评价

环境现状质量评价采用环境质量指数,它是判断水体、大气、土壤受污染程度的指标。以实测计算所得的指标值与环境质量标准值相比求得。超过质量标准的污染是不允许的。

①水体、大气的环境质量指数

$$P = 1/N \sum C_i/S_i \tag{13-1}$$

式中　P——水体或大气质量指数；

　　　N——污染物种类数；

　　　C_i——各种污染物的实测值；

　　　S_i——各种污染物的评价标准值(根据评价的目的和要求，选用国家规定的各种标准，如《农田灌溉水质标准》《饮用水质标准》《大气污染物综合排放标准》等)。

②土壤环境质量指数

$$P_i = C_i/B_i \tag{13-2}$$

式中　P_i——土壤受污染的污染指数；

　　　C_i——土壤中污染物 i 的实测浓度；

　　　B_i——污染物 i 的评价标准值；

(三)污染源和污染因素分析

主要是寻找和分析项目建设和生产运营过程中污染环境和破坏环境、导致环境质量恶化的污染源和主要污染因素。污染物是指生产工艺过程中设备可能产生和排放的各种有毒有害物质，而其设备或装置称为污染源。

(1)污染环境因素分析

①废气　分析废气排放点，计算污染物产生量和排放量、有害成分和浓度及其对环境的污染程度。研究排放特征及其对环境的危害程度。应编制废气排放一览表(表13-2)。

表13-2　废气排放一览表

序号	车间或装置名称	污染源名称	产生量(m³/h)	排放量(m³/h)	组成及特性数据				排放特征			排放方式
					成分名称	数量			温度(℃)	压力(Pa)	高度(m)	
						(kg/h)		(mg/m³)				
						产生	排放	产生	排放				
1													
2													

②废水　分析工业废水(废液)和生活污水的排放点，计算污染物产生量与排放数量、有害成分和浓度，研究排放特征、排放去向及对环境的危害程度。应编制废水排放一览表(表13-3)。

表13-3　废水排放一览表

序号	车间或装置名称	污染源名称	产生量(m³/h)	排放量(m³/h)	组成及特性数据			排放特征		排放方式
					成分名称	数量(mg/L)		温度(℃)	压力(Pa)	
						产生量	排放量			
1										
2										

③固体废弃物 分析计算固体废弃物产生量与排放量、有害成分、堆积场所、占地面积及其对环境造成的污染程度。应编制固体废弃物排放一览表(表13-4)。

表13-4 固体废弃物排放一览表

序号	车间或装置名称	固体废弃物名称	产生数量(t/a)	组成及特性数据	固体废弃物处理方式	排放数量(t/a)
1						
2						

④噪声 分析噪声源位置,计算声压等级,研究噪声特征及对环境造成的危害程度。应编制噪声一览表(表13-5)。

表13-5 噪声一览表

序号	噪声源位置	噪声源名称	台数	技术参数(规格型号)	噪声特征			声压级 dB(A)		
					连续	间断	瞬间	估算值	参考值	采用值
1										
2										

⑤粉尘 分析粉尘排放点,计算产生量与排放量,研究组分与特征、排放方式及其对环境造成的危害程度。应编制粉尘排放一览表(表13-6)。

表13-6 粉尘排放一览表

序号	车间或装置名称	粉尘名称	产生数量(t/a)	排放数量(t/a)	组分及特性数据	排放方式
1						
2						

⑥其他污染物 分析生产过程中产生的电磁波、放射物物质等污染物发生的位置、特征,计算其强度值及其对周围环境的危害程度。

(2)破坏环境因素分析

这主要是分析项目建设施工和生产过程中的某项活动对环境可能造成的破坏因素,预测其破坏程度。其具体内容主要包括以下3个方面:

①建设和生产活动对地形、地貌和已有设施的破坏。在这项分析时,首先叙述项目的性质,规模,产品方案,工艺过程,产生污染源的位置、数量,污染物对地形、地理和已有设施产生哪些影响。

②建设和生产活动对森林、草原植被的破坏引起的土壤退化、水土流失等。

③建设和生产活动对社会环境、文物古迹、风景名胜区、水源保护区的破坏。

四、环境影响评价

(一)项目环境评价的内容与步骤

①确定项目的环境要素 不同的项目对环境有不同的影响,同一个项目在不同地点也会

有不同的环境影响。因此，在进行项目环境影响评价时，首先要明确需要研究哪些环境要素。

②了解项目实施前的环境状况，预测项目对各环境要素的影响　项目区位置、自然环境概况、社会经济发展概况等主要特征，区域内主要的环境敏感区和各类保护区及保护现状、对区域环境产生主导作用和显著影响的因素等，重点是植被状况、生物群落与生态系统等项目调查。

③对项目给环境造成的有利或不利影响进行估价　最理想的是对各种环境变化进行定量的估算。在技术上不可行或时间、资金不允许定量分析的情况下，也可求出环境的变化量或变化率，进行定性判断。

④使用适当的分析方法，如费用效益法，对项目进行分析和评价。

⑤在项目有多种建设方案时，对这些方案进行分析比较，排列出各种方案的优劣顺序，以便进行最后决策。

⑥编写环境影响评价报告书。

(二)建设项目环境影响评价报告书的内容

建设项目环境影响评价报告书包括以下内容：

①建设项目概况。

②建设项目周围环境现状。

③建设项目可能对环境造成的影响分析、预测和评价。

④建设项目的环境保护措施及其技术、经济论证。

⑤建设项目对环境影响的经济损益分析。

⑥对建设项目实施环境监测的建议。

⑦建设项目环境影响评价的结论。

(三)环境影响评价的方法

对于项目环境影响评价的方法可以分为定性分析法和定量分析法两类，定量分析又包括实物量和货币化价值量分析法。具体有清单法、矩阵法、调查评价法、旅行费用法、市场价值法和支付意愿法等。

(四)需要进行环境影响评价的林业建设项目种类

(1)建设项目环境影响评价制度概况

根据《环境影响评价法》第2条与第16条第1款、《建设项目环境保护管理条例》第6条与第7条第1款规定，国家实行建设项目环境影响评价制度，并根据建设项目的特征和所在区域的环境敏感程度，综合考虑建设项目可能对环境产生的影响，对建设项目的环境影响评价实行分类管理，建设单位应当按照下列规定编制环境影响评价文件，并报送相关环境保护行政主管部门审批：

①可能造成重大环境影响的，应当编制环境影响报告书，对建设项目产生的污染和对产生的环境影响进行全面评价。

②可能造成轻度环境影响的，应当编制环境影响报告表，对产生的环境影响进行分析或者专项评价。

③对环境影响很小、不需要进行环境影响评价的，应当填报环境影响登记表。

同时，根据《环境影响评价法》第16条第2款与《建设项目环境保护管理条例》第7条第

2款的授权，国务院环境保护行政主管部门负责制定定期并公布建设项目的环境影响评价分类报告名录。凡列入该名录中的建设项目，都需要接受环境保护行政主管部门的分类管理。目前，国务院环境保护行政主管部门已陆续公布四版《建设项目环境影响评价分类管理名录》，分别是：2008年版、2015年版、2017年版（含2018年修订版）和2021年版。2021年版未做规定的建设项目，不纳入建设项目环境影响评价管理；省级生态环境主管部门对本名录未做规定的建设项目，认为确有必要纳入建设项目环境影响评价管理的，可以根据建设项目的污染因子、生态影响因子特征及其所处环境的敏感性质和敏感程度等，提出环境影响评价分类管理的建议，报生态环境部认定后实施。

林业项目属于建设项目，对项目的环境影响评价实行分类管理，具体参见《建设项目环境影响评价分类管理名录(2021年版)》。

（2）需要进行环境影响评价的林业建设项目种类

2020年11月30日生态环境部令第16号公布《建设项目环境影响评价分类管理名录（2021年版）》，已于2020年11月5日由生态环境部部务会议审议通过，自2021年1月1日起施行。《建设项目环境影响评价分类管理名录》及《关于修改〈建设项目环境影响评价分类管理名录〉部分内容的决定》同时废止。

按照生态环境部2021年1月1日起实施的《建设项目环境影响评价分类管理名录（2021年版）》，一般地说，以下林业建设项目应编制环境影响报告书：

①牲畜饲养031；家禽饲养032；其他畜牧039　年出栏生猪5000头（其他畜禽种类折合猪的养殖数量）及以上的规模化畜禽养殖项目；存栏生猪2500头（其他畜牧业）及以上无出栏量的规模化畜禽养殖项目；涉及环境敏感区的规模化畜禽项目。

②其他农副食品加工139*　含发酵工艺的淀粉、淀粉糖制造项目。

③其他食品制造149*　有发酵工艺的食品添加剂制造项目；有发酵工艺的饲料添加剂制造项目。

④酒的制造151*　有发酵工艺的（年生产能力1000kL以下的除外）项目。

⑤木材加工201；木制品制造203　有电镀工艺的项目；年用溶剂型涂料（含稀释剂）10t及以上的项目。

⑥人造板制造202　年产20万m^3及以上的项目。

⑦竹、藤、棕、草制品制造204*　有电镀工艺的；年用溶剂型涂料（含稀释剂）10t及以上的项目。

⑧纸浆制造221*；造纸222*（含废纸造纸）　全部（手工纸、加工纸制造除外）项目。

⑨工艺美术及礼仪用品制造243*　有电镀工艺的项目；年用溶剂涂料（含稀释剂）10t及以上的项目。

⑩生物质燃料加工254　生物质液体燃料生产的项目。

⑪中药饮片加工273*；中成药生产274*　有提炼工艺的（仅醇提、水解提的除外）项目。

⑫公园（含动物园、主题公园；不含城市公园、植物园、村庄公园）；人工湖、人工湿地。特大型、大型主题公园的项目；容积500万m^3及以上的人工湖、人工湿地项目；涉及环境敏感区的容积5万m^3及以上500万m^3以下的人工湖、人工湿地项目；年补水量占引水河流引水断面天然年径流量1/4及以上的人工湖、人工湿地项目。

⑬等级公路(不含维护;不含生命救援、应急保通工程以及国防交通保障项目;不含改扩建四级公路)。新建 30km 以上的二级及以上等级公路项目;新建涉及环境敏感区的二级及以上的等级公路项目。

注:1. 名录中项目类别后的数字为《国民经济行业分类》(GB/T 4754—2017)及第 1 号修改单行业代码;2. 名录中所标"＊"号,指在工业建筑中生产的建设项目。

凡属上述各种内容的林业建设项目,需要进行环境影响评价,应由项目单位委托持有《建设项目环境影响评价资格证书》的单位承担评价任务。

第二节 投资项目社会评价概述

一、投资项目社会评价发展历史

追溯投资项目评价的历史,其理论与方法的发展,迄今已经历了 3 个阶段。在 20 世纪 50 年代以前,东西方国家均只进行财务评价,也就是通过分析项目的盈利情况,来确定项目的优劣;20 世纪 50 年代开始,国民经济评价形成并盛行,也就是从全社会角度评价项目的国民经济效益,以经济效率的高低来确定项目的优劣;自 20 世纪 50 年代末,各种社会评价的理论与方法逐步形成并得到发展,由投资引起的各种社会因素的变化日益成为投资项目评价关注的重点,其中在项目评价体系中社会评价扮演着越来越重要的角色,项目评价已从单一的财务分析和经济分析,发展到财务、经济、技术、环境和社会等方面的评价。纵观国外投资项目评价理论与方法的发展轨迹,给我们以深刻的启示。

从各种社会评价方法发展看,源于各国发展经济中克服项目带来的种种社会问题的需要:第二次世界大战后,许多资本主义国家为了缓和国内矛盾,大量增加公共开支,进行公共设施建设,并实行福利政策,因而 20 世纪 50 年代以后从国家宏观经济角度分析项目的投资效益的国民经济评价方法迅速发展起来。它被称为费用效益分析法的评价方法。随着经济评价的广泛应用,人们逐渐发现,虽然许多国家对建设项目投入了大量资金,项目的经济效益很好,但仍然存在失业和经济衰退,而许多发展中国家仍然摆脱不了贫困。因此,经济评价解决不了社会公平分配问题。到了 70 年代,发达国家将收入分配、就业效果、国家竞争力创汇与节汇等社会发展目标引入费用效果分析之中,称为现代费用效果分析(或社会费用效果分析 Social Cost Effect Analysis)。这种方法既包括了经济增长目标,同时包括了公平分配目标,前者称经济评价,二者合称社会评价;这种社会评价基本上是在经济学的范畴内,围绕经济发展目标进行的,被称为狭义的社会评价。

从社会评价内容逐渐深化看,源于人们对社会发展过程的不断认识与理解:传统的工业化、现代化发展道路所产生的一些负面后果,如能源被大量消耗、资源被大量开采等对环境资源和生态系统的危害达到空前的程度。针对人类在经济发展中所造成的环境负影响,人们提出了持续发展的思想,并开始了谋求社会、经济、自然环境的协调发展的艰难探索。随着社会发展观的演变,狭义的社会评价以其固有的局限性面临严峻挑战。因为任何一个项目的执行都从不同角度对社会带来影响,同时各种社会因素也影响着项目的执行。社会发展是以项目为载体的,可持续发展是以项目的可持续为其实现途径。因此,项目社会评价在国际社会越来越受到重视。

近几十年来，国外建设项目的社会评价，随着社会学、计算机等学科的发展，提出了一些评价的理论和方法，社会评价也从经济学家独揽向有多学科专家参与分析的方向发展。国际发展机构对社会评价的开展给予了有力的推动，80年代以来，一些国际组织如世界银行、亚洲开发银行、联合国工业发展组织等，在向发展中国家提供援助的项目中，提出了社会评价的要求，如公平分配、地区分配、就业、社会福利、文化教育、卫生保健、地区经济发展等；世界银行在1984年版的指南就首次要求"社会性评估"应成为世行在进行项目可行性研究工作的一部分，在项目评价阶段，与经济、技术和机构评价共同使用；迈克尔·M·塞尼《把人放在首位》，介绍了社会分析在农业、农村发展项目设计中的应用；在80年代至90年代初，加勒比海发展银行（CDB）、泛美开发银行（IDB）、亚洲发展银行（ADB）等在各自组织建立了社会评价有关部门，1997年世界银行社会发展部成立，深化了投资项目社会评价的作用，项目评价已从单一的经济评价，发展到经济、技术、环境和社会等方面的评价。而世界大坝委员会项目决策考虑次序为：社会评价、生态环境评价、经济与财务评价、管理评价、技术评价。这就体现了一种发展趋势，社会评价将发挥越来越显著的作用；社会评价的内容从当初只包括社会经济因素发展到包括各种社会影响因子，不仅用于开发项目的可行性研究预测评价，还用于部分重要项目的后评价，也即广义的社会评价，涉及面越来越广。

美国的社会影响评价、英国的社会分析与世界银行开发投资中推行的社会分析，基本上属于一类，着重项目对当地社会环境影响进行分析；加拿大推行的社会评价除分配效果外，还包括环境质量与国防能力等方面的影响分析；巴西的社会评价，则指项目的国家宏观经济分析，即根据国家的发展目标、产业政策、地区规划，对项目进行投资机会研究，以确定项目的优先顺序。法国的社会分析方法也是从宏观经济角度分析项目投入产出对国民经济的影响；澳大利亚强调水资源项目的开发不仅要考虑项目本身的经济效益，而且要顾及水土资源的合理利用、项目可能产生的生态、环境及各种社会影响，并认为水资源项目没有地方政府和民众的参与和支持是不会成功的；菲律宾社会影响评价的内容包括：土地利用状况的变化、能源供需状况的变化，对自然、生态及历史文化资源的影响、对卫生健康、治安及个人财产的影响等。

纵观国外社会评价的发展，主要有4类：一是包含在国民经济效益评价中社会效益分析；二是经济评价加收入分配分析；三是项目的国家宏观经济分析；四是有多学科专家参与分析的社会评价。从理论上讲，前3种都属于经济学范围，第四种方法其理论主要是以社会学为基础。

我国由于特殊的体制背景，其项目评价在理论和方法方面发展比较滞后，没有系统的社会评价方法，投资项目的决策中唯行政长官决策的现象比较严重：20世纪50年代主要使用技术经济论证方法，强调项目经济效益的可行性。从1979年起，我国从西方引进项目可行性研究和经济评价方法，对技术经济论证方法加以了完善。在投资项目决策中，强调在重视项目经济可行性的同时，也不可忽视投资项目社会的可行性。1983年国家计委规定，可行性研究报告编制内容中要对建设项目的社会效果进行评价，对项目的环境状况进行评价，预测项目对环境的影响，提出环境保护的"三废"治理方案等。

尽管我国还没有系统的社会评价方法，但在许多项目的论证中，也进行了社会评价。主要评价项目对社会的影响，分析影响项目的所有社会因子。有些部门和行业规定：在可研报告中应包括社会分析的内容。这些分析对项目决策起到了一定的作用。但总体上看，这方面的工作还是很不够的。多数项目的评价和论证仍然只重视经济效益，社会影响评价仅作为一种点缀的内容赋予可研报告之中。除了没有系统的理论评价方法外，社会影响因子繁多、不直观、不易量化等也是造成社会评价滞后的一个重要原因。

在这种背景下，20世纪80年代末，国家科委下达了由国家计委投资研究所和建设部标准定额研究所共同主持的软科学重点课题"投资项目社会评价研究"。1989年开始这项课题调查研究工作，1990年曾召开了"全国投资项目社会评价方法专家研讨会"，并在此基础上形成了初步研究报告。之后，邀请各主要行业有关项目评价方面的专家组成工业、交通、农业、林业、水利、社会事业、城市基础设施以及综合计算方法8个子课题组，遵循总课题初步研究报告框架，对各主要行业项目社会评价方法进行了专题研究，由此反复研究探索，最终获得了"投资项目社会评价研究"课题成果，并汇集成《投资项目社会评价方法》一书。这项成果是建立在我国现有经济评价基础上的一种广义的社会评价方法，是分析评价项目为实现国家（地方）社会发展目标所作贡献与影响的一种评价方法。它是以建设有中国特色的社会主义理论为理论基础，参照费用效益分析原理、社会影响与分析的理论方法，总结我国已有的经验并吸收国际经验，采用定量分析与定性分析相结合，参数评价与多目标分析相结合的方法，注重科学性、实用性等原则制定的。这是我国首次对投资项目社会评价理论与方法系统研究的成果。它对推动我国的项目科学决策，提高投资项目综合效益水平，实现经济社会可持续发展具有重要的意义。

这项"投资项目社会评价"研究成果的主要内容包括项目对社会经济的贡献、合理利用自然资源、自然与生态环境影响以及社会环境影响（包括当地社会环境与项目的相互影响）4个方面各项社会因素的分析。

该项研究成果坚持采用定性定量相结合的方法开展评价。定量分析中采用的通用指标有：就业效益、分配效益、节约自然资源效益、环境质量指数4项，对项目的社会效益与影响，不能进行定量分析应采取定性分析评价，主要应考虑项目：一是对社会经济方面的影响，主要包括对科技进步、对国民经济发展、对地方经济、对节约时间、对人民生活等方面的影响；二是对自然资源方面的影响，主要包括对自然资源综合利用有无贡献，对土地、水资源的影响等；三是对自然与生态环境方面的影响，主要包括对自然、生态与环境方面负效影响所采取的近期与长期有效地防治措施；四是对当地社会环境方面的影响，主要包括对当地人口与文化教育、卫生保健、基础设施、人民生活、社会安全等影响。最后，要求对定量分析与定性分析的各项指标进行综合评价，以确定项目社会可行性。

由于各行业各类项目社会评价的内容相差较大，具体评价时，应根据项目的具体情况，选择有关的社会因素，并结合各行业的专业指标进行评价。

二、社会评价概念

社会评价的概念目前在国内外还没有统一的认识，有广义与狭义之分。狭义的社会评价如在西方国家普遍采用的投资项目费用效益分析法中，就将项目的经济评价称为社会评价。广义的社会评价是研究建设项目与实现国家（地方）各项社会发展目标所做的贡献与影响，包括项目与当地社会环境的相互影响的一种评价方法。即关于项目对社会经济、政治、文化、人民生活等各方面作用与反作用影响的评价。这种评价，项目立项前期它是从全社会的角度研究项目可行性，以便选择最优方案；项目建设中期的社会评估，立足于促进建设项目社会发展目标的顺利实现；项目期终的社会评价可以对项目社会目标实现程度作出后评价结论。

就社会评价一词的解析来看，社会包括两层含义：一是指一定经济基础和上层建筑构成的整体；二是指由共同物质条件相互联系起来的人群和社团。而评价的含义则是根据一定的价值标准判断事物优劣的过程。

由此可见，社会评价的含义十分广泛，包罗万象。因此，从广义的角度说，经济评价和环境评价都应该包括在社会评价的范畴内。但是由于经济评价已经有了比较完善的规范和方法，环境评价也有了具体的评价方法。所以，通常人们所指的社会评价是指不包括经济评价规范和环境评价规范内容的社会评价。

第三节　林业投资项目社会评价概述

一、林业投资项目社会评价必要性

随着社会的发展，人们对林业的认识也在不断提高和深化，林业对社会的贡献不再仅仅是人们旧观念中的种树和生产木材。林业既是一项公益事业，又是一个基础产业，是推进社会发展的基础行业。因此，在林业投资项目（简称林业项目）评价中，尽管经济评价仍然占据十分重要的地位，但已不再是判别林业项目可行与否的唯一标准。为了人类社会更好的生存和发展，林业项目与社会之间的各种相互影响也应该纳入项目评价中去，并作为判别项目可行与否不可缺少的标准。

(1) 有利于贯彻执行可持续发展战略，实现生态建设与区域经济的协调发展

我国作为一个发展中国家，发展战略已经经历从强调经济增长到经济与社会协调发展的转变，林业在贯彻可持续发展战略中具有重要的地位。新中国成立后以后虽然开展过几个大的林业生态工程，但我国生态状况局部改善、整体恶化的趋势仍然存在。从整体上讲，我国仍然是一个林业资源缺乏的国家，森林资源总量严重不足，森林生态系统的整体功能还非常脆弱，与社会需求之间的矛盾日益尖锐，经济社会可持续发展迫切要求我国林业有一个大的发展。因此，加强林业项目社会评价，深入分析与项目有关的环境、经济与社会因素，关注项目与区域社会环境的互适性，及时预警可能出现的社会风险，提高项目的有效性和持续性，有利于贯彻执行可持续发展战略，实现生态建设与区域经济的协调发展。

(2) 有利于提高项目决策的科学水平，加快林业建设发展步伐

对世界银行资助的 57 个项目的一项研究表明，社会评价与项目的高回报很有关系。研究结果表明，增强社会文化的适应性的确与经济回报有关系。30 个与当地社会经济相协调的项目平均收益率为 18.3%，是 27 个被认为不具有社会协调性的项目的收益率 8.6% 的两倍以上。随着经济发展、社会进步和人民生活水平的提高，社会对加快林业发展、改善生态状况的要求越来越迫切；林业不仅要满足社会对木材等林产品的多样化需求，更要满足改善生态状况、保障国土生态安全的需要。因此，加强林业投资项目社会评价，全面分析与项目有关各种社会影响因素，关注利益群体对项目的反映，重视人的需要，有利于提高项目决策的科学水平，全面提高投资效益，加快林业建设发展步伐。

(3）有利于林业高水平对外开放，提高林业发展质量

随着可持续发展战略的实施，国际上投资项目社会评价开展得非常活跃，许多国际发展组织的贷款项目要求进行社会评价，市场经济国家对公共投资项目的核准也非常强调社会评价。中国林业要走向世界，充分利用国内外两个市场、两种资源，赢得更多的外援投资机会，加快林业发展，在投资项目管理上必须与国际惯例接轨，不断改善投资环境，以更大力度吸引和利用外资。当前，中国经济进入高质量发展阶段，推动发展方式绿色转型，大力发展数字经济，为深耕中国市场的企业提供新的发展机遇。因此，加强林业投资项目社会评价，有利于林业高水平对外开放，提高林业发展质量。

(4）有利于顺应林业投资体制改革潮流，加快政府职能转变步伐

随着社会主义市场经济体制的建立和完善，中国将建立新的投资体制，政府投资管理部门对投资项目的管理，将转移到重点关注项目的公共性、外部性等问题，强调以社会事务管理者的角色来界定对项目投资管理的内容和方式，项目社会评价迎来新的发展空间。加强工程社会评价工作，有利于顺应林业投资体制改革潮流，加快政府职能转变步伐。

二、林业投资项目社会评价研究进展与发展趋势

在项目评价方面，我国林业和其他行业相比，存在较大差距。林业项目的社会评价在20世纪60年代开始受到林学家、经济学家和社会学家的重视。60年代末和70年代初联合国粮农组织和世界银行都要求在林业项目经济分析时，必须考虑社会影响因素。近几年我国实施的一些林业外援项目和国家项目，逐步开始进行社会评价。林业和其他行业相比，在项目评价方面，存在着较大的差距：国家26个行业部门，除林业之外，都有本行业的项目评价体系。目前，林业加工工业借用了工业项目评价方法，但也仅限于经济评价和某些环境因子评价。因林业问题比较突出，社会评价更为薄弱。营林业这一部分问题比较突出，其经济评价体系尚未建立，多是借用工业项目评价方法，社会评价就更是一片空白。主要原因是几十年来，营林生产不被当作商品生产来对待，而是视其为事业性质，实行财政预算拨款，不计成本、年底核销的管理办法。20世纪80年代初，营林生产的商品性才开始得到理论界的承认，随着国家计委颁布工业建设项目可行性研究与经济评价方法后，林业项目才开始受到关注。导致林业项目评价工作落后于其他行业的第二个原因是，林业情况十分复杂，受自然因素影响很大，获取基础性资料困难，许多评价因子不易量化等。

20世纪90年代初我国才将林业投资项目社会评价研究列入计划。1992年开始，林业部经济发展研究中心在林业项目社会评价方面进行了他们第一次较系统、全面地探讨了林业投资项目社会评价的内涵、特点、原则以及与其他评价之间的关系，而且从定性与定量两个方面研究了林业投资项目社会评价的基本方法与指标体系。在此研究的基础上，他们对防护林、用材林、森林公园和自然保护区的社会评价做了专题研究。1998年特大洪灾暴发后，中国林业生态建设的步伐加快，林业项目投资的社会评价开始活跃起来，研究视角重点转向天然林资源保护和退耕还林等林业生态工程的影响评价。

森林是陆地生态系统的主体。没有发达的林业，就没有良好的生态。一个国家或地区的林业发展水平决定着它的生存状况，也决定着它的生态竞争力。从2020到2035年，是我国进入基本实现社会主义现代化的战略实施时期，是全面贯彻落实习近平新时代中国特色社会主义思想、实现人与自然和谐共生现代化的重要时期，也是发展现代林业、建设生态文明、

推动高质量发展的重要机遇时期，林业项目社会评价越来越被人们所认识，这项评价工作必将得到进一步完善与发展。

三、林业项目社会评价概念

目前，国内外对社会评价概念因出发点不同或关注问题的角度不同，其理解也应该是不尽相同的。

根据"社会"一词的含义与"评价"的内涵要求，考虑林业本身的特点及其与人类社会发展的关系，进而考虑到国家发展总体目标所赋予林业的使命，林业项目社会评价的一般概念可以这样来定义：林业项目社会评价是关于项目对实现国家、地方社会发展目标所做的贡献与影响，即以人为本，立足全社会，研究分析社会经济、社会环境、社会资源等诸多社会因子条件与林业项目之间相互作用、反作用影响程度的一种评价方法。

项目对社会发展目标的贡献是指由于某一林业项目的实施，为国家或地方计划实现的某些社会目标带来的好处，即项目创造的社会效益，如投资项目带来的经济效益、社会效益、生态效益。此外，项目带来的贡献还包括有形效益与无形效益。有形效益指以货币形态反映的社会价值或实物效益；无形效益相对而言，系指身心保健、精神文明、文化娱乐水平、社会关系等。

项目对社会发展目标的影响，一方面是指项目对当地的自然影响，包括自然和生态方面的影响，以及对自然资源等的影响；另一方面是指项目对当地的社会影响，包括诸如对社会人口、劳动形式、劳动组织、社会就业、政治与文化艺术的影响。项目对当地的自然影响与社会影响也包括直接影响与间接影响、近期明显影响与远期潜在影响。

此外，项目带来的影响，还包括项目与社会环境、自然环境的相互影响。例如，20世纪50年代，我国开发小兴安岭林区建设项目，由于地处偏远的原始林区，项目建设初期，当地的社会、自然环境条件解决不了林业企业职工家庭生活和文化娱乐要求，曾一时给项目带来不利影响。后来，项目建设中考虑了社会自然环境对项目实施的不利影响，采取措施解决了这些问题。

四、林业项目社会评价与其他评价之间关系

我们已知的投资项目评价除社会评价外，还有技术评价、经济评价和环境评价。技术评价是指在项目实施过程中，从各方面研究采用该技术后所带来的经济影响和社会影响，并对其利害得失进行综合性评价，其目的是对技术的实用性作出判断。经济评价包括了两部分内容：一是财务评价；二是国民经济评价。财务评价是根据国家现行财税制度和价格，分析测算项目的效益和费用，考察项目的获利能力、清偿能力及外汇效果等财力状况，以判断项目在财务上的可行性；国民经济评价是从国家整体角度考察项目的效益和费用，用影子价格、影子工资、影子汇率和社会贴现率，计算分析项目给国民经济带来的净效益，判断项目在经济上的合理性。环境评价是指在项目可行性研究阶段按照环保部门的有关标准对项目可能带来的影响做出判断，如果项目对环境影响程度超过环保部门规定的标准，则应提出可取代方案或补救措施，同时从技术经济角度做出损益分析。

不难看出，技术评价、经济评价、环境评价以及社会评价之间的关系是一个相互包容、逐级递进的关系。首先，从林业项目的社会评价的定义来看，它是关于项目对实现国家、地

方有关社会发展目标所产生的贡献与影响，包括项目与当地区域社会环境、自然环境之间的相互影响的一种评价方法。由此可见，这将不可避免的涉及技术评价、经济评价和环境评价等问题。所不同的是，社会评价并不直接就技术、经济以及环境等方面的问题论长计短，它只是就某一项目带来的有关技术进步、社会发展、经济效益、生态与环境进行评价。改善产生的作用与反作用影响大小、好坏，做出相应的分析与评价。其次，技术评价、经济评价、环境评价和社会评价是整个林业项目评价体系中的4个不同环节，并且前者为后者的基础。

任何一个项目首先遇到的问题总是技术问题，只有技术上可行之后，经济合理性、环境可行性以及社会可行性等问题才相继被考虑。如果在第一个环节中，项目就被否定，那么后面3个环节自然就没有存在的理由。最后，虽然技术评价、经济评价和环境评价各自都有自己专门的评价对象，但在评价方法和理论上都具有通用性。同时，我们认为这些理论和方法也同样运用于社会评价。

综上所述，林业项目社会评价是一个涉及技术、经济、环境评价的大范围概念，具有兼容性；但就完善投资项目评价体系而言，社会评价应定义为不包括经济评价及其他评价的社会评价，它有自身的特点与评价方法，由此，才具有实用性、可操作性。

五、林业项目社会评价特点

林业项目社会评价的特点相对于经济评价而言，林业项目社会评价具有以下特点：

(1) 关注人文分析

从区域来说，森林资源一般分布在农村或山区，在二元经济结构中，农村居于不发达的经济体系中。在林业投资项目社会评价中，应充分体现林业项目主体农民的利益，以农民为中心，通过林业项目的建设，促进农民收入普遍大幅度提高，走向共同富裕之路。

从生态需求来看，加强生态建设，维护生态安全，是21世纪人类面临的共同主题，也是我国经济社会可持续发展的重要基础。我国生态安全形势严峻，林业在生态建设中居于首要地位，林业生态工程是实施可持续发展战略的重要举措。林业项目社会评价要贯彻科学的发展观，坚持以人为本，保护弱势群体农民的利益，充分调动广大农民群众参与项目建设的积极性和创造性，不断调整林业项目发展与人的关系，以达到在林业项目的实施中，项目与项目的群体相互协调，促进人与自然和谐发展。

(2) 多层次分析

林业项目社会评价涉及国家、地方、部门与当地社区层次的社会发展目标，这些目标既相互联系，又有各自的利益，协调国家、地方、部门和社区的矛盾，林业项目社会评价必须从国家、地方、部门和社区4个不同层次进行分析。

(3) 多目标分析

林业项目社会评价涉及国家、地方、部门与当地社区各层次诸多领域的发展目标，兼顾各方面的利益，必须分析多个社会发展目标、多个有关的政策效用、多种与项目有关的人的观点、心态等，从多目标角度综合考察林业项目的社会可行性、持续性。

(4) 间接效益多

林业项目社会评价除了评价直接效益外，还对项目的许多外在的间接效益也将在评价过程中得到体现。如保护和改善环境，促进农业生产以及延长水利设施使用寿命等方面带来的间接效益或外部效益。

(5) 定量难

在林业项目社会评价中，价值是主要衡量尺度，但不再是唯一的尺度。由于社会评价涉及的范围和内容非常广泛，许多社会因子和环境因子在目前条件下难以量化。因此，在评价过程中，除了定量分析之外，定性分析将成为我们的主要手段之一。

(6) 长期性

财务评价一般只局限在项目期内，通常为 20 年。而社会评价则要同时考虑社会发展的近、远期目标，尤其是对生态与自然环境的影响，这是一个长远发展目标。可见，林业项目社会评价往往更具有长期性。

(7) 无完全统一的评价指标

虽然是在同一个林业部门内，但林业项目繁杂，跨行业性强，无法设置统一的评价指标。因此，只能针对不同的项目类别设置相应的评价指标，这是林业项目社会评价区别于其他行业社会评价的主要特点。

(8) 不易确定判别参数

尽管根据需要我们设计一系列的评价指标，但无法找到判别指标值优劣的临界值。如就业效果的评价，对劳动密集型项目，其就业率究竟要达到什么数值才算是好。因此，为了解决这一问题，综合评价和参数评价在社会评价中同时运用，这是相对于财务评价的又一大特点。

第四节 林业项目社会评价基本定量指标设置与计算

一、林业项目社会评价程序

(1) 做好项目评价准备工作

为了正确地对项目作出社会评价，必须在评价前充分了解项目建设的背景，掌握国家确定的社会发展目标，有关社会发展的方针、法规，以及项目立项涉及的有关文件，与此同时，对项目影响区域的社会、经济、资源、生态与自然环境、人口状况以及其他社会环境进行调查，收集相关资料，为进行项目社会评价工作打好基础。

(2) 确定项目评价的范围与主要目标

根据国家(地区)的社会发展目标与有关方针、政策要求，联系项目建设的目标与作用，研究分析项目与社会各方面可能产生的相互影响，并根据各种影响的程度、波及的区域、时间，确定项目应当评价的目标与范围。

(3) 建立评价指标体系

按照项目评价目标与范围要求，选择评价指标，建立包括各种社会影响的定量分析、定性分析评价的指标体系。

(4) 制定备选方案，对每一个备选方案进行预测和评价

对经济评价中提出的不同建设方案，按照项目建设的社会目标与功能要求，考虑项目影响的不同程度与效果，提出相应可供选择项目的社会评价方案。

(5) 进行分析评价

根据收集到的有关国家宏观社会发展目标及相关方针、政策，以及通过调查研究掌握的项目区域的社会、经济、自然环境等方面的情况，对项目作出定量分析和定性分析。具体分析步骤与内容如下：

①定量分析　根据项目与社会影响因素相互作用产生的各种社会效益与影响情况，利用评价指标，计算出各项定量分析指标数据。

②定性分析　对项目与社会影响因素相互作用产生的难以作出定量分析的有关社会效益与影响情况，利用定性分析指标作出定性分析评价。

③指标排序　按照对项目评价的定量分析与定性分析指标的重要程度，即项目各种评价指标产生的社会效益与影响的不同程度，进行排序，并找出若干重要的指标进行分析研究，以便采取措施扩大有利影响，减轻不利影响。

④综合分析评价　利用多目标综合评价法或矩阵分析总结评价法，对项目评价方案做出社会效益综合评价。

(6) 选出最优方案

根据项目不同方案的社会效益综合评价结果，选出最优方案。并对最优方案不足之处，采取补救措施，其补救费用作为社会费用计入总投资之中。

(7) 专家论证，得出结论

邀请相关专家对项目社会评价报告进行论证，得出最后结论。

二、林业项目社会评价范围与内容

(1) 林业项目社会评价的目的与范围

根据林业项目社会评价的内涵要求，进行项目社会评价目的在于分析确定项目的社会可行性。由于林业具有公益性与外部性明显的特点，使林业项目的社会效益大大高于经济效益。过去人们对此往往认识不足，通过项目社会评价，不仅能全面反映出项目的投资效益，增强项目的可行性，保证项目顺利实施，同时也能提高人们对林业在国民经济与社会发展中的主要地位与作用的正确认识，促进社会发展目标的实现。

鉴于每个林业项目都具有对社会发展目标的贡献和影响，并且项目与当地的社会环境存在着互相影响的作用。因此，原则上对所有林业投资项目都应进行社会评价。但是，林业是一个复杂的综合性行业，各类林业项目各具特点，功能各异。因此，社会评价在各类林业项目中的作用与内容差别颇大。如以生态建设与环境保护为目的的林业项目，以及地处老少边穷地区的林业项目，社会影响作用明显，社会效益远远大于经济效益，应以社会评价为主，把社会评价作为项目评价的重点。对于工业原料林以及相关的工业项目虽然以经济效益为主，但社会效益与影响亦存在，这类项目的社会评价同样应予以重视。

林业项目的社会评价应该贯穿于项目周期的始终。另外，由于林业项目的大、中、小型项目规模不同，项目建设类别不同，项目建设阶段不同，因此，对各项目社会评价重点与程度也不相同，可以通过评价指标的选择，可繁可简，可多可少，区别对待。

(2) 林业项目社会评价的基本内容

根据林业项目社会评价所包含的社会经济、自然环境、其他社会因素3个方面内容，设置了林业项目社会评价基本内容(图13-1)。

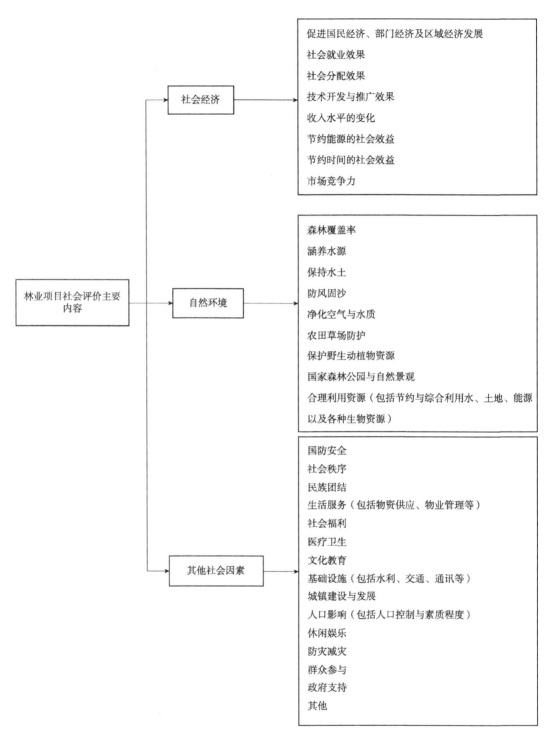

图 13-1　林业项目社会评价内容

三、设置林业项目社会评价指标体系基本要求

建立评价指标体系是林业项目社会评价的核心。评价指标体系是衡量项目方案优劣的客

观尺度，它的质量高低将会直接影响评价结果的质量。因此，为了能够如实地、全面地反映林业项目的社会效益影响，应遵循以下要求设置有关指标。

(1) 客观性

客观性指标体系应建立在科学的基础上，从而成为客观的分析、评价项目的衡量标准。这里包括两层含义，一方面是指标体系中每一单项指标能如实反映出项目的某一方面需要分析和评价的社会效益与影响；另一方面是整个指标体系应能全面系统地对投资项目的社会效益做出评价。

(2) 可操作性

一是便于理解，每项指标的内容一目了然；二是便于计算，设置指标时，应尽量使计算过程简单化；三是在不影响指标的全面性、统一性的前提下，应尽量减少指标数量，进而减少评价工作量。

(3) 通用性

项目虽然繁杂，但项目与项目之间仍有共性。因此，在设置指标时应充分考虑到这些共性，使每项指标都具有通用性，即使有的指标不直接用，但也应使其稍做调整就可通用于另一项目。这样就不必对那些涉及不同行业的林业项目另设一套指标体系，从而可大大减少评价工作量。另外，指标体系不仅可为国家项目所用，也可为地方项目所用。此外，指标体系不仅能为社会评价所用，同时也可为其他目的的项目分析所用。

(4) 可比性

比较择优而取是判别优劣的一般方法，因此指标体系必须具备可比性。这就要求在设置指标体系时，要在深入调研、核实资料的基础上必须做到：①指标必须以量化的形式设定，不具有直接量化形式的指标应用适当的方法加以量化；②保证指标量纲统一；③保证量纲的方向一致，当有的指标量纲方向不一致时，应采用适当的方法将其方向调整一致。

四、林业项目社会评价基本定量指标设置与计算

(1) 区域经济发展

我国地域辽阔，森林覆盖率低，而且分布不均，影响社会经济的发展。林业项目建设无论对山区与老少边穷地区、沿海地区、平原农区以及其他无林少林地区的区域经济发展，有着重要的作用。因此，在我国林业投资项目社会评价中，应首先考虑项目对区域经济发展的影响，林业项目对区域经济发展影响可采用社会经济增长率与产业带动系数变化率两项指标来考察。

① 社会经济增长率

$$社会经济增长率 = \frac{项目带来的国民收入增量}{项目前当地国民收入总值} \times 100\% \quad (13-3)$$

此项指标主要用于考察项目引起的当地社会经济增长速度，指标值以大者为优。

② 产业带动系数变化率

$$产业带动系数变化率 = \frac{项目后产业带动系数 - 项目前产业带动系数}{项目前产业带动系数} \times 100\% \quad (13-4)$$

$$产业带动系数 = \frac{\sum_{i=1}^{n} D_{ij}}{\frac{1}{n} \sum_{i=1}^{n} \cdot \sum_{j=1}^{m} D_{ij}} \quad (13-5)$$

式中　　n——序列年；

　　　　m——产业序列；

　　　　D_{ij}——完全需求系数，表示 i 年对 j 行业的需求系数。

该指标主要用于考察项目对当地其他行业发展的影响程度，如制浆造纸原料林对浆纸产业发展的作用评价，指标值以大者为优。

(2) 社会就业效果

我国人口众多，项目建设解决就业问题有着重要的社会意义。在项目社会评价中，无论从充分利用人力资源或是从"减少失业带来的不安定因素"方面考虑，都应当将社会就业效果列为考察的重要指标。对于林业项目来说，应注重考察社会就业效果与项目带来的就业比率两个指标。由于林业生产具有季节性强这一特点，因而决定了投资项目所带来的就业机会有很大的临时性。为了便于比较，有必要将临时就业通过适当的方法转化为长期就业。根据劳动保障部所制定的人均年工作日为251d，人均就业30年为长期就业的标准，项目所带来的长期就业(或固定就业)人数可按下式进行计算。

长期就业人数 = 项目带来的长期就业人数 + [临时就业人数×(临时就业天数/251d)/30年]

或者：

项目就业总人数 = 项目带来的固定就业人数 + [临时就业人数×(临时就业天数/251d)/项目期]

这样，社会就业效果可由下面两个指标来反映：

①社会就业效果

$$社会就业效果 = \frac{项目带来的长期就业人数}{项目总投资} \times 100\% \tag{13-6}$$

②项目带来的就业比率

$$项目带来的就业比率 = \frac{项目带来的长期就业人数}{项目前当地长期就业总人数} \times 100\% \tag{13-7}$$

社会就业效果指标用于考察项目对当地就业情况的影响程度。在评价就业效果时要注意以下几个问题：①国情，我国人口众多，就业压力大，因此提高就业比率具有十分重要的社会意义。②对于劳动密集型项目，以上指标应以大者为优。③对技术密集型项目则应考虑到具体情况具体分析，同类项目相比或者同一项目的不同方案相比，以上指标可以大者为优。④就业效果不应成为发展技术密集型项目的制约因子，因为虽然其直接就业效果不明显，但它带来的间接就业效果和其他社会效益是非常大的。

(3) 社会分配效果

公平分配是社会主义经济的主要特征之一。合理分配主要是通过政府的税收、价格以及工资制度等来实现的，其目的是为了减少地区间经济发展的不平衡，缩小贫富之间的差距，提高人民生活水平。因此，从社会发展目标出发，考察社会分配效果就成为社会评价中的一个重要内容。

①职工收入分配效果

$$职工收入分配效果 = \frac{项目内职工总收入}{项目净产值总额} \times 100\% \tag{13-8}$$

② 国家收入分配效果

$$国家收入分配效果 = \frac{国家从项目获得的利益分配额}{项目净产值总额} \times 100\% \quad (13-9)$$

③ 地方收入分配效果

$$地方收入分配效果 = \frac{地方从项目获得的利益分配额}{项目净产值总额} \times 100\% \quad (13-10)$$

④ 企业收入分配效果

$$企业收入分配效果 = \frac{企业从项目获得的利益分配额}{项目国民收入总额} \times 100\% \quad (13-11)$$

项目净产值即为项目生产经营期所产生的增加值，包括职工收入和利税总额，它表明项目对国内生产总值的贡献。职工从项目中的收益收入，包括工资和其他收入；国家（中央）从项目中获得的利益，包括各种国税、上缴中央财政利润、中央财政贷款利息收入、其他收入；地方从项目中获得的利益，包括各种税收、上缴地方财政利润、地方财政贷款利息收入、教育附加费、其他收入。企业从项目中获得的利益主要是指项目的实施给企业带来的税后利润增加额。

以上指标主要用于考察职工、国家、地方及企业从项目中的获益程度。

国外在评价收入分配问题时，主要注重于个人之间的贫富差距。在我国无论是国家、集体、企业和个人的分配是由国家的分配政策决定的，因此分配效果问题与项目本身无关。项目只带来收入，并不带来分配政策。

我们考察分配效果，实际是对国家现行分配的政策的评价。然而正因为项目能带来收入，那么项目应该放在什么地方，这对于地区间的分配和发展是有影响的。因此，分配效果评价，应该把重点放在这一方面。不过林业资源开发性项目有些特殊，项目应该放在什么地方，不取决于地区间的贫富和发展不平衡，而是完全受资源的制约。因此，我们在对林业资源开发性项目进行社会分配效果评价时就不再考虑横向分配效果问题，也就没有必要设置贫困地区收入分配指标。

(4) 人民收入水平

收入水平是影响人民生活水平重要因素。但是为了正确反映收入水平对人民生活的影响，还必须考虑物价及全国收入水平影响作用。

① 考虑物价因素

$$当地人民实际总收入增长率 = \{[I_2 - (I_1 \times e + I_1)]/I_1\} \times 100\% \quad (13-12)$$

式中 I_1——项目前当地人民平均收入水平；

I_2——项目后当地人民平均收入水平；

e——建设期内累积综合物价平均上涨指数。

该指标主要反映出纳入物价因素后，项目对当地人民收入增长情况的影响，指标值以大者为优。但该指标不反映当地收入水平与全国平均收入水平间的差距，为了反映这一情况，可采用下面指标：

② 考虑全国平均收入变化因素

$$当地人民实际收入增长率 = \left(\frac{N_2 \times I_2}{N_1 \times I_1} - 1\right) \times 100\% \quad (13-13)$$

式中　I_1——项目前当地人民平均收入水平；
　　　I_2——项目后当地人民平均收入水平；
　　　N_1——项目前全国平均收入水平；
　　　N_2——项目后全国平均收入水平。

指标值以大者为优。之所以在设置这两个指标时考虑物价指数和全国收入水平，主要是针对林业特点而言的。林业项目一般10年之后才见效益，而10年之后，物价和全国收入水平可能已发展到一个新的水平。当然对建设期较短的项目，也可忽略物价因素。

(5) 节约能源

我国人口众多，矿物能源紧张，薪材仍然是广大农村的主要能源。目前全国农村尚有40%的农户每年缺生活用能源6个月。因此，林业资源建设项目在提供薪材，节省矿物能源方面有着十分重要的社会意义。

① 标准煤替代率

$$标准煤替代率 = \frac{项目提供薪材折合标准煤吨数}{当地总能耗标准吨数} \times 100\% \quad (13-14)$$

该指标主要用于评价营林项目，特别是薪炭林项目所提供薪材替代矿物能源的程度，进而反映节约矿物能源的程度，指标值以大者为优。

② 当地缺能补偿率

$$当地缺能补偿率 = \frac{项目提供薪材折合标准煤吨数}{当地年缺能总量折合标准吨数} \times 100\% \quad (13-15)$$

该指标主要用于考察薪炭林项目提供薪材林折合标准煤对当地缺能情况的补偿程度，指标值以大者为优。

除了以上指标，还可以计算项目采取节能措施后的全口径能源消耗总量、原料用能消耗量、可再生能源消耗量等指标，评价项目能效水平以及对项目所在地区能耗调控的影响。

(6) 森林植被

森林生态系统是陆地生态系统的主体，因此对林业项目的社会评价，不能不考虑森林植被的变化。主要从森林面积和森林覆盖率两方面的变化来考虑项目对生态建设与保护环境的影响。森林覆盖率这一指标，不能一概以大者为优，应该根据不同地区区别对待，如农区和林区、平原地区和山区的这一指标值是不能等同而论的。目前可按照各省、自治区制定的不同地区森林覆盖率标准值来进行评价。

① 森林面积变化率

$$森林面积变化率 = \left(\frac{项目建后当地森林面积}{项目建前当地森林面积} - 1\right) \times 100\% \quad (13-16)$$

② 森林覆盖率变化率

$$森林覆盖率变化率 = \left(\frac{项目建后当地森林覆盖率}{项目建前当地森林覆盖率} - 1\right) \times 100\% \quad (13-17)$$

③ 万元投资森林面积变化

$$万元投资森林面积变化 = \frac{项目建后当地森林面积增加值(hm^2)}{项目总投资(万元)} \quad (13-18)$$

(7) 涵养水源

我国淡水资源短缺，且分布不均，人均占有量不到 3000 m³，仅相当于美国人均年用水量。因此，森林涵养水源的效益具有不可忽视的作用。

①项目水源涵养量

项目水源涵养量 = $S \times 10\,000 \times$ 平均土层厚度 × 水容量 × 林地土壤非毛管孔隙度(%)

(13-19)

②万元投资水资源涵养量

$$\text{万元投资水资源涵养量} = \frac{\text{项目水源涵养量(t)}}{\text{项目总投资(万元)}} \tag{13-20}$$

③水源涵养社会效果

$$\text{水源涵养社会效果} = \frac{\text{项目水源涵养量(t)} \times \text{水产生产投资价格}}{\text{项目总投资(万元)}} \tag{13-21}$$

④林地降水贮存效益

$$V = C(A_1 - A_2)BS \tag{13-22}$$

式中　C——当地水库单位库容平均造价；

A_1——有林地非毛管孔隙度；

A_2——无林地非毛管孔隙度；

B——有林地平均土层厚度；

S——项目带来的有林地面积。

⑤增加地下水源的效益

$$V = C \cdot \Delta R \tag{13-23}$$

$$\Delta R = \Delta B + \Delta D$$

$$C = \frac{\sum C_2}{\sum C_1}$$

式中　C——当地单位水生产价格；

ΔR——有林地比无林地增加的地下水径流量；

ΔB——有林地与无林地年地标径流之差；

ΔD——有林地与无林地年蒸发量之差；

$\sum C_1$——当地水库年调节的径流总量；

$\sum C_2$——当地水库年均费用总和(包括维修、管理、折旧等)。

以上几个指标可从不同角度考察项目对水源涵养的影响，指标值以大者为优。

(8) 防止泥沙流失

森林的这一效益对于保护水利工程，延长水利工程的使用寿命以及保护农田有着非常重要的意义，可以用以下指标来评价林业项目的这一社会效益。

①项目对泥沙流失的控制程度

$$R_1 = \frac{C_e - E_2}{E_1} \times 100\% \tag{13-24}$$

式中　C_e——项目计划造林面积 × 单位无林地泥沙流失量；

E_1——项目前当地泥沙流失总量；

E_2——有林地泥沙流失量(项目后形成的森林面积×K，K 为有林地泥沙流失模数，即单位有林地泥沙流失量/单位无林地泥沙流失量)。

②项目有效控制泥沙流失而减少土壤中的各种营养元素的损失程度

$$R_2 = \frac{(C_e - E_2)\sum P_i}{E_1 \sum P_i} \times 100\% \quad (13-25)$$

式中　P_i——单位泥沙流失量中第 i 种营养元素的含量；

C_e——项目计划造林面积×单位无林地泥沙流失量；

E_2——有林地泥沙流失量(项目后形成的森林面积×K，K 为有林地泥沙流失模数，即单位有林地泥沙流失量/单位无林地泥沙流失量)；

E_1——项目前当地泥沙流失总量。

③对水利工程使用寿命的延长

$$对水利工程使用寿命的延长 = \left(\frac{项目前淤积量}{项目后淤积量} - 1\right) \times 100\% \times 设计使用寿命 \quad (13-26)$$

式中　淤积量＝侵蚀量×淤积率；

侵蚀量＝集水区面积×侵蚀模数。

④延长水利工程使用寿命的效益贡献率

$$延长水利工程使用寿命的效益贡献率 = \frac{项目前水利工程年均收益}{设计总效益} \times 100\% \quad (13-27)$$

(9) 防风固沙、保护农田和草场

①防风固沙、减少沙压农田或草场的面积(K)

$$K = \sum_{i=n}^{m} S_i \cdot L \quad (13-28)$$

式中　S_i——第 i 年流失移动距离或平均移动距离；

L——项目带来的与主风向垂直林带长度；

m——终止防护作用年龄；

n——发挥防护作用的起始年龄。

②防风固沙、减少沙压农田或草场的社会经济效果

$$V = \left(\sum S_{ij} \times Q_{ij} \times P_{ij} \times R_{ij}\right) / 项目总投资 \quad (13-29)$$

式中　S_{ij}——第 i 年农作物面积；

Q_{ij}——第 i 年第 j 种农作物单产；

P_{ij}——第 i 年当地第 j 种农产品平均价格；

R_{ij}——第 i 年第 j 种农作物平均种植面积权数。

③森林除对农田和草场有直接保护作用外，还能创造小气候使农作物增产，如降低风速，减少干热风，增加空气湿度等，这方面的效益可用当地项目受益范围内农业产量因小气候改善而增产的幅度指标来反映。

$$R = \frac{项目后农业产量}{项目前农业产量} \times 100\% \quad (13-30)$$

(10) 资源利用效果

对拟建项目的矿产资源、森林资源、水资源(含非常规水源)、能源、再生资源、废物和污水资源化利用,以及设备回收利用情况,可以通过单位生产能力主要资源消耗量等指标分析,提出资源节约、关键资源保障,以及供应链安全、节能等方面措施,计算采取资源节约和资源化利用措施后的资源消耗总量及强度。林业投资项目里的资源主要指森林资源和林地资源,因此,可用下面指标来考察资源利用情况。

① 项目林地利用率

$$项目林地利用率 = \frac{项目林地面积 \times 保存率}{当地林业用地面积} \times 100\% \qquad (13-31)$$

② 项目使当地林地利用提高的程度

$$项目使当地林地利用提高的程度 = \frac{项目后有林地总面积 - 项目前有林地总面积}{当前林业用地总面积} \times 100\%$$

$$(13-32)$$

③ 万元投资项目林地利用率

$$万元投资项目林地利用率 = \frac{项目造林总面积 \times 保存率}{项目总投资(万元)} \qquad (13-33)$$

④ 林地资源综合利用率提高的程度

$$林地资源综合利用率提高的程度 = \frac{项目后资源综合利用率 - 项目前资源综合利用率}{项目前资源综合利用率} \times 100\%$$

$$(13-34)$$

以上指标皆以大者为优。除以上指标外,还可采用单位生产能力主要资源消耗量等指标来分析项目前后资源的利用效果。

(11) 净化空气

森林净化空气的作用主要表现在两个方面:一是由于光合作用而释放氧气;二是由于光合作用而吸收二氧化碳。根据光合作用的化学反应式可计算出,树木每增长 1kg 重的干物质,就可吸收 1.6kg 的二氧化碳和放出 1.2kg 氧气。因此,我们可以设置两个指标来评价林业项目对净化空气的效益。

① 项目造林在第 i 年释放出氧气量 $W_i = 1.2 G_i \times S \times R$

$$项目期内森林释放出的氧气量 \ W_{标} = \sum_{i=1}^{n} W_i \qquad (13-35)$$

② 项目造林在第 i 年吸收的二氧化碳量 $T_i = 1.6 G_i \times S \times R$

$$项目期内森林吸收二氧化碳量 \ T_{标} = \sum_{i=1}^{n} T_i \qquad (13-36)$$

式中 S——项目造林面积;

R——保存率;

G_i——第 i 年标准林分生长量干重;

n——项目期或轮伐期。

(12) 野生动植物保护

野生动植物资源是森林资源的重要组成部分,在林业生产建设中,培育森林和采伐森林都会对野生动植物的消长产生影响。因此,设立相应指标来考察林业项目对野生动植物资源的影响是非常必要的。

① 主要野生经济植物年蕴藏量增长率 $= \left(\dfrac{项目后蕴藏量}{项目前蕴藏量} - 1 \right) \times 100\%$ （13-37）

主要野生经济植物年蕴藏量 $= \sum\limits_{i=1}^{n} W_i \cdot D_i \cdot S$ （13-38）

式中 W_i——第 i 种野生经济植物单株重量;

D_i——第 i 种野生经济植物密度;

S——项目所涉及野生经济植物生长区总面积。

② 野生动物蕴藏量增长率 $= \left(\dfrac{项目后野生动物蕴藏量}{项目前野生动物蕴藏量} - 1 \right) \times 100\%$ （13-39）

野生动物蕴藏量 = 项目涉及野生动物生活区总面积 × 单位面积只数 （13-40）

上述指标应根据项目具体情况对某类野生动植物的影响程度来依次计算出蕴藏量比率。

(13) 游憩保健

在人们回归大自然的愿望越来越强烈的今天,森林这一功能的社会意义也越来越明显。目前国外常用 3 种方法评价这一效果即政策价值法、费用价值法和替代价值法。

① 政策价值法 国家林业主管部门在其所辖区域内,从以往经验出发,并经过历史的比较,对森林游憩保健作出价值判断并形成政策性规定。当人们要采伐森林时,必须按这一规定额外支出费用才能得到采伐权,这一费用就是政府确定的森林游憩保健的政策价值。美国的阿特奎逊法和德国的普罗丹法都属此类方法。

② 费用价值法 将人们的消费金额作为森林游憩保健效能的价值。供人们游憩保健的森林价值与个人游憩保健活动消费的金额总数相等或超出。美国的克拉逊法是这种方法的代表。

③ 替代价值法 把森林的游憩保健服务的价值,用其他游憩保健服务的价值来计价,如将项目在公园、游览胜地等的服务价值或项目区居民年平均减少医疗保健费用用于计算森林的游憩保健价值。

以上方法各有千秋。目前我国开展森林游憩尚不普遍,因而尚未形成一定的计量评价方法。森林的游憩价值仍然是一种潜在或半潜在的价值,但社会评价就不能不考虑这一价值。为此,我们认为可参照上述的费用法来计算森林的游憩保健效果,因为这一方法比较简单易行。

首先求项目当地森林公园的年消费额,然后以森林覆盖率乘以该年消费额作为修正值,因此,森林的游憩效果可用下式计算。

项目森林游憩社会效果 $= \dfrac{因项目增加的森林覆盖率 \times 当地森林公园年消费额}{项目前当地森林覆盖率} \times 100\%$

（13-41）

其次,测算出项目前当地居民人均年医疗费额与项目后人均年医疗费减少额,前后相比,作为评价项目的保健方面社会效益评价参考值。

项目森林保健社会效果 $= \left(1 - \dfrac{项目后当地居民医疗费总额}{项目前当地居民医疗费总额} \right) \times 100\%$ （13-42）

(14) 生活服务

主要考虑项目对当地社会生活条件改善状况,如住房条件的改善、商业网点的增加等。

①住房条件改善效果

$$住房条件改善效果=\left(\frac{项目后当地人均住房面积}{项目前当地人均住房面积}-1\right)\times100\% \qquad (13-43)$$

②商业服务业发展效果

$$商业服务业发展效果=\left(\frac{项目后当地每万人拥有商业服务网点个数}{项目前当地每万人拥有商业服务网点个数}-1\right)\times100\% \qquad (13-44)$$

(15)基础设施

这一指标主要考虑项目对交通、通讯的影响。

①项目对当地公路交通的影响

$$项目对当地公路交通的影响=\frac{项目带来的国际公路里程}{当地原有国际公路里程}\times100\%$$

$$=\frac{项目带来的公路里程(包括禁区公路)}{当地原有公路里程}\times100\% \qquad (13-45)$$

②乡村通车效果

$$乡村通车效果=\left(\frac{项目后当地乡村通车个数}{项目前乡村通车个数}-1\right)\times100\% \qquad (13-46)$$

③项目对当地通讯的影响

$$项目对当地通讯的影响=\left(\frac{项目后每万人拥有电话机台数}{项目前每万人拥有电话机台数}-1\right)\times100\% \qquad (13-47)$$

(16)文化教育和医疗卫生

文教卫生事业是社会发展目标之一,但要评价一般项目对其产生的影响不是一件容易的事。从中国林业发展过程来看,一个大中型林业项目的启动,往往会对当地的文教和医疗卫生产生影响。因此,可考虑设下面两个指标来考察项目对这两方面的影响。

①项目对教育的影响

$$项目对教育的影响=\frac{项目收入用于教育的开支}{项目总开支}\times100\% \qquad (13-48)$$

②项目对医疗卫生的影响

$$项目对医疗卫生的影响=\frac{项目收入用于医疗卫生的开支}{项目总收入}\times100\% \qquad (13-49)$$

(17)对人口的影响

从林业来看,开发性项目的影响比较明显,建立自然保护区也有这方面的问题。因此,可以考虑设置以下指标来考察项目对人口的影响。

①总人口变化率

$$总人口变化率=\left(\frac{项目后当地人口数}{项目前当地人口数}-1\right)\times100\% \qquad (13-50)$$

②人口中科技人员变化率

$$人口中科技人员变化率 = \left(\frac{项目后当地科技人数}{项目前当地科技人数} - 1\right) \times 100\% \quad (13-51)$$

③非农业人口变化率

$$非农业人口变化率 = \left(\frac{项目后非农业人口数}{项目前非农业人口数} - 1\right) \times 100\% \quad (13-52)$$

(18) 社会福利和文化娱乐

一般来说当地社会福利费用总额反映了当地的社会福利水平。因此，可考虑设以下指标来考察这一情况。

$$项目对当地福利水平的影响 = \frac{当地从项目所获收入用于社会福利总额}{当地从项目所获总收入} \times 100\%$$

$$= \frac{当地从项目所获收入用于社会福利总额}{项目前当地社会福利费用额} \times 100\%$$

(13-53)

项目对文化娱乐的影响比较复杂，只能用电影院、公园、剧院、图书馆、电视事业等方面的发展来间接反映这一影响。因此，可根据项目的具体情况临时设立指标进行评价或进行定性分析。

(19) 技术开发与推广

这主要是考察项目对新技术的推广应用程度，以及由此带来的社会经济效果。如生产力转化率，对国民经济贡献率。虽然这两个指标已有成型的计算方法，但牵扯到整个行业或部门，计算过于复杂，因此另设两个指标来评价这一效果。

①项目对新技术应用的影响

$$项目对新技术应用的影响 = \frac{项目中应用新技术数}{项目中应用技术总数} \times 100\% \quad (13-54)$$

②技术应用对经济的影响

$$技术应用对经济的影响 = \frac{由于某些技术应用带来的经济收入}{项目经济总收入} \times 100\% \quad (13-55)$$

以上是根据林业特点和基本内容设计的林业项目社会评价定量指标。这些指标不一定每一项都适用于所有的项目，因此，使用时应根据具体情况进行选择，有的指标还应作适当的修正，或做进一步的定性分析。

五、林业项目社会评价定性分析

任何一个项目对社会的影响以及社会环境对项目的影响都是多方面的，而且是复杂的。在现有的条件下我们很难做到对每一种影响都进行定量分析。甚至有的影响因素尚未被我们所认识。虽然前面我们已将一些影响因素设计为定量评价指标，但这些指标所反映的仅仅是项目对社会影响的一部分，为了比较全面地反映项目对社会影响的各方面，以便于决策者选择项目方案，对那些难以量化的影响因素分类进行定性分析是非常必要的。目前即使是发达国家，在对项目做社会评价时，也仍然离不开定性分析这一方法。

前面我们已经提到，项目的社会影响是相互之间的影响。一方面是项目对社会的影响，这一部分任何项目必然遇到，而且不能以任何方式回避。另一方面是社会环境对项目的影响，对于有些项目来说，如果社会环境不适宜，可通过变换项目建设地址等方法来回避或减轻社会环境对项目的影响。但对有的项目来说也是不可回避的，林业项目一般情况下都是如此。比如，要在某地造林或开采某地的森林，明知社会环境对这一项目有不良影响，也不能摆脱，因为项目所涉及的资源就在这里，要换个地方，虽然社会环境可能会好些，但要换的这个地方却没有项目所需要的资源，这就等于项目取消。由此可见，不能回避社会环境影响，这是林业项目的特点之一。当然这样林业项目所遇到的社会问题也会多些。林业项目社会评价定性分析，就是要把项目可遇到的以及项目可能带来的难以定量分析的社会影响因素如林木与林地资源利用、生活水平与社会服务、国防安全与社会稳定、文化教育与医疗卫生、人口影响、休闲娱乐与社会福利、科技开发与推广等罗列出来，分好类并规范出定性分析的基本内容。根据林业项目的特点，我们考虑林业项目社会评价定性分析大致有以下内容：

（1）项目所在地人口特征

①项目所在地人口文化素质　人口文化素质是影响当地人接受新事物的重要因素，因而当地人口文化素质的高低将会对当地人是否普遍接受欲建项目产生影响，反过来项目建成后对当地人口文化素质的影响又是什么。

②项目所在地是否有少数民族　如果有，他们的主要民族风俗是什么。这些民族风俗是否会影响他们对项目的接受，如果有影响，能否找到两全其美的办法来克服这些影响。

如果没有两全其美的办法或者无法克服，会对项目执行产生什么影响。以及项目在这种情况下执行后对他们的风俗影响是什么，后果会怎样。

③人口变动　项目是否涉及所在地人口的迁出和外地人的迁入，如有这一问题，迁出和迁入人口的生活、就业如何安排。这些人对人口变动是否有抵触，如有，应采取什么适当的办法解决（方法不当，将会导致他们对现实社会的抱怨）。

④项目参与者　项目直接参与者主要是当地人还是外地人，有否妇女参与，比重多大，项目直接参与者的家属子女上学、就业以及户口、粮食等问题的安排是否有困难，如有困难，如何解决。

以上是一个定性分析的模式，实际应用时只要按照此模式进行即可。

（2）项目所在地资源特征

①与项目紧密相关的主要资源有哪些？根据项目目标的要求，这些资源能否满足项目的需要。

②项目所在地人民的生产、生活是否对上述资源有依赖性，如存在不同程度的依赖性，那么项目的实施是否会对当地所依赖的生产生活资源产生不利影响？如存在不利影响，是否有办法加以克服或补偿。

③项目与其他资源的相互影响。

（3）项目所在地经济特征

①基础设施（交通、通信）基本情况。

②就业与待业的基本情况。

③经济结构。

④是否有类似项目开发的经验。

⑤当地与项目有关的技术开发与推广情况。

⑥当地财政与人均收入情况。

⑦上述情况是否有利于项目的执行以及执行后将会对上述情况分别产生何种影响。

(4) 项目所在地环境特征

①当地地理特征。

②水土流失、风沙、空气清洁度等情况。

③当地森林植被情况。

④当地野生动植物资源情况。

⑤项目执行后将对这些方面产生的影响，以及对负面影响需要的补救措施。

(5) 项目所在地社会生活特征

①当地文化教育、文体娱乐基本情况。

②当地医疗卫生基本情况。

③当地社会福利特征。

④当地社会服务特征。

⑤社会秩序 评价社会秩序和安定的一个常用指标是犯罪率，然而社会经济活动对犯罪率的影响是十分复杂的。就林业而言，由于林业项目的启动，使各种人员涌入该地，可能会使犯罪率增加。因此，一个项目的启动，虽然会提高当地人员的就业率，但未必在这种特殊情况下会降低犯罪率。因此，项目对社会秩序和社会安定的影响，只能根据项目和当地实际情况作定性分析。

⑥上述因素会对项目执行产生什么影响，以及项目执行后对上述各方面因素产生何种影响。

(6) 其他因素

①当地人对项目的态度如何。

②当地政府对项目的态度如何以及当地是否存在与项目相抵触的政策。

③有什么乡规民约会限制项目的执行。

④国家是否存在对项目某些方面有限制的政策。

⑤某些有关现行经济政策的执行结果对项目执行是否影响。

⑥土地所有制形式对项目的执行有什么影响。

(7) 定性综合分析

综合以上分析，对项目进行优劣比较，为项目最终的综合评价创造好条件。

六、林业项目社会评价方法

总的来说林业项目社会评价必须坚持定性与定量方法的有机结合，具体常用的主要方法有5种。

(1) 有无对比法

有无对比分析法主要是指有项目与无项目情况的对比分析。首先要调查在没有拟建项目的情况下，项目地区的社会状况，并预测(观测)项目建成后该地区的社会状况，通过分析有项目情况时产生的效益减去无项目情况时所增效产生的各种影响程度及其大小。如没有退耕还林工程时，退耕户的用工量主要在种植业上，实施退耕还林后，农户投在种植业上的用工量和投入林草业或其他产业上的用工量进行对比分析，可确定拟建项目所引起的农户生产方式的变化或劳动力的转移程度。

(2)参与式社会评价法

如林业生态工程涉及方方面面的关系,有农民、林业、农业、水利、牧业、统计、乡镇等,相关的人员对工程有切身的体会,所以设置问卷调查表或相关表格,从中选出代表让他们充分发表意见,对其工程进行评价,使之评价结果更加符合实际,提出的建议更加科学。

(3)逻辑框架分析法

社会评价用逻辑框架分析法分析事物的因果关系,通过分析项目的一系列相关变化过程,明确项目的目标及其相关联的先决条件,以改善项目的设计方案。

(4)利益群体分析法

利益群体是指与项目有直接或间接的利害关系,并对项目的成功与否有直接或间接影响的所有有关各方,如项目的收益人、受害人与项目有关的政府组织和非政府组织等。利益群体分析法首先要确定项目利益群体一览表,然后评估利益群体对项目成功所起的重要作用并根据项目目标对其重要性作出评价,最后提出在实施过程中对各利益群体应采取的步骤。

(5)多目标综合评价法

林业项目社会评价工作,仅建立一系列定量与定性评价指标,还不能达到最终的评价目的。因为这些单项指标彼此独立,通常无内在联系;有些指标只能作定性分析,有些指标虽然可做定量分析,但计量单位不完全相同,又难折算成统一单位比较。所以,仅凭这些单项指标分析还不能说明项目的可行与否以及其优劣。为了解决这一问题,一般采用多目标综合评价法,如综合评分法、矩阵分析法、层次分析法、多层次模糊综合评价法等,对项目社会效益进行最终的总体评价。评价人员可根据定量与定性分析指标的复杂程度,组织若干专家,根据国家与地方有关社会发展的政策目标,结合工程的具体情况,对各分项指标分析、评分、确定其评价中的重要程度并给出相应的权重,最后计算出工程的综合社会效益,得出评价结论。

第五节　综合评价内容及方法

一、综合评价内容

(1)项目综合评价的概念

项目综合评价是在汇总各分项评价的基础上,运用系统分析研究方法,对拟建投资项目的可行性及预期效益进行全面分析和总评价,提出结论性意见和建议。项目综合评价是整个评估工作的最后一个环节。通过对各分项评估内容的系统整理,保证项目评估内容的完整性和协同性,通盘衡量整体项目,作出全面、准确的判断和总评估,提出明确结论。它不仅综合反映了前期各分项评估工作的成果和质量,而且还能直接为项目投资决策提供科学依据。

(2)项目综合评价的内容

①综述项目比选过程中重大方案的选择和推荐意见　包括项目建设是否必要,规模是否适当,项目立项的前提条件是否充分,是否符合国家的产业政策,是否有利于提升林业产业等级,带动林区和农村社会经济的发展。

②综合评价项目产品是否与市场需求相适应,预期的市场竞争力如何,有无市场发展前

景，项目产品的营销策略是否合理。

③综述项目所依据的各方面条件的可靠性　项目的建设与生产条件是否具备，包括：项目区域选择的合理性，地形地势条件的可行性，技术方案是否因地制宜、科学、先进、适用，项目建设所需物资有无保障，对环境问题的治理措施是否符合要求并获得有关部门认可。

④综述项目拟实施方案是否具有较好的财务和经济效益　项目建设是否可行综合体现在效益上。综合评价时要着重检查生产成本、销售收入、利润、税金和贷款还本付息等财务数据预测的精确度，项目的所费与所得与社会平均水平的比较。

⑤综述项目筹资方案是否合理　项目建设的资金筹措方案是否具有合理性和可行性，资金结构是否合理，有无偿还贷款的能力，资金来源有无保障。

⑥综述不确定因素所导致的风险程度　影响项目投资效益的各种不确定因素随时都有可能发生变化，要着重检验财务和经济评价结论的可靠性，客观地分析评判项目的风险程度。

⑦综述项目难以量化的社会效果　根据不同项目的具体情况及特点综合评价其难以量化的社会效果，包括：对提高人民物质文化生活及社会福利的影响，产品质量提高对用户的影响，对合理利用资源的影响，对提供就业机会的影响，对环境保护和生态平衡的影响，对发展地区经济或部门经济的影响，对外贸的影响，对提高科技水平的影响，对国民经济长远发展的影响，对国防建设和国家安全的影响，对工业布局和产业结构的影响及对公平分配的影响等。

⑧综述项目综合评价的最终意见和建议　项目评估的目的就是要为项目投资决策提供依据，对各种设计方案等进行反复论证，最终推荐一个以上的可行方案，或对原设计方案提出改进的建议，甚至做出项目不可行的结论。

二、综合评价方法

与财务、经济、社会及环境影响评价相比，综合评价突出综合性，评价结论建立在多项指标联合判断的基础上。所有分项进行的分析评判工作都是进行项目综合评价的工作基础。在此基础之上，可进一步采用德尔菲法、层次分析法（AHP）等对项目的市场、技术、社会、环境、财务、经济等方面进行综合评价，最终形成对项目的综合评价结论。

复习思考题

1. 简述投资项目社会评价的概念。
2. 简述对林业项目进行社会评价的原因，林业投资项目社会评价的特点，主要内容和评价方法。
3. 简述林业项目对环境影响常见的负效应，主要的环境评价指标及含义和计算方法。
4. 简述林业项目综合评价。

第十四章 林业投资备选项目选择

进行林业项目投资评估经常会遇到在多个备选项目或某一个项目的多个备选方案中进行选择的问题。多个备选项目或某一个项目的多个备选方案一般可划分为两种类型：一类是相互独立的备选项目或备选方案；一类是相互排斥的备选项目或备选方案。鉴于备选项目与备选方案在选择方法上并没有本质的区别，在以后的叙述中我们对此将不予区分。

在多个备选项目中，如果对某一项目的选择不影响其他项目的选择，我们就说这些项目是相互独立的，称为独立项目。例如，某一林业生产单位拥有资金5000万元，计划投资几种项目，即兴办一个水利项目需投资2000万元、一个现代化养禽项目需投资1000万元。很显然，在现有资金条件下，采取某一项目投资并不排斥其他项目投资，所以这类问题就属于在相互独立的备选项目中进行选择的问题。

在有些备选项目中，如果选择了某一项目，就不能再选择其他的项目，我们就说这些备选项目是相互排斥的，称为互斥项目。例如，在一块土地上修建一个养鸡场，就不能在这块土地上再修建一个养鱼场；在有限资金条件下开发某河流的上游，就不能开发下游；选定了某种规模的项目就不能再选择另一种规模的同样的项目；对于同一项目投资，选择这个投资时期就不能再选择另一投资时期；对于同一项目选择了一种技术将会排斥其他备选技术等，这类问题就属于在相互排斥的备选项目中进行选择的问题。

对于相互独立的林业项目投资，由于其被接受与否只取决于其自身的经济性，因此，多个独立项目与单一项目的评价方法是相同的，只需计算出不同项目的主要经济指标，如净现值、内部收益率、效益—成本率等，通过直接进行分析比较便可确定出最优的投资项目。

从相互排斥的备选项目中进行选择，如果直接比较净现值、内部收益率、效益—成本率可能导致不正确的投资决策。例如，从事一个小型而高收益率的项目可能排斥收益率稍微逊色但能创造更多财富的较大的备选项目。事实上，在互斥项目中进行选择有一个可比性的问题，这一点是至关重要的。那么，如何在互斥的备选项目中进行选择，这是本章要研究的问题。

对于多个互斥方案进行选择，一般按以下规则：

①原始投资额相等且项目计算期相等的互斥项目比较决策，可选择净现值或内部收益率大的方案作为最优方案。

②如果原始投资额不相等而项目计算期相等的互斥项目比较决策，可选择差额净现值法或差额内部收益率法来评判方案的优劣。

③项目计算期不相等的互斥项目比较决策，可选择方案重复法或最短计算期法来评判方案的优劣。应用这两种方法，项目原始投资额可以相等也可以不相等。

④如果原始投资额与项目计算期都不相等的互斥项目比较决策，可采用等值年金法，也就是计算年均净现值，哪个方案年均净现值大，哪个方案就最优。

第一节 相同计算期互斥项目选择

计算期相同的互斥项目在时间上具有可比性,能够满足项目具有可比性的要求,这些项目可直接采用有关方法进行比较选择。对于同一项目不同规模和技术方案等的选择都属于这种情况。

一、效益不同的互斥项目

对于计算期相同,但收益不相同的互斥项目,可采用净现值法、净现值率法、差额净现值法、内部收益率法,或差额投资内部收益率法进行比较分析。

(1) 净现值法与净现值率法

净现值法是以净现值作为项目比较的主要指标,在投资额相同的情况下,净现值较大的项目为优选项目。净现值率法是在计算期相同而投资额不等的情况下,进行项目比较的一种方法;净现值率即净现值与全部投资现值之比值,它反映了单位投资现值所带来的净现值。显然,与净现值指标不同,净现值率是一个相对指标。

对于投资额不同的两个项目,分别采用净现值和净现值率作为指标来比较它们的经济效果时有可能得出不同的结论。此时,应视具体情况进行具体分析。

【例14-1】某林业项目投资有两个可供选择的方案甲、乙,项目的计算期为10年,其中,建设期为1年,项目的折现率为10%,其现金流量表见表14-1所列。请分别用净现值法和净现值率法对两个方案进行比较和选择。

表14-1 某林业项目甲、乙两种方案现金流量简表　　　　　　　　　　万元

方案	年份	
	0	1~10
甲	-300	59
乙	-200	40

解: ①计算方案甲的净现值和净现值率

a. 方案甲净现值:

$$NPV_甲 = -300 + 59(P/A, 10\%, 10) = -300 + 59 \times 6.145 = 62.55(万元)$$

b. 方案甲的净现值率:

$$NPVR_甲 = 62.55/300 = 0.21$$

②计算方案乙的净现值和净现值率

a. 方案乙净现值:

$$NPV_乙 = -200 + 40(P/A, 10\%, 10) = -200 + 40 \times 6.145 = 45.80(万元)$$

b. 方案乙的净现值率:

$$NPVR_乙 = 45.80/200 = 0.23$$

③方案比较　以上计算结果表明,甲方案的净现值大于乙方案的净现值,而乙方案的净现值率又大于甲方案的净现值率。在这种情况下,如果希望盈利相对地多,则可取净现值大的甲方

案；如果在资金比较短缺，而又希望有较好的投资效果，可考虑选择净现值率较大的乙方案。

(2) 差额净现值法

差额净现值法是利用不同投资方案差额现金流量(记作 ΔNCF)计算出净现值，然后根据其大小来评价投资方案的方法。差额净现值为正值，投资方案是可以接受的；否则，投资方案就是不可接受的。该方法的计算原理与净现值法一致，只是利用的数据是差额现金流量，而非每个项目的原始现金流量。

【例 14-2】 某林业加工企业有甲、乙两个投资方案可供选择，甲方案的投资额为 200 000元，每年现金净流量均为 60 000 元，可使用 5 年；乙方案的投资额为 140 000 元，每年现金净流量分别为 20 000 元、30 000 元、40 000 元、50 000 元、60 000 元，使用年限也为 5 年，如果贴现率为 10%，请对甲、乙方案做出选择。

解：因为两方案的使用年限相同，但甲方案的投资额与乙方案的投资额不相等，所以可采用差额净现值法来进行评判，一般以投资额大的方案减投资额小的方案。

$$\Delta NCF_0 = -200\ 000 - (-140\ 000) = -60\ 000(元)$$
$$\Delta NCF_1 = 60\ 000 - 20\ 000 = 40\ 000(元)$$
$$\Delta NC_2 = 60\ 000 - 30\ 000 = 30\ 000(元)$$
$$\Delta NCF_3 = 60\ 000 - 40\ 000 = 20\ 000(元)$$
$$\Delta NCF_4 = 60\ 000 - 5000 = 10\ 000(元)$$
$$\Delta NCF_5 = 60\ 000 - 60\ 000 = 0(元)$$

其中：NCF 为净现金流量；ΔNCF 为差额净现金流量。

$NPV = 4000 \times (P/F, 10\%, 1) + 30\ 000 \times (P/F, 10\%, 2) + 20\ 000 \times (P/F, 10\%, 3) + 10\ 000 \times (P/F, 10\%, 4) - 60\ 000$

$= 40\ 000 \times 0.9091 + 30\ 000 \times 0.8264 + 20\ 000 \times 0.7513 + 10\ 000 \times 0.6830 - 60\ 000$

$= 36\ 364 + 24\ 792 + 15\ 026 + 6830 - 60\ 000$

$= 23\ 012(元)$

计算结果表明，差额净现值 NPV 为 23 012 元，大于零，所以应选择甲方案。

(3) 内部收益率法与差额内部收益率法

内部收益率法是利用内部收益率指标进行互斥项目的比较。内部收益率反映的是当净现值为零的贴现率，是与基准收益率相对应的一个指标。这一指标通过与基准收益率比较，表明项目投资获得基准收益以后的盈利能力。同样地，内部收益率大的项目，不一定都是净现值大的项目，按照净现值最大准则和内部收益率最大准则比选项目往往也会导致相互矛盾的结论。如在例 14-1 中，根据内部收益率计算式，用内插法求得 A 项目的内部收益率为14.68%，B 项目的内部收益率为 15.11%。这说明 B 项目优于 A 项目。这一结论与由净现值法得出的结果是相反的。

通常运用内部收益率指标进行互斥项目的比较时，应采用差额内部收益率法。差额内部收益率就是在项目比较中，投资大的项目比投资小的项目多花的投资所取得的内部收益率，即两个项目各年净现金流量差额的现值之和等于零时的折现率。将这一差额内部收益率与基准收益率比较，若高于基准收益率，就选择投资大的项目，投资大的项目的净现值才能大于投资小的项目的净现值，这时净现值最大准则与内部收益率最大准则的比较结果是一致的；反之，则选择投资小的项目。

由表 14-1 可知，甲、乙两个方案第 0 年净现金流量的差额为-100 万元，第一年至第 10 年各年的净现金流量差额为 19 万元。根据差额内部收益率的概念，通过内插法求得两方案的差额内部收益率为 13.77%，它大于基准内部收益率 10%。因此，应选择投资大的项目。显然，这与净现值法的结果一致。

二、效益相同或难以估算的互斥项目

对于计算期相同、效益也相同或基本相同的互斥项目，或者不以营利为目的的互斥项目（如公益性工程项目），或虽有收益但难以具体估算的项目，如果这些不同项目能达到同一目标，就只需比较其费用大小，并选用费用最小的项目为最优项目。这种方法称为最小费用法，它又分为费用现值法和年费用法。

(1) 费用现值法

这种方法先计算各项目的费用现值，再选择费用现值最小的项目为最优项目。一般地，费用现值的表达式可表示为：

$$PC = \sum_{t=0}^{n}(I+C-SV-SF)_t(P/F, i_0, t) \quad (14-1)$$

式中 I——全部投资（包括固定资产投资和流动资金）；

C——年经营成本；

SV——计算期末回收固定资产余值；

SF——计算期末回收流动资金；

$(P/F, i_0, t)$——折现系数；

i_0——基准收益率或社会折现率；

t——计算期。

【例 14-3】某林业公益项目两个备选方案甲与乙的费用现金流量见表 14-2 所列，i_0 = 12%，试在两方案中作出选择。

表 14-2 某林业公益项目两方案费用现金流量表　　　　　　　万元

方案	年份	
	0	1~15
甲	300	13.68
乙	200	28.94

$PC_甲 = 300 + 13.68(P/A, 12\%, 15) = 300 + 13.68 \times 6.8109 = 393.17(万元)$

$PC_乙 = 200 + 28.94(P/A, 12\%, 15) = 200 + 28.94 \times 6.8109 = 397.11(万元)$

由于 $PC_甲 < PC_乙$，根据费用现值最小的选优准则，可判定方案甲优于方案乙，故应选取方案甲。

(2) 费用年值法

这种方法利用资金回收系数计算各个项目的等额年费用并进行对比，年费用较低的项目为优选项目。项目的年费用表达式为：

$$AC = \sum_{t=0}^{n}[I+C-SV-SF)_t(P/F, i_0, t)](A/P, i_0, n) \text{ 或 } AC = PC(A/P, i_0, n) \quad (14-2)$$

式中　$(A/P, i_0, n)$——资金回收系数。

以表 14-2 数据为例：

$$AC_甲 = [300+13.68(P/A, 12\%, 15)](A/P, 12\%, 15)$$
$$= (300+13.68 \times 6.811) \times 0.1468$$
$$= 57.72(万元)$$

$$AC_乙 = [200+28.94(P/A, 12\%, 15)](A/P, 12\%, 15)$$
$$= (200+28.94 \times 6.811) \times 0.1468$$
$$= 58.30(万元)$$

因为 $AC_甲 < AC_乙$，故选取甲项目为优选项目，这与费用现值法比较的结果一致。

第二节　不同计算期互斥项目选择

如果备选互斥项目的计算期不同，则因其比较的基础不同，一般不能直接进行比较。因此，寿命不等的互斥方案的比较与选择，关键在于使其比较的基础，即寿命期一致。只有对各比较方案评价的计算期作出相应的调整，使各项目具有相同的计算期才具有可比性。下面介绍几种常用的处理方法。

一、年值法

根据项目的性质不同，年值法分为净年值法和费用年值法。这种方法是通过资金等值换算，将项目净现值或总费用现值分摊到寿命期内各年，计算出项目的等额年值或等额年费用，然后再进行比较，以净年值较大或费用年值最小的项目为最优。这种方法实际上假定了各项目可以无限多次重复实施，因为一个项目无论重复实施多少次，其年值是不变的。在这种假定条件下年值法以"年"为时间单位比较各项目的经济效果，从而使计算期不等的互斥项目具有可比性。费用年值的计算方法与前面的年费用法相同。

若以 NAV 表示净年值，则有：

$$NAV = NPV(A/P, i_0, n) \tag{14-3}$$

式中　NPV——净现值；

　　　$(A/P, i_0, n)$——资金回收系数。

【例 14-4】某林业企业有两个完全排斥的备选项目，一个是在一块土地上修建一个较大的木材加工厂，另一个是在这块土地上修建一个较小的家具厂。两个项目的寿命期分别为 15 年和 10 年，各自计算期内的净现金流量见表 14-3 所列，$i_0 = 12\%$，试运用净年值法对其进行比较和选择。

表 14-3　两备选项目净现金流量表　　　　　　　　　　万元

项目	年份		
	0	1~10	11~15
木材加工厂	-1200	350	350
家具厂	-500	200	—

$$NAV_甲 = [-1200+350(P/A, 12\%, 15)](A/P, 12\%, 15)$$
$$= -1200×0.1468+350$$
$$= 176.2(万元)$$
$$NAV_乙 = [-500+200(P/A, 12\%, 10)](A/P, 12\%, 10)$$
$$= -1200×0.1770+200$$
$$= 111.5(万元)$$

由于两项目的净年值都大于零,两项目均为可行项目,但木材加工厂项目的净年值大于家具厂项目,故木材加工厂为优选项目。

二、方案重复法

方案重复法也称计算期最小公倍数法,是将各方案计算期的最小公倍数作为比较方案的计算期,进而调整有关指标,并据此进行多方案比较决策的一种方法。此方法假定项目中的一个或若干个在此期限内将重复实施。应用最小公倍数法进行计算期不等互斥方案的比选,可采用两种处理方式:

(1)将各方案寿命期的各年净现金流量或费用流量进行重复计算,直到各方案的计算期统一为最小公倍数寿命期;然后计算净现值、差额内部收益率或费用现值等评价指标;最后根据调整后的评价指标进行方案比选。

(2)直接计算每个方案项目原寿命期内的评价指标(主要指净现值指标),再按最小公倍数原理分别对其折现,并求代数和,最后根据调整后的净现值指标进行方案比选。

【例14-5】现有甲、乙两个项目,甲项目的计算期为9年,乙项目的计算期为6年,折现率为12%,两个项目的净现金流量见表14-4所列。试用现值法进行比较和选择。

表14-4 某林业公益项目两方案费用现金流量表　　　　　　万元

项目	年份		
	0	1~6	7~9
甲	-350	120	120
乙	-500	150	—

取两项目寿命期的最小公倍数18年作为分析期,这意味着假定在此期限内甲项目重复一次,乙项目重复两次。在共同期限内两项目净现金流量见表14-5所列。

根据表14-5计算两项目净现值为:
$$NPV_甲 = -350-350(P/F, 12\%, 9)+120(P/A, 12\%, 18)$$
$$= -350-350×0.3606+120×7.2496$$
$$= 393.74(万元)$$
$$NPV_乙 = -500-500(P/F, 12\%, 6)-500(P/F, 12\%, 12)+150(P/A, 12\%, 18)$$
$$= -500-500×0.5663-500×0.2567+150×7.2496$$
$$= 205.79(万元)$$

计算结果表明:$NAV_甲 > NAV_乙$,故甲项目优于乙项目。

表 14-5　假设计算期为 18 年两项目现金流量表　　　　　　　　　万元

年份	项目	
	A	B
0	-350	-500
1	120	150
2	120	150
3	120	150
4	120	150
5	120	150
6	120	-500+150
7	120	150
8	120	150
9	-350+120	150
10	120	150
11	120	150
12	120	-500+150
13	120	150
14	120	150
15	120	150
16	120	150
17	120	150
18	120	150

三、给定分析期法或最短计算期法

有些互斥方案，其寿命期相差很大，用最小公倍数法确定的共同计算期往往比较长，例如 3 个比选方案的寿命期分别为 15 年、20 年和 25 年，则其寿命期的最小公倍数为 300 年，考虑这么长时间内的重复计算既复杂又没有必要，因此对于这样的互斥投资方案可采用给定分析期法进行比选。

运用给定分析期法确定方案选择的共同计算期，是根据对未来市场状况和技术发展前景的预测，直接给定合理的计算期，将所有方案的净现值均还原为等额年值，在此基础上，再按照给定的计算期来计算出相应净现值，进而根据调整后的净现值指标进行方案的选择。

常用的给定分析期法多采用最短计算期法，最短计算期法又称最短寿命期法，是指在将所有方案的净现值均还原为年等额净回收额的基础上，再按照最短的计算期来计算出相应净现值，进而根据调整后的净现值指标进行多方案比较决策的一种方法。该方法以净现值大的为最佳方案。涉及公式如下：

某方案年等额净回收额 = $\dfrac{该方案净现值}{年金现值系数}$；

计算期最短的方案调整后的净现值 NPV = 该方案本身的净现值 NPV；

其他方案调整后的净现值 NPV = 年等额回收额 × $(P/A, i_c, n)$

式中，i_c 为项目基准折现率；n 为最短计算期。

【例 14-6】某林业企业计划投资建设一条新生产线，现有甲、乙两个方案可供选择。甲方案的项目计算期为 10 年，净现值 63 万元；乙方案的项目计算期 15 年，净现值 80 万元。该企业基准折现率为 10%。要求：采用最短计算期法做出最终的投资决策。

解：根据题意甲和乙方案的最短计算期为 10 年，甲方案调整后的净现值 $NPV_甲' = 63$ 万元；乙方案调整后的净现值 $NPV_Z' = 80/(P/A, 10\%, 15) \times (P/A, 10\%, 10) = 80/7.6061 \times 6.1446 = 64.628$（万元）。

因为 $NPV_甲' < NPV_Z'$，所以乙方案优于甲方案。

第三节 组合互斥项目选择

在许多决策问题中，决策者需要从备选项目组合中选择一组而不是一个项目，这一类问题被称为项目组合选择问题。关于项目组合选择问题的建模和解法研究，已有一定的理论成果。但目前绝大多数的研究都是建立在备选项目之间不存在任何相互影响的基础上的。但是在许多实际问题中，备选项目之间往往存在着较为明显的相互影响。例如，建造医院某一科室从属于整个医院的建造方案，这是一种简单的主从关系，即某一项目的接受以另一些项目的接受或拒绝作为前提条件。此外，由于资金有限，在一组项目之间往往存在着财务上的相互关系，不论项目是独立的，或是相互排斥的，或是从属的，都可能出现选择某一个或某一组项目就不能选择另一个或另一组项目的情形。对于这类项目，需要将相互关联的项目转换成相互独立的互斥项目组合。

目前考虑项目相互影响的项目组合选择问题通常有两类解法：直接枚举法和建模求解方法。下面对这两类方法作简要的介绍。

一、枚举法

第一类解法是采用枚举法直接从备选项目组合中列出所有的可行项目组合，并分别计算可行项目组合的整体投入和产出。在此基础上将这些可行项目组合视作具有特定投入产出的新的项目。此时项目组合选择问题就被转化为一般针对单个项目的项目评价或项目选优问题。整个过程如图 14-1 所示：

这一类解法的优点是既能在计算各个可行项目组合的投入和产出时充分考虑每种备选项目组合包含的相互影响，避免了一般项目组合选择方法因忽视项目间的相互影响而导致错误；

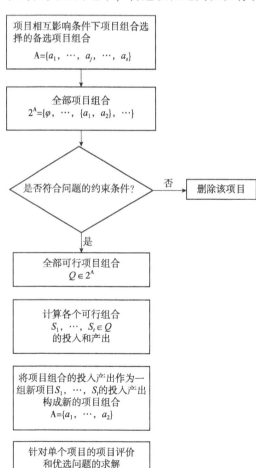

图 14-1 相互影响条件下项目组合选择问题的第一类解法

同时该解法还能将项目组合选择问题转化为针对单个项目的项目评价问题，求解过程的思路比较清晰。但是这类解法存在一个最大的缺陷，就是该解法的计算复杂度随着备选项目个数的增加迅速上升。因此直接枚举型的解法，只适用于规模很小的项目组合选择问题的求解。

【例 14-7】已知：A、B、C 为 3 个寿命期均为 8 年的独立方案，其投资额、年净收益及据此计算得到的有关评价指标见表 14-6 所列。设基准折现率为 12%，投资总额最多不得超过 800 万元。试对投资方案重新进行组合，并作出投资决策。

表 14-6　方案有关评价指标　　　　　　　　　　　　　　　　　万元

方案	投资额	年净收益	净现值
A	300	70	47.74
B	460	104	56.62
C	400	92	57.02

解：首先将各资金受限的备选方案进行组合，建立互斥方案组合，并计算各互斥方案的净现值，见表 14-7 所列。

表 14-7　各互斥方案的净现值　　　　　　　　　　　　　　　　万元

序号	方案组合	投资总额	年净收益	净现值
1	0	0	0	0
2	A	300	70	47.74
3	B	460	104	56.62
4	C	400	92	57.02
5	A+B	760	174	104.36
6	A+C	700	162	104.76
7	B+C	860	196	超过资金限制
8	A+B+C	1160	266	超过资金限制

然后，进行方案比选。方案组合 7、8 的投资总额均超过了资金的约束条件 800 万元，故不予考虑。对满足资金限制的前 6 个方案组合进行优选，第 6 个方案组合 A+C 的净现值最大，因此，选择 A 方案和 C 方案，拒绝 B 方案。

二、建模法

相互影响条件下项目组合选择问题的第二类解法称为建模求解方法。通过设计合理的数学模型直接从备选项目组合 $A=\{a_1, \cdots, a_j, \cdots, a_s\}$ 中选择最优项目组合。这种解法能否准确地体现备选项目之间的相互影响，完全取决于数学模型采用的项目间相互影响的定义和计量方法。如可采用 0-1 规划选择模型、DEA 选择模型，当备选项目较多的时候，可以借鉴组合优化理论中的方法，如遗传算法、禁忌搜索算法等。这一类解法的主要优点是计算和求解的复杂度比第一种解法要低得多，其求解过程如图 14-2 所示。

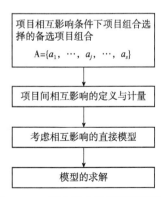

图 14-2　相互影响条件下项目组合选择问题的第二类解法

第四节　多目标项目与互斥单一目标项目选择

在发展项目及流域开发项目的评估中，经常会遇到在多目标及单一目标项目中进行选择的问题。所谓单一目标项目，是指建成后只提供一种产品或劳务的项目。所谓多目标项目，是指建成后提供一组有联系的产品或劳务的项目。例如，一个水库项目建成后只用于蓄水灌溉，则这一水库项目就是一个单一目标项目。如果该水库建成后，既用于蓄水灌溉，又用于发电、养鱼，则此水库项目就是一个多目标项目。如果在多目标项目的目标中包括单一目标项目的项目，我们称多目标项目与单一目标项目是同类目标项目，一般来说，同类目标项目是相互排斥的，因为在特定企业、地区或流域，选择了某一多目标项目就不能再选择其他同类目标的多目标项目或同类目标的单一项目。例如，在上例中，在特定流域，若选择了包含3个目标的水库项目，就不能再选择包含两个目标的水库项目，也不能再选择只包括一个目标的水库项目。因此，多目标的水库项目与同类目标的单一目标水库项目是相互排斥的备选项目。

在同类目标的备选项目中，项目包括目标的数量及其构成对项目的经济效益有很大的影响，一般来说，一个多目标项目提供一组有联系的产品或劳务比若干个最经济的备选单一目标项目提供同样的效益更为便宜。其主要原因是在多目标项目中某些设施可以同时为几个目标服务，减少多个单一目标项目的重复建设问题，降低项目的投资成本。但这一现象并不是唯一的，在某些多目标项目中，有时某一个非常有效的目标可能使整个项目的经济效益大大提高，结果可能掩盖了另一个本来可以忽略的低效益、无效益，甚至是负效益的目标。或者说，有时在一个多目标项目中包含某一目标不但不能提高整个项目的经济效益，而且可能会降低整个项目的经济效益。因此，在多目标项目及相互排斥的单一目标项目中进行选择时，必须对每一个目标的成本、效益进行系统的分析、比较，以便选择出最合理的目标组合，提高整个项目的经济效益。

在多目标项目与相互排斥的单一目标中进行选择，通常可采用两种方法，一种是净现值法，另一种是差额收益率法。

一、净现值法

应用这一方法选择项目目标，其主要步骤是：

（1）计算多目标项目的成本、效益、增量净效益及各目标的可分成本，并用资本的机会成本贴现计算多目标项目的净现值。所谓某一目标的可分成本，就是在一个多目标中减去某一目标(或一部分)，项目总成本减少的数值。

（2）分别从多目标项目中取掉一个目标，形成 n 个新的投资方案(n 表示多项目目标的个数)，然后分别计算 n 个新投资方案的成本、效益、增量净效益，并用资本的机会成本贴现计算新投资方案的净现值。

（3）对比选择。①若多目标项目的净现值分别大于每一个新投资方案的净现值，则选择多目标项目为最优的投资项目；②若多目标项目的净现值小于某一(或某些)新投资方案的净现值，则从多目标项目中减去某一(或某些)目标后所余目标构成的新投资方案，即为最优投资方案。若所余目标的个数为1，那么该单一目标项目，即为最优投资项目。

二、差额内部收益率法

由于多目标项目与单一目标项目是相互排斥的备选项目,因此,不能通过直接比较两个项目内部收益率的大小来进行选择,而要通过计算同类目标项目增量净效益之差额的内部收益率,并与资本的机会成本相对比,确定投资项目。具体方法及步骤为:

(1)计算多目标项目的成本、效益、增量净效益及各目标的可分成本。

(2)分别从多目标项目中取掉一个目标,形成 n 个新的投资方案(n 表示多目标项目目标的个数),然后,分别计算 n 个新投资方案的成本、效益、增量净效益。

(3)用多目标项目的增量净效益分别减去新投资方案的增量净效益,求出增量净效益之差额;然后,分别计算各增量净效益之差额的内部收益率。

(4)对比选择

①若所有增量净效益之差额的内部收益率均大于资本的机会成本,则选择多目标项目为最优的投资项目。

②若多目标项目与某一(或某些)新投资方案增量净效益之差额的内部收益率小于资本的机会成本,则某一(或某些)新投资方案所含目标构成的投资方案即为最优的投资方案。若所含目标的个数为1,那么,该单一目标项目即为最优的投资项目。

【例14-8】某林业企业准备建立一个林产品加工服务项目,现提出了3个可供选择的服务目标,即原木加工服务目标、林产品运输服务目标、林产品加工服务目标。该项目可同时包含3个目标(多目标项目),也可只包含两个目标(双目标项目),也可以只包含一个目标(单目标项目)。多目标项目的成本、效益及可分成本见表14-8所列。假设资本的机会成本为12%,试根据上述资料应用净现值法及差额收益率法在这些相互排斥的多目标项目及单一目标项目中选择出最优的投资项目。

表14-8 多目标林产品加工服务项目成本效益计算表　　　　　　　　万元

年份	总成本	可分成本			效益				增量净效益	净现值(12%)
		原木加工服务	林产品运输服务	林产品加工服务	原木加工服务	林产品运输服务	林产品加工服务	小计		
1	200	80	50	40	—	—	—	—	−200	−178.60
2	120	45	30	25	70	50	30	150	30	23.91
3	80	25	15	15	75	55	35	165	85	60.52
4	60	25	15	10	80	60	40	180	120	76.32
5	40	15	10	10	80	60	40	180	140	79.38
合计	500	190	120	100	305	225	145	675	175	61.53

方法一:应用净现值法选择最优的投资项目

(1)用资本的机会成本贴现计算多目标项目的净现值。计算结果见表14-8所列。

(2)分别从多目标项目中取掉一个目标,形成3个新投资方案,即3个双目标投资方案。分别计算出新投资方案的成本、效益及增量净效益,并用资本的机会成本贴现计算这3个新投资方案的净现值。计算结果见表14-9至表14-11所列。

表 14-9 双目标林产品加工服务项目成本效益计算表

（原木加工，林产品运输）　　　　　　　　　　　　　　万元

年份	总成本	效益				增量净效益	净现值(12%)
		原木加工服务	林产品运输服务	林产品加工服务	小计		
1	160	—	—	—	—	-160	-142.88
2	95	70	50	—	120	25	19.93
3	65	75	55	—	130	65	46.28
4	50	80	60	—	140	90	57.24
5	30	80	60	—	140	110	62.37
合计	400	305	225	—	530	130	42.94

表 14-10 双目标林产品加工服务项目成本效益计算表

（原木加工，林产品加工）　　　　　　　　　　　　　　万元

年份	总成本	效益				增量净效益	净现值(12%)
		原木加工服务	林产品运输服务	林产品加工服务	小计		
1	150	—	—	—	—	-160	-133.95
2	90	70	—	30	100	10	7.97
3	65	75	—	35	110	45	32.04
4	45	80	—	40	120	75	47.70
5	30	80	—	40	120	90	51.03
合计	380	305	—	145	450	70	4.79

表 14-11 双目标林产品加工服务项目成本效益计算表

（林产品运输，林产品加工）　　　　　　　　　　　　　万元

年份	总成本	效益				增量净效益	净现值(12%)
		原木加工服务	林产品运输服务	林产品加工服务	小计		
1	120	—	—	—	—	-120	-107.16
2	75	—	50	30	80	5	3.99
3	55	—	55	35	90	35	24.92
4	35	—	60	40	100	65	41.34
5	25	—	60	40	100	75	42.23
合计	310	—	225	145	370	60	5.32

(3)根据表 14-9 至表 14-11 计算结果对比选择，若从多目标项目中分别去掉农产品加工服务目标、农产品运输服务目标、田间作业服务目标，则所形成 3 个新投资方案的净现值分别为 42.94 万元、4.79 万元、5.32 万元。由于多目标项目的净现值为 61.53 万元，分别大于所有的双目标项目的净现值，这表明：若从多目标项目中去掉任一目标后，项目的净现值将会下降。故选择多目标项目为最优的投资项目。

方法二：应用差额收益率法选择最优的投资项目

(1)用多目标项目的增量净效益分别减去新投资方案的增量净效益，求出各增量净效益

之差额。

（2）分别计算各增量净效益之差额的内部收益率。计算结果见表 14-12 至表 14-14 所列。

表 14-12　多目标与双目标林产品加工服务项目成本效益计算表

（原木加工，林产品运输）　　　　　　　　　　　　　　　万元

年份	多目标项目 增量净效益	双目标项目 增量净效益	增量净效益之差额	净现值		
				折现率 12%	折现率 30%	折现率 35%
1	-200	-160	-40	-35.72	-30.76	-29.64
2	30	25	5	3.99	2.96	2.75
3	85	65	20	14.24	9.10	8.12
4	120	90	30	19.08	10.50	9.03
5	140	110	30	17.01	8.07	6.69
合计	175	130	45	18.60	0.22	-3.08

$$差额内部收益率 = 30\% + (35\% - 30\%) \frac{0.22}{|0.22| + |-3.08|} = 30.33\%$$

表 14-13　多目标与双目标林产品加工服务项目成本效益计算表

（原木加工，林产品加工）　　　　　　　　　　　　　　　万元

年份	多目标项目 增量净效益	双目标项目 增量净效益	增量净效益之差额	净现值		
				折现率 12%	折现率 55%	折现率 60%
1	-200	-150	-50	-44.65	-32.25	-31.25
2	30	10	20	15.94	8.32	7.82
3	85	45	40	28.48	10.76	9.76
4	120	75	45	28.62	7.79	6.89
5	140	90	50	28.35	5.60	4.75
合计	175	70	105	56.74	0.22	-2.03

$$差额内部收益率 = 55\% + (60\% - 55\%) \frac{0.22}{|0.22| + |-2.03|} = 55.49\%$$

表 14-14　多目标与双目标林产品加工服务项目成本效益计算表

（林产品运输，林产品加工）　　　　　　　　　　　　　　万元

年份	多目标项目 增量净效益	双目标项目 增量净效益	增量净效益之差额	净现值		
				折现率 12%	折现率 40%	折现率 45%
1	-200	-120	-80	-71.44	-57.12	-55.20
2	30	5	25	19.93	12.75	11.90
3	85	35	50	35.60	18.20	16.40
4	120	65	55	34.98	14.30	12.43
5	140	75	65	36.86	12.09	10.14
合计	175	60	115	55.92	0.22	-4.33

差额内部收益率=40%+(45%-40%)$\dfrac{0.22}{|0.22|+|-4.33|}$=40.24%

(3)对比选择。因为增量净效益之差额的内部收益率均大于资本的机会成本,所以选择多目标项目为最优的投资项目。选择结果与应用净现值法选择结果完全相同。

复习思考题

1. 简述对于寿命期不同的投资项目选择,可采用哪些方法统一其分析期。
2. 简述相同计算期与不同计算期互斥项目的选择的不同。
3. 简述若多个方案间不存在完全的排斥关系,则可能存在哪些关系及对于不同的关系该如何进行比较与优选。

参考文献

曹建华，2003. 林业投资项目环境影响价值评价研究[D]. 北京：中国农业大学.
陈利，钱永峰，2004. 国民经济评价在项目评价中的作用[J]. 基建优化，25(1)：2.
陈小新，2006. 项目管理的经济学分析[M]. 北京：中国经济出版社.
党耀国，米传民，王育红，2010. 投资项目评价[M]. 北京：科学出版社.
段九利，2007. 财务管理[M]. 北京：清华大学出版社.
段世霞，马音，2008. 项目管理[M]. 上海：立信会计出版社.
方荷生，1984. 敏感性分析在项目投资中的应用[J]. 技术经济(Z1)：7.
傅家骥，仝允桓，2014. 工业技术经济学[M]. 北京：清华大学出版社.
傅庆阳，2019. PPP项目绩效评价理论与案例[M]. 北京：中国电力出版社.
马小丁，李开孟，2002. 工程咨询业务知识讲座——投资项目的社会评价[J]. 中国工程咨询(C1)：45-55.
谷棋，刘淑莲，2007. 财务管理[M]. 大连：东北财经大学出版社.
郭复初，王庆成，2009. 财务管理学[M]. 3版. 北京：高等教育出版社.
郭森民，2009. 浅析中纤板生产线的节能工作[J]. 林产工业，29(3)：39-41.
何建宏，2012. 技术经济学——原理与方法[M]. 北京：清华大学出版社.
简德三，2009. 项目评估与可行性研究[M]. 2版. 上海：上海财经大学出版社.
姜形形，吴炜，2010. 互斥项目投资决策探讨[J]. Journal of Tangshan College，23(2)：80-82.
金维洙，2003. 木工机床切削机构产生噪声的原因及刀具降低噪声新技术[J]. 中国安全科学学报，13(1).
李桂君，2021. 投资项目评估[M]. 3版. 北京：中国金融出版社.
李怒云，王幼臣，张晓静，2004. 林业投资项目社会评价[M]. 北京：中国林业出版社.
李怒云，2000. 天然林保护工程社会影响评价——贵州黔东南州天保工程社会影响评价[D]. 北京：中国农业大学.
李平生，1999. 浅谈木材加工企业的电气火灾隐患及其防范措施[J]. 四川林业科技，20(2)：26-27.
梁世连，2006. 工程项目管理[M]. 北京：清华大学出版社，北京交通大学出版社.
林万龙，2021. 农业项目投资评估[M]. 5版. 北京：中国农业出版社.
林晓言，许晓峰，2000. 建设项目经济社会评价[M]. 北京：中华工商联合出版社.
林业投资项目社会评价研究课题组，1996. 林业投资项目社会评价研究报告[R]. 北京：国家林业局经济发展研究中心，12.
刘林吉，1999. 社会折现率等概念质疑[J]. 技术经济(5)：56-58.
刘秋华，2022. 技术经济学[M]. 北京：机械工业出版社.
刘薇，2015. PPP模式理论阐释及其现实例证[J]. 改革(1)：78-89.
刘艳博，2017. 投资项目评估[M]. 北京：清华大学出版社.
刘勇，2006. 中国林业生态工程后评价理论与应用研究[D]. 北京：北京林业大学.
梅瑞狄斯，曼特尔，2002. 项目管理：管理新视角[M]. 4版. 周晓红，等译. 北京：电子工业出版社.
孟令杰，2007. 农业技术经济学[M]. 3版. 北京：中国农业出版社.
王琦，尹燕飞，2017. 农业"走出去"投融资渠道的现状、问题及建议[J]. 世界农业(5)：5.
秦涛，田治威，潘焕学，2009. 林业项目BOT融资模式中政府的职能设计[J]. 郑州航空工业管理学院学报，27(1)：97-101.
邱闯，2015. PF2：英国PPP的新模式[J]. 中国投资(3)：65-66，11.

沈悦，2010. 投资项目评估[M]. 北京：对外经贸大学出版社.

苏益，2019. 投资项目评估[M]. 3版. 北京：清华大学出版社.

汤谷良，王化成，2002. 企业财务管理学[M]. 北京：经济科学出版社.

汤新华，2008. 财务管理学[M]. 北京：中国农业出版社.

《投资项目可行性研究指南》编写组，2002. 投资项目可行性研究指南（试用版）[M]. 北京：中国电力出版社.

王化成，2010. 财务管理[M]. 3版. 北京：中国人民大学出版社.

王化成，2021. 财务管理学[M]. 6版. 北京：中国人民大学出版社.

王力，2010. 投资项目评估[M]. 大连：东北财经大学出版社.

王维才，戴淑芬，肖玉新，2004. 投资项目可行性分析与项目管理[M]. 北京：冶金工业出版社.

王五英，于收法，张汉亚，1993. 投资项目社会评价方法[M]. 北京：经济管理出版社.

王五英，1990. 我国投资项目社会评价问题初探[J]. 投资研究(6)：27-31.

王勇，2008. 项目可行性研究与评估典型案例精解[M]. 北京：中国建筑工业出版社.

王幼臣，任恒祺，1992. 技术经济手册（林业卷）[M]. 北京：科学出版社.

吴添祖，2012. 技术经济学概论[M]. 3版. 北京：高等教育出版社.

徐帮学，2008. 最新林业投资项目可行性研究与经济评价及评估报告编制实例手册[M]. 北京：中国科技文化出版社.

徐莉，王红岩，2006. 项目评估与决策[M]. 北京：科学出版社.

徐强，2010. 投资项目评估[M]. 2版. 南京：东南大学出版社.

薛俊高，2020. 工程经济学[M]. 北京：机械工业出版社.

严玲，尹贻林，2006. 公共项目治理[M]. 天津：天津大学出版社.

杨秋林，2010. 农业项目投资评估[M]. 4版. 北京：中国农业出版社.

喻天舒，2004. 投资项目评价标准的比较与选择[J]. 财会通讯(3)：32-35.

张阿芬，张启振，傅庆阳，等，2019. 投资项目评估[M]. 5版. 厦门：厦门大学出版社.

张道卫，皮特·H·皮尔森，2013. 林业经济学[M]. 刘俊昌，贺超，孟莉，等译. 北京：中国林业出版社.

张立达，2012. 财务管理学[M]. 2版. 上海：立信会计出版社.

张少杰，李北伟，2006. 项目评估[M]. 北京：高等教育出版社.

张正雄，周新年，陈玉凤，等，2008. 汽车运材对人工林伐区林地土壤的影响[J]. 南京林业大学学报(自然科学版)，32(1)：99-102.

张中华，2009. 投资学[M]. 2版. 北京：中国统计出版社.

赵洋，2022. 调整资本金比例优化投资结构[N]. 中国青年报，2022-12-01(003).

支玲，2004. 西部退耕还林(草)与生态经济协调发展研究[M]. 北京：中国林业出版社.

支玲，2011. 西部退耕还林工程可持续发展能力评价及建设[M]. 北京：中国林业出版社.

中国注册会计师协会，2023. 财务成本管理[M]. 北京：中国财政经济出版社.

周捍东，2002. 我国木材工业粉尘污染的控制现状与进展[J]. 林产工业，29(6)：10-12.

周惠珍，2010. 投资项目评估[M]. 4版. 大连：东北财经大学出版社.

周惠珍，2003. 投资项目评估方法与实务[M]. 北京：中国计划出版社.

周锦棠，2019. PPP项目投资决策[M]. 北京：中国财政经济出版社.

周兰萍，2016. PPP项目运作实务[M]. 北京：法律出版社.

周瑞，张大红，2008. 我国林业项目融资方式问题探讨[J]. 西南林学院学报(3)：63-66.

朱东恺，2004. 投资项目社会评价探析[J]. 中国工程咨询(7)：14-16.

鲍姆 W C，托尔伯特 S T，1987. 开发投资：世界银行的经验教训[M]. 王福，译. 北京：中国财政经济出版社.

DANI, ANIS A, 2003. Social analysis sourcebook: incorporating social dimensions into bank-supported projects [M]. The World Bank August 7, 2002

THE WORLD COMMISSION ON DAMS, 2000. Dams and Development: A New Framework for Decision-making [M]. London and Sterling, VA: Earthscan Publications Ltd.

附 录

附录一 复利终值系数表 $[(F/P, i, n) = (1+i)^n]$

n \ i	1%	3%	4%	5%	6%	8%	10%	12%	15%	20%	25%	30%
1	1.0100	1.0300	1.0400	1.0500	1.0600	1.0800	1.1000	1.1200	1.1500	1.2000	1.2500	1.3000
2	1.0201	1.0609	1.0816	1.1025	1.1236	1.1664	1.2100	1.2544	1.3225	1.4400	1.5625	1.6900
3	1.0303	1.0927	1.1249	1.1576	1.1910	1.2597	1.3310	1.4049	1.5209	1.7280	1.9531	2.1970
4	1.0406	1.1255	1.1699	1.2155	1.2625	1.3605	1.4641	1.5735	1.7490	2.0736	2.4414	2.8561
5	1.0510	1.1593	1.2167	1.2763	1.3382	1.4693	1.6105	1.7623	2.0114	2.4883	3.0518	3.7129
6	1.0615	1.1941	1.2653	1.3401	1.4185	1.5869	1.7716	1.9738	2.3131	2.9860	3.8147	4.8268
7	1.0721	1.2299	1.3159	1.4071	1.5036	1.7138	1.9487	2.2107	2.6600	3.5832	4.7684	6.2749
8	1.0829	1.2668	1.3686	1.4775	1.5938	1.8509	2.1436	2.4760	3.0590	4.2998	5.9605	8.1573
9	1.0937	1.3048	1.4233	1.5513	1.6895	1.9990	2.3579	2.7731	3.5197	5.1598	7.4506	10.6045
10	1.1046	1.3439	1.4802	1.6289	1.7908	2.1589	2.5937	3.1058	4.0456	6.1917	9.3132	13.7858
11	1.1157	1.3842	1.5395	1.7103	1.8983	2.3316	2.8531	3.4785	4.6524	7.4301	11.6415	17.9216
12	1.1268	1.4258	1.6010	1.7959	2.0122	2.5182	3.1384	3.8960	5.3503	8.9161	14.5519	23.2981
13	1.1381	1.4685	1.6651	1.8856	2.1329	2.7196	3.4523	4.3635	6.1528	10.6993	18.1899	30.2875
14	1.1495	1.5126	1.7317	1.9799	2.2609	2.9372	3.7975	4.8871	7.0757	12.8392	22.7374	39.3738
15	1.1610	1.5580	1.8009	2.0789	2.3966	3.1722	4.1772	5.4736	8.1371	15.4070	28.4217	51.1859
16	1.1726	1.6047	1.8730	2.1829	2.5404	3.4259	4.5950	6.1304	9.3576	18.4884	35.5271	66.5417
17	1.1843	1.6528	1.9479	2.2920	2.6928	3.7000	5.0545	6.8660	10.7613	22.1861	44.4089	86.5042

（续）

n\i	1%	3%	4%	5%	6%	8%	10%	12%	15%	20%	25%	30%
18	1.1961	1.7024	2.0258	2.4066	2.8543	3.9960	5.5599	7.6900	12.3755	26.6233	55.5112	112.4554
19	1.2081	1.7535	2.1068	2.5270	3.0256	4.3157	6.1159	8.6128	14.2318	31.9480	69.3889	146.1920
20	1.2202	1.8061	2.1911	2.6533	3.2071	4.6610	6.7275	9.6463	16.3665	38.3376	86.7362	190.0496
21	1.2324	1.8603	2.2788	2.7860	3.3996	5.0338	7.4002	10.8038	18.8215	46.0051	108.4202	247.0645
22	1.2447	1.9161	2.3699	2.9253	3.6035	5.4365	8.1403	12.1003	21.6447	55.2061	135.5253	321.1839
23	1.2572	1.9736	2.4647	3.0715	3.8197	5.8715	8.9543	13.5523	24.8915	66.2474	169.4066	417.5391
24	1.2697	2.0328	2.5633	3.2251	4.0489	6.3412	9.8497	15.1786	28.6252	79.4968	211.7582	542.8008
25	1.2824	2.0938	2.6685	3.3864	4.2919	6.8485	10.8347	17.0001	32.9190	95.3962	264.6978	705.6410
26	1.2953	2.1566	2.7725	3.5557	4.5494	7.3964	11.9182	19.0401	37.8568	114.4755	330.8722	917.3333
27	1.3082	2.2213	2.8834	3.7335	4.8223	7.9811	13.1100	21.3249	43.5353	137.3706	413.5903	1192.5333
28	1.3213	2.2879	2.9987	3.9201	5.1117	8.6271	14.4210	23.8839	50.0656	164.8447	516.9879	1550.2933
29	1.3345	2.3566	3.1187	4.1161	5.4184	9.3173	15.8631	26.7499	57.5755	197.8136	646.2349	2015.3813
30	1.3478	2.4273	3.2434	4.3219	5.7435	10.0627	17.4494	29.9599	66.2188	237.3763	807.7936	2619.9956
35	1.4166	2.8139	3.9461	5.5160	7.6861	14.7853	28.1024	52.7996	133.1755	590.6682	2465.1903	9727.8604
40	1.4889	3.2620	4.8010	7.0400	10.2857	21.7245	45.2593	93.0510	267.8635	1469.7716		
45	1.5646	3.7816	5.8412	8.9850	13.7646	31.9204	72.8905	163.9876	538.7693	3657.2620		
50	1.6446	4.3839	7.1067	11.4674	18.4202	46.9016	117.3909	289.0022	1083.6574	9100.4832		
60	1.8167	5.8916	10.5196	18.6792	32.9877	101.2571	304.4816					
70	2.0068	7.9178	15.5716	30.4264	59.0759	218.6064	789.7470					
80	2.2167	10.6409	23.0498	49.5614	105.7960	471.9548	2048.4002					

附录二 贴现系数表 $[(P/F, i, n) = (1+i)^{-n}]$

n \ i	1%	3%	4%	5%	6%	8%	10%	12%	15%	20%	25%	30%	35%	40%
1	0.9901	0.9709	0.9615	0.9524	0.9434	0.9259	0.9091	0.8929	0.8696	0.8333	0.8000	0.7692	0.7407	0.7143
2	0.9803	0.9426	0.9246	0.9070	0.8900	0.8573	0.8264	0.7972	0.7561	0.6944	0.6400	0.5917	0.5487	0.5102
3	0.9706	0.9151	0.8890	0.8638	0.8396	0.7938	0.7513	0.7118	0.6575	0.5787	0.5120	0.4552	0.4064	0.3644
4	0.9610	0.8885	0.8548	0.8227	0.7921	0.7350	0.6830	0.6355	0.5718	0.4823	0.4096	0.3501	0.3011	0.2603
5	0.9515	0.8626	0.8219	0.7835	0.7473	0.6806	0.6209	0.5674	0.4972	0.4019	0.3277	0.2693	0.2230	0.1859
6	0.9420	0.8375	0.7903	0.7462	0.7050	0.6302	0.5645	0.5066	0.4323	0.3349	0.2621	0.2072	0.1652	0.1328
7	0.9327	0.8131	0.7599	0.7107	0.6651	0.5835	0.5132	0.4523	0.3759	0.2791	0.2097	0.1594	0.1224	0.0949
8	0.9235	0.7894	0.7307	0.6768	0.6274	0.5403	0.4665	0.4039	0.3269	0.2326	0.1678	0.1226	0.0906	0.0678
9	0.9143	0.7664	0.7026	0.6446	0.5919	0.5002	0.4241	0.3606	0.2843	0.1938	0.1342	0.0943	0.0671	0.0484
10	0.9053	0.7441	0.6756	0.6139	0.5584	0.4632	0.3855	0.3220	0.2472	0.1615	0.1074	0.0725	0.0497	0.0346
11	0.8963	0.7224	0.6496	0.5847	0.5268	0.4289	0.3505	0.2875	0.2149	0.1346	0.0859	0.0558	0.0368	0.0247
12	0.8874	0.7014	0.6246	0.5568	0.4970	0.3971	0.3186	0.2567	0.1869	0.1122	0.0687	0.0429	0.0273	0.0176
13	0.8787	0.6810	0.6006	0.5303	0.4688	0.3677	0.2987	0.2292	0.1625	0.0935	0.0550	0.0330	0.0202	0.0126
14	0.8700	0.6611	0.5775	0.5051	0.4423	0.3405	0.2633	0.2046	0.1413	0.0779	0.0440	0.0254	0.0150	0.0090
15	0.8613	0.6419	0.5553	0.4810	0.4173	0.3152	0.2394	0.1827	0.1229	0.0649	0.0352	0.0195	0.0111	0.0064
16	0.8528	0.6232	0.5339	0.4581	0.3936	0.2919	0.2176	0.1631	0.1069	0.0541	0.0281	0.0150	0.0082	0.0046
17	0.8444	0.6050	0.5134	0.4363	0.3714	0.2703	0.1978	0.1456	0.0929	0.0451	0.0225	0.0116	0.0061	0.0033
18	0.8360	0.5874	0.4936	0.4155	0.3503	0.2502	0.1799	0.1300	0.0808	0.0376	0.0180	0.0089	0.0045	0.0023
19	0.8277	0.5703	0.4746	0.3957	0.3305	0.2317	0.1635	0.1161	0.0703	0.0313	0.0144	0.0068	0.0033	0.0017

(续)

n \ i	1%	3%	4%	5%	6%	8%	10%	12%	15%	20%	25%	30%	35%	40%
20	0.8195	0.5537	0.4564	0.3769	0.3118	0.2145	0.1486	0.1037	0.0611	0.0261	0.0115	0.0053	0.0025	0.0012
21	0.8114	0.5375	0.4388	0.3589	0.2942	0.1987	0.1351	0.0926	0.0531	0.0217	0.0092	0.0040	0.0018	0.0009
22	0.8034	0.5219	0.4220	0.3418	0.2775	0.1839	0.1228	0.0826	0.0462	0.0181	0.0074	0.0031	0.0014	0.0006
23	0.7954	0.5067	0.4057	0.3256	0.2618	0.1703	0.1117	0.0738	0.0402	0.0151	0.0059	0.0024	0.0010	0.0004
24	0.7876	0.4919	0.3901	0.3101	0.2470	0.1577	0.1015	0.0659	0.0349	0.0126	0.0047	0.0018	0.0007	0.0003
25	0.7798	0.4776	0.3751	0.2953	0.2330	0.1460	0.0923	0.0588	0.0304	0.0105	0.0038	0.0014	0.0006	0.0002
26	0.7720	0.4637	0.3607	0.2812	0.2198	0.1352	0.0839	0.0525	0.0264	0.0087	0.0030	0.0011	0.0004	0.0002
27	0.7644	0.4502	0.3468	0.2678	0.2074	0.1252	0.0763	0.0469	0.0230	0.0073	0.0024	0.0008	0.0003	0.0001
28	0.7568	0.4371	0.3335	0.2551	0.1956	0.1159	0.0693	0.0419	0.0200	0.0061	0.0019	0.0006	0.0002	
29	0.7493	0.4243	0.3207	0.2429	0.1846	0.1073	0.0630	0.0374	0.0174	0.0051	0.0015	0.0005	0.0002	
30	0.7419	0.4120	0.3083	0.2314	0.1741	0.0994	0.0573	0.0334	0.0151	0.0042	0.0012	0.0004	0.0001	
35	0.7059	0.3554	0.2534	0.1813	0.1301	0.0676	0.0356	0.0189	0.0075	0.0017	0.0004	0.0001		
40	0.6717	0.3066	0.2083	0.1420	0.0972	0.0460	0.0221	0.0107	0.0037	0.0007	0.0001			
45	0.6391	0.2644	0.1712	0.1113	0.0727	0.0313	0.0137	0.0061	0.0019	0.0003				
50	0.6080	0.2281	0.1407	0.0872	0.0543	0.0213	0.0085	0.0035	0.0009	0.0001				
60	0.5504	0.1697	0.0951	0.0535	0.0303	0.0099	0.0033	0.0011	0.0002					
70	0.4983	0.1263	0.0642	0.0329	0.0169	0.0046	0.0013	0.0004	0.0001					
80	0.4511	0.0940	0.0434	0.0202	0.0095	0.0021	0.0005	0.0001						

附录三 年金现值系数表 $\left[(P/A, i, n) = \dfrac{(1+i)^n - 1}{i(1+i)^n}\right]$

n \ i	1%	3%	4%	5%	6%	8%	10%	12%	15%	20%	25%	30%
1	0.9901	0.9709	0.9615	0.9524	0.9434	0.9259	0.9091	0.8929	0.8696	0.8333	0.8000	0.7692
2	1.9704	1.9135	1.8861	1.8594	1.8334	1.7833	1.7355	1.6901	1.6257	1.5278	1.4400	1.3609
3	2.9410	2.8286	2.7751	2.7232	2.6730	2.5771	2.4869	2.4018	2.2832	2.1065	1.9520	1.8161
4	3.9020	3.7171	3.6299	3.5460	3.4651	3.3121	3.1699	3.0373	2.8550	2.5887	2.3616	2.1662
5	4.8534	4.5979	4.4518	4.3295	4.2124	3.9927	3.7908	3.6048	3.3522	2.9906	2.6893	2.4356
6	5.7955	5.4172	5.2421	5.0757	4.9173	4.6229	4.3553	4.1114	3.7845	3.3255	2.9514	2.6427
7	6.7282	6.2303	6.0021	5.7864	5.5824	5.2064	4.8684	4.5638	4.1604	3.6046	3.1611	2.8021
8	7.6517	7.0197	6.7327	6.4632	6.2098	5.7466	5.3349	4.9676	4.4873	3.8372	3.3289	2.9247
9	8.5660	7.7861	7.4353	7.1078	6.8017	6.2469	5.7590	5.3282	4.7716	4.0310	3.4631	3.1900
10	9.4713	8.5302	8.1109	7.7217	7.3601	6.7101	6.1446	5.6502	5.0188	4.1925	3.5705	3.0915
11	10.3676	9.2526	8.7605	8.3064	7.8869	7.1390	6.4951	5.9377	5.2337	4.3271	3.6564	3.1473
12	11.2551	9.9540	9.3851	8.8633	8.3838	7.5361	6.8137	6.1944	5.4206	4.4392	3.7251	3.1903
13	12.1337	10.6350	9.9856	9.3936	8.8527	7.9038	7.1034	6.4235	5.5831	4.5327	3.7801	3.2233
14	13.0037	11.2961	10.5631	9.8986	9.2950	8.2442	7.3667	6.6282	5.7245	4.6106	3.8241	3.2487
15	13.8651	11.9379	11.1184	10.3797	9.7122	8.5595	7.6061	6.8109	5.8474	4.6755	3.8593	3.2682
16	14.7179	12.5611	11.6523	10.8378	10.1059	8.8514	7.8237	6.9740	5.9542	4.7296	3.8874	3.2832
17	15.5623	13.1661	12.1657	11.2741	10.4773	9.1216	8.0216	7.1196	6.0472	4.7746	3.9099	3.2948
18	16.3983	13.7535	12.6593	11.6896	10.8276	9.3719	8.2014	7.2497	6.1280	4.8122	3.9279	3.3037

(续)

n\i	1%	3%	4%	5%	6%	8%	10%	12%	15%	20%	25%	30%
19	17.2260	14.3238	13.1339	12.0853	11.5810	9.6036	8.3649	7.3658	6.1982	4.8435	3.9424	3.3105
20	18.0456	14.8775	13.5903	12.4622	11.4699	9.8181	8.5136	7.4694	6.2593	4.8696	3.9539	3.3158
21	18.8570	15.4150	14.0292	12.8212	11.7641	10.0168	8.6487	7.5620	6.3125	4.8913	3.9631	3.3198
22	19.6604	15.9369	14.4511	13.1630	12.0461	10.2007	8.7715	7.6446	6.3587	4.9094	3.9705	3.3230
23	20.4558	16.4436	14.8568	13.4886	12.3034	10.3711	8.8832	7.7184	6.3988	4.9245	3.9764	3.3254
24	21.2434	16.9355	15.2470	13.7986	12.5504	10.5288	8.9847	7.7843	6.4338	4.9371	3.9811	3.3272
25	22.0232	17.4131	15.6221	14.0939	12.7834	10.6748	9.0770	7.8431	6.4641	4.9476	3.9849	3.3286
26	22.7952	17.8768	15.9828	14.3752	13.0032	10.8100	9.1609	7.8957	6.4906	4.9563	3.9879	3.3297
27	23.5596	18.3270	16.3296	14.6430	13.2105	10.9352	9.2372	7.9426	6.5135	4.9636	3.9903	3.3303
28	24.3164	18.7641	16.6631	14.8981	13.4062	11.0511	9.3066	7.9844	6.5335	4.9697	3.9923	3.3312
29	25.0658	19.1885	16.9837	15.1411	13.5907	11.1585	9.3696	8.0128	6.5509	4.9747	3.9938	3.3317
30	25.8077	19.6004	17.2920	15.3725	13.7648	11.2578	9.4269	8.0552	6.5660	4.9789	3.9950	3.3321
35	29.4086	21.4872	18.6646	16.3742	14.4982	11.6546	9.6442	8.1755	6.6166	4.9915	3.9984	3.3330
40	32.8347	23.1148	19.7928	17.1591	15.0463	11.9246	9.7791	8.2438	6.6418	4.9966	3.9995	3.3332
45	36.0945	24.5187	20.7200	17.7741	15.4558	12.1084	9.8628	8.2825	6.6543	4.9986	3.9998	
50	39.1961	25.7298	21.4822	18.2559	15.7619	12.1335	9.9148	8.3045	6.6605	4.9995	3.9999	
60	44.9550	27.6756	22.6235	18.9293	16.1614	12.3766	9.9672	8.3240	6.6651	4.9999		
70	50.1685	29.1234	23.3945	19.3427	16.3845	12.4428	9.9873	8.3303	6.6663			
80	54.8882	30.2008	23.9154	19.5965	16.5091	12.4735	9.9951	8.3304	6.6666			

附录四 年金终值系数表 $\left[(F/A, i, n) = \dfrac{(1+i)^n - 1}{i}\right]$

n \ i	1%	3%	4%	5%	6%	8%	10%	12%	15%	20%	25%	30%
1	1.0000	1.0000	1.0000	1.0000	1.0000	1.0000	1.0000	1.0000	1.0000	1.0000	1.0000	1.0000
2	2.0100	2.0300	2.0400	2.0500	2.0600	2.0800	2.1000	2.1200	2.1500	2.2000	2.2500	2.3000
3	3.0301	3.0909	3.1216	3.1525	3.1836	3.2464	3.3100	3.3744	3.4725	3.6400	3.8125	3.9900
4	4.0604	4.1836	4.2465	4.3101	4.3746	4.5061	4.6410	4.7793	4.9934	5.3680	5.7656	6.1870
5	5.1010	5.3091	5.4163	5.5256	5.6371	5.8666	6.1051	6.3528	6.7424	7.4416	8.2070	9.0431
6	6.1520	6.4684	6.6330	6.8019	6.9753	7.3359	7.7156	8.1152	8.7537	9.9299	11.2588	12.7560
7	7.2135	7.6625	7.8983	8.1420	8.3938	8.9228	9.4872	10.0890	11.0688	12.9159	15.0735	17.5828
8	8.2857	8.8923	9.2142	9.5491	9.8975	10.6366	11.4359	12.2997	13.7268	16.4991	19.8419	23.8577
9	9.3685	10.1591	10.5828	11.0266	11.4913	12.4876	13.5795	14.7757	16.4858	20.7989	25.8023	32.0150
10	10.4622	11.4639	12.0061	12.5779	13.1808	14.4866	15.9374	17.5487	20.3037	25.9587	33.2529	42.6195
11	11.5668	12.8078	13.4864	14.2068	14.9716	16.6455	18.5312	20.6546	24.3493	32.1504	42.5661	56.4053
12	12.6825	14.1920	15.0258	15.9171	16.8699	18.9771	21.3843	24.1331	29.0017	39.5805	54.2077	74.3270
13	13.8093	15.6178	16.6268	17.7130	18.8821	21.4953	24.5227	28.0291	34.3519	48.4966	68.7596	97.6250
14	14.9474	17.0863	18.2919	19.5986	21.0151	24.2149	27.9750	32.3926	40.5047	59.1959	86.9495	127.9125
15	16.0969	18.5989	20.0236	21.5786	23.2760	27.1521	31.7725	37.2797	47.5804	72.0351	109.6868	167.2863
16	17.2579	20.1569	21.8245	23.6575	25.6725	30.3243	35.9497	42.7533	55.7175	87.4421	138.1085	218.4722
17	18.4304	21.7616	23.6975	25.8404	28.2129	33.7502	40.5447	48.8837	65.0751	105.9306	173.6357	285.0139
18	19.6147	23.4144	25.6454	28.1324	30.9057	37.4502	45.5992	55.7497	75.8364	128.1167	218.0446	371.5180

（续）

n \ i	1%	3%	4%	5%	6%	8%	10%	12%	15%	20%	25%	30%
19	20.8109	25.1169	27.6712	30.5390	33.7600	41.4463	51.1591	63.4397	88.2118	154.7400	273.5558	483.9734
20	22.0190	26.8704	29.7781	33.0660	36.7856	45.7620	57.2750	72.0524	102.4436	186.6880	342.9447	630.1655
21	23.2392	28.6765	31.9692	35.7193	39.9927	50.4229	64.0025	81.6987	118.8101	225.0256	429.6809	820.2151
22	24.4716	30.5368	34.2480	38.5052	43.3923	55.4568	71.4027	92.5026	137.6316	271.0307	538.1011	1067.2790
23	25.7163	32.4529	36.6179	41.4305	46.9985	60.8933	79.5430	104.6029	159.2764	326.2369	673.6264	1388.4630
24	26.9735	34.4265	38.0826	44.5020	50.8156	66.7648	88.4973	118.1552	184.1678	392.4842	843.0329	1806.0020
25	28.2432	36.4593	41.6459	47.7271	54.8645	73.1059	98.3471	133.3339	212.7930	471.9811	1054.7910	2348.8030
26	29.5256	38.5530	44.3117	51.1135	59.1564	79.9544	109.1818	150.3339	245.7120	567.3773	1319.4890	3054.4440
27	30.8209	40.7096	47.0842	54.6691	63.7058	87.3508	121.0999	169.3740	283.5688	681.8528	1650.3610	3971.7780
28	32.1291	42.9309	49.9676	58.4026	68.5281	95.3388	134.2099	190.6989	327.1041	819.2233	2063.9520	5164.3110
29	33.4505	45.2189	52.9663	62.3227	73.6398	103.9659	148.6309	214.5828	377.1697	984.0680	2580.9390	6714.6040
30	34.7849	47.5754	56.0849	66.4388	79.0582	113.2832	164.4940	241.3327	434.7451	1181.8820	3227.1740	8729.9860
35	41.6603	60.4621	73.6522	90.3203	111.4348	172.3168	271.0244	431.6635	881.1702	2948.0680	9856.7610	32 422.8700
40	48.8864	75.4013	95.0255	120.7998	154.7620	259.0565	442.5926	767.0914	1779.0900	7343.8580		
45	56.4811	92.7199	121.0294	159.7002	212.7435	386.5056	718.9048	1358.2300	3585.1290	18 281.3100		
50	64.4632	112.7969	152.6671	209.3480	290.3359	573.7702	1163.9090	2400.0180	7217.7160	45 497.1900		
60	81.6697	163.0534	237.9907	353.5837	533.1282	1253.2130	3034.8160					
70	100.6763	230.5941	364.2905	588.5285	967.9322	2720.0800	7887.4700					
80	121.6715	321.3630	551.2450	971.2288	1746.6000	5886.9350	20 474.0000					

附录五　偿债基金系数表 $\left[(A/F,\ i,\ n)=\dfrac{i}{(1+i)^n-1}\right]$

n \ i	1%	3%	4%	5%	6%	8%	10%	12%	15%	20%	25%	30%
1	1.0000	1.0000	1.0000	1.0000	1.0000	1.0000	1.0000	1.0000	1.0000	1.0000	1.0000	1.0000
2	0.4975	0.4926	0.4902	0.4878	0.4854	0.4808	0.4762	0.4717	0.4651	0.4545	0.4444	0.4348
3	0.3300	0.3235	0.3203	0.3172	0.3141	0.3080	0.3021	0.2963	0.2880	0.2747	0.2623	0.2506
4	0.2463	0.2390	0.2355	0.2320	0.2286	0.2219	0.2155	0.2092	0.2003	0.1863	0.1734	0.1616
5	0.1960	0.1884	0.1846	0.1810	0.1774	0.1705	0.1638	0.1574	0.1483	0.1344	0.1218	0.1106
6	0.1625	0.1546	0.1508	0.1470	0.1434	0.1363	0.1296	0.1232	0.1442	0.1007	0.0888	0.0784
7	0.1386	0.1305	0.1266	0.1228	0.1191	0.1121	0.1054	0.0991	0.0904	0.0774	0.0663	0.0569
8	0.1207	0.1125	0.1085	0.1047	0.1010	0.0940	0.0874	0.0813	0.0729	0.0606	0.0504	0.0419
9	0.1067	0.0984	0.0945	0.0907	0.0870	0.0801	0.0736	0.0677	0.0593	0.0481	0.0388	0.0312
10	0.0956	0.0872	0.0833	0.0795	0.0759	0.0690	0.0627	0.0570	0.0493	0.0385	0.0301	0.0235
11	0.0865	0.0781	0.0741	0.0704	0.0668	0.0601	0.0540	0.0484	0.0411	0.0311	0.0235	0.0177
12	0.0788	0.0705	0.0666	0.0628	0.0593	0.0527	0.0468	0.0414	0.0345	0.0253	0.0184	0.0135
13	0.0724	0.0640	0.0601	0.0565	0.0530	0.0465	0.0408	0.0357	0.0291	0.0206	0.0145	0.0102
14	0.0699	0.0585	0.0547	0.0510	0.0476	0.0413	0.0357	0.0309	0.0247	0.0169	0.0155	0.0078
15	0.0621	0.0538	0.0499	0.0463	0.0430	0.0368	0.0315	0.0268	0.0210	0.0139	0.0091	0.0060
16	0.0579	0.0496	0.0458	0.0423	0.0390	0.0330	0.0278	0.0234	0.0179	0.0114	0.0072	0.0046
17	0.0543	0.0460	0.0422	0.0387	0.0354	0.0296	0.0247	0.0205	0.0154	0.0094	0.0058	0.0035
18	0.0510	0.0427	0.0390	0.0355	0.0324	0.0267	0.0219	0.0179	0.0132	0.0078	0.0046	0.0027

(续)

n \ i	1%	3%	4%	5%	6%	8%	10%	12%	15%	20%	25%	30%
19	0.0481	0.0398	0.0361	0.0327	0.0296	0.0241	0.0195	0.0158	0.0113	0.0065	0.0037	0.0021
20	0.0454	0.0372	0.0336	0.0302	0.0272	0.0219	0.0175	0.0139	0.0098	0.0054	0.0029	0.0016
21	0.0430	0.0349	0.0313	0.0280	0.0250	0.0198	0.0156	0.0122	0.0084	0.0044	0.0023	0.0012
22	0.0409	0.0327	0.0292	0.0260	0.0230	0.0180	0.0140	0.0108	0.0073	0.0037	0.0019	0.0009
23	0.0389	0.0308	0.0273	0.0241	0.0213	0.0164	0.0126	0.0096	0.0063	0.0031	0.0015	0.0007
24	0.0371	0.0290	0.0256	0.0225	0.0197	0.0150	0.0113	0.0085	0.0054	0.0025	0.0012	0.0006
25	0.0354	0.0274	0.0240	0.0210	0.0182	0.0137	0.0102	0.0075	0.0047	0.0021	0.0009	0.0004
26	0.0339	0.0259	0.0266	0.0196	0.0169	0.0125	0.0092	0.0067	0.0041	0.0018	0.0008	0.0003
27	0.0324	0.0246	0.0212	0.0183	0.0157	0.0114	0.0083	0.0059	0.0035	0.0015	0.0006	0.0003
28	0.0311	0.0233	0.0200	0.0171	0.0146	0.0105	0.0075	0.0052	0.0031	0.0012	0.0005	0.0002
29	0.0299	0.0221	0.0189	0.0160	0.0136	0.0096	0.0067	0.0047	0.0027	0.0010	0.0004	0.0001
30	0.0287	0.0210	0.0178	0.0151	0.0126	0.0088	0.0061	0.0041	0.0023	0.0008	0.0003	0.0001
35	0.0240	0.0165	0.0136	0.0111	0.0090	0.0058	0.0037	0.0023	0.0011	0.0003	0.0001	0.0000
40	0.0205	0.0133	0.0105	0.0083	0.0065	0.0039	0.0023	0.0013	0.0006	0.0001		
45	0.0177	0.0108	0.0083	0.0063	0.0047	0.0026	0.0014	0.0007	0.0003	0.0001		
50	0.0155	0.0089	0.0066	0.0048	0.0034	0.0017	0.0009	0.0004	0.0001	0.0000		
60	0.0122	0.0061	0.0042	0.0028	0.0019	0.0008	0.0003	0.0001				
70	0.0099	0.0043	0.0027	0.0017	0.0010	0.0004	0.0001					
80	0.0082	0.0031	0.0018	0.0010	0.0006	0.0002	0.0000					

附录六 投资回收系数表 $\left[(A/P, i, n) = \dfrac{i(1+i)^n}{(1+i)^n - 1}\right]$

n \ i	1%	3%	4%	5%	6%	8%	10%	12%	15%	20%	25%	30%
1	0.1010	1.0300	1.0400	1.0500	1.0600	1.0800	1.1000	1.1200	0.1500	1.2000	1.2500	1.3000
2	0.5075	0.5226	0.5302	0.5378	0.5454	0.5608	0.5762	0.5917	0.6151	0.6545	0.6944	0.7348
3	0.3400	0.3535	0.3603	0.3672	0.3741	0.3880	0.4021	0.4163	0.4380	0.4747	0.5123	0.5506
4	0.2563	0.2690	0.2755	0.2820	0.2886	0.3019	0.3155	0.3292	0.3503	0.3863	0.4234	0.4616
5	0.2060	0.2184	0.2246	0.2310	0.2374	0.2505	0.2638	0.2774	0.2983	0.3344	0.3718	0.4106
6	0.1725	0.1846	0.1908	0.1970	0.2031	0.2163	0.2296	0.2432	0.2642	0.3007	0.3388	0.3784
7	0.1486	0.1605	0.1666	0.1728	0.1791	0.1921	0.2054	0.2191	0.2404	0.2774	0.3163	0.3569
8	0.1307	0.1425	0.1485	0.1547	0.1610	0.1740	0.1874	0.2013	0.2229	0.2606	0.3004	0.3419
9	0.1167	0.1284	0.1345	0.1407	0.1470	0.1601	0.1736	0.1877	0.2096	0.2484	0.2888	0.3312
10	0.1056	0.1172	0.1233	0.1295	0.1359	0.1490	0.1627	0.1770	0.1993	0.2358	0.2801	0.3235
11	0.0965	0.1081	0.1141	0.1204	0.1268	0.1401	0.1540	0.1684	0.1911	0.2311	0.2735	0.3177
12	0.0888	0.1005	0.1066	0.1128	0.1193	0.1327	0.1468	0.1614	0.1845	0.2253	0.2684	0.3135
13	0.0824	0.0940	0.1001	0.1065	0.1130	0.1265	0.1408	0.1557	0.1791	0.2206	0.2645	0.3102
14	0.0769	0.0885	0.0947	0.1010	0.1076	0.1213	0.1357	0.1509	0.1747	0.2169	0.2615	0.3078
15	0.0721	0.0838	0.0899	0.0963	0.1030	0.1168	0.1315	0.1468	0.1710	0.2139	0.2591	0.0360
16	0.0679	0.0796	0.0858	0.0923	0.0990	0.1130	0.1278	0.1434	0.1679	0.2114	0.2572	0.3046
17	0.0643	0.0760	0.0822	0.0887	0.0954	0.1096	0.1247	0.1405	0.1654	0.2094	0.2558	0.3035
18	0.0610	0.0727	0.0790	0.0855	0.0924	0.1067	0.1219	0.1379	0.1632	0.2078	0.2546	0.3027

(续)

n\i	1%	3%	4%	5%	6%	8%	10%	12%	15%	20%	25%	30%
19	0.0581	0.0698	0.0761	0.0827	0.0896	0.1041	0.1195	0.1358	0.1613	0.2065	0.2537	0.3021
20	0.0554	0.0672	0.0736	0.0802	0.0872	0.1019	0.1175	0.1339	0.1598	0.2054	0.2529	0.3016
21	0.0530	0.0649	0.0713	0.0780	0.8500	0.0998	0.1156	0.1322	0.1584	0.2044	0.2523	0.3012
22	0.0509	0.0627	0.0692	0.0760	0.0830	0.0980	0.1140	0.1308	0.1573	0.2037	0.2519	0.3009
23	0.0489	0.0608	0.0673	0.0741	0.0813	0.0964	0.1126	0.1296	0.1563	0.2031	0.2515	0.3007
24	0.0471	0.0590	0.0656	0.0725	0.0797	0.0950	0.1113	0.1285	0.1554	0.2025	0.2512	0.3006
25	0.0454	0.0574	0.0640	0.0710	0.0782	0.0937	0.1102	0.1275	0.1547	0.2021	0.2509	0.3004
26	0.0439	0.0559	0.0626	0.0696	0.0769	0.0925	0.1902	0.1267	0.1541	0.2020	0.2508	0.3003
27	0.0424	0.0546	0.0612	0.0683	0.0757	0.0914	0.1083	0.1259	0.1535	0.2015	0.2506	0.3003
28	0.0411	0.0533	0.0600	0.0671	0.0746	0.0905	0.1075	0.1252	0.1531	0.2012	0.2505	0.3002
29	0.0399	0.0521	0.0589	0.0660	0.0736	0.0896	0.1067	0.1247	0.1527	0.2010	0.2504	0.3001
30	0.0387	0.0510	0.0578	0.0651	0.0726	0.0888	0.1061	0.1241	0.1523	0.0002	0.2503	0.3001
35	0.0340	0.0465	0.0536	0.0611	0.0690	0.0858	0.1037	0.1223	0.1511	0.2003	0.2501	0.3000
40	0.0305	0.0433	0.0505	0.0583	0.0665	0.0839	0.1023	0.1213	0.1506	0.2001	0.2500	0.3000
45	0.0277	0.0408	0.0483	0.0563	0.0647	0.0826	0.1014	0.1207	0.1503	0.2001	0.2500	
50	0.2550	0.0389	0.0466	0.0548	0.0634	0.0817	0.1009	0.1204	0.1501	0.2000	0.2500	
60	0.0222	0.0361	0.0442	0.0528	0.0619	0.0808	0.1003	0.1201	0.1500	0.2000		
70	0.1990	0.0343	0.0427	0.0517	0.0610	0.0804	0.1001	0.1200	0.1500			
80	0.0182	0.0331	0.0418	0.0510	0.0606	0.0802	0.1000	0.1200				